中国社会科学论纲

安文华◎著

科学出版社

北京

内 容 简 介

　　本书以先秦至今的中国社会科学发展成果为研究对象，试图从不同层面对其演变过程进行学术梳理，重点揭示其发展的重要特征。在此基础上，将中国社会科学博大精深的学术理论成果呈现出来，并还原其本来面貌，让学界对中国社会科学的演变过程有一个全新的认识，以期把中国社会科学的优秀成果传扬于后世。

　　本书可供历史学、文献学、社会科学总论等专业的师生阅读和参考。

图书在版编目（CIP）数据

中国社会科学论纲 / 安文华著. —北京：科学出版社，2019.6
ISBN 978-7-03-060933-5

Ⅰ. ①中… Ⅱ. ①安… Ⅲ. ①社会科学–研究–中国 Ⅳ. ①C12

中国版本图书馆 CIP 数据核字（2019）第 053857 号

责任编辑：任晓刚 / 责任校对：韩　杨
责任印制：张　伟 / 封面设计：润一文化

科 学 出 版 社 出版
北京东黄城根北街 16 号
邮政编码：100717
http://www.sciencep.com

北京中石油彩色印刷有限责任公司 印刷
科学出版社发行　各地新华书店经销

*

2019 年 6 月第 一 版　开本：720×1000　1/16
2019 年 9 月第二次印刷　印张：19 3/4
字数：300 000
定价：88.00 元
（如有印装质量问题，我社负责调换）

导　言

一

我在社会科学战线上工作了36年。工作前5年，在张掖师专（今河西学院）开始做一些人才学方面的研究，发表过几篇人才学方面的论文。1987 年调入甘肃省社会科学院工作，开始关注社会科学，发表了20 多篇相关方面的文章，也看了很多哲学社会科学总论方面的著作和论文，同时长期在思考一个问题，中国有社会科学吗？

因为学术界有一个共同的看法，认为社会科学来自西方，发轫于西方，我们所研究的社会科学的诸学科，大部分是舶来品，我国在社会科学领域话语权很少。这些论调既不陌生，也不难理解。因为近代意义的社会科学首先产生于西方，后来传入中国的无论是马克思主义社会科学理论体系还是纯西方的社会科学理论体系，在中国都不是土生土长的，是嫁接的舶来品。2012年，我发表了一篇反对中国近代以前没有社会科学的论文《中国社会科学的历史追寻》，没想到，《新华文摘》《社会科学报》都进行了转载，这给了我很大信心，决定写一部著作——《中国社会科学论纲》，讲讲中国历史上的社会科学。在编写体例上，上至远古，下至当下，都有涉猎。当然，为了写作方便，大部分以历史顺序演进，少部分则按社会科学的延续并列，如把宋明理学放在一起，把元清两朝少数民族统一中国造成的社会科学倒退放在一起，这样写，便于大家更好地理解。

经过6年的努力，查阅大量资料文献，拙作终于成稿。

研究社会科学，就得从科学说起。科学是什么？我们一般认为，科学是指关于事物的本质属性及其规律的知识，以及获得这些知识的方法。但国际学术界对科学的界定存在争议。我们在这里先了解一下人们对科学的不同理解，这有助于我们更好地认识社会科学的性质。现在世界各国对科学的理解大体上有两种：一是英美等国的科学概念，认为科学应是具有高度的逻辑严密性的实证知识体系，它必须同时满足如下两个条件：（1）首先，具有尽可能的严密的逻辑性，最好是能公理化；其次是能运用数学模型，至少也要有一个能自圆其说的理论体系。（2）能够直接接受观察和实验的检验。二是德国的科学概念，认为科学就是指一切体系化的知识。人们对事物进行系统的研究后形成的比较完整的知识体系，不管它是否体现出像自然科学那样的规律性，都应该属于科学的范畴。

按照英美学者的理解，只有自然科学属于严格意义上的科学，社会科学勉强可以算是科学，而人文科学则不能看成是科学，只能是学问，是一门学科。因此，英美等国把所有的学科分为三类：自然科学、社会科学和人文科学。但按照德国的理解，则人文科学也应当属于科学。德国人把所有科学分为两类：自然科学和精神科学（或文化科学）。显然，这里的精神科学或文化科学包括我们现在所说的社会科学和人文科学。

中国过去并没有"科学"这一概念，"科学"一词来自西方，最早曾被译为"格致"（格物致知），后来改用日本人的译法，取名"科学"，意为分科之学问，即对事物进行分门别类的研究。直到后来，科学的内涵才逐步固定为关于事物本质与规律性认识的知识体系。这说明，无论在西方还是中国，对于科学都存在两种不同的理解。一种观点把科学理解为通过分门别类的系统研究所获得的知识体系；另一种观点则认为科学的本质在于获得对事物的本质与规律的认识。我们姑且把前者称为广义的科学概念，后者称为狭义的科学概念。实际上，广义与狭义之说并不是两种毫不相干的观点，它们之间有着相通的一面。从广义的科学概念出发，我们可以把人文学科纳入科学的体系之中，这有助于我们对科学内涵进行完整的理解和认识，也有助于我们对人类知识体系进行统一的、简明的科学划分。从狭义的科学概念出发，我们可以进一步突出科学的本质属性，强调任何科学都要致力于对事物的本质及其规律的追求。

要更好地理解科学的内涵，还有必要了解科学的分类。通过了解不同历史时期的科学分类，可以看出人类对科学认识的深化。

在古代，人们对客观世界的认识还停留在笼统的直观认识阶段，各种知识都包罗在统一的"哲学"（或智慧）之中。因此，对科学的分类实际上也就是对哲学的分类或对整个知识的分类。西方伟大的哲学家亚里士多德就对知识进行过分类。他把自己的哲学分为理论哲学、实践哲学和创造哲学三个部分。理论哲学研究的是关于人的认识活动的学问，包括数学、物理学、形而上学；实践哲学研究的是关于人的行为的学问，包括政治学、经济学、伦理学；创造哲学是研究关于艺术创作、演讲活动的学问，包括诗歌、艺术、讲演术等。

从 15 世纪开始，随着自然科学的发展，人类"需要有探索自然物体的物理特性和自然力的活动方式的科学"。于是人们开始把自然界分解为各个不同的领域和部分，把各种具体的知识从统一的哲学中分化出来，形成独立的科学。近代意义上的科学分类随即产生。

对近代科学做出系统分类的人是英国哲学家弗兰西斯·培根（1561—1626 年）。培根认为，科学的发展表现了人类理性的能力。因此，他主张从人类理性能力出发对科学进行分类，他把人的理性能力分为记忆能力、想象能力和理性能力三种。与此相应地，科学也可以分为三类：记忆科学、想象科学和理性科学。历史是记忆的科学，诗歌、艺术是想象的科学，哲学是理性判断的科学。培根的科学分类思想为 18 世纪法国的百科全书派所接受。著名的《法国大百科全书》基本上是按培根的分类思想编排的，在《法国大百科全书》的首卷有一幅"人类知识体系图表"，对当时的所有科学知识进行了分类。在这种科学分类体系中，记忆科学或历史科学包括圣史、教会史、平民史和自然史；理性科学或哲学包括形而上学、神学和关于人的科学与关于自然的科学；想象科学或诗歌从性质上可以区分为宗教的和世俗的两种，从手法上可以区分为叙述的、戏剧的和比喻的三种，这种"诗歌"不仅包括史诗、戏剧，而且涵盖了音乐、绘画、雕塑、建筑等各种艺术。

19 世纪中叶，法国实证主义哲学家和西方社会学的创始人孔德，在空想社会主义者圣西门的科学分类的基础上，按照物质运动的基本形式，把科学划分为天文学、物理学、化学、生物学和社会学，并认为数学是一切科学的基础。这种按照物质运动的形式进行科学划分的方式得到了恩格斯的肯定。

20 世纪以来，人类对物质世界的认识向前推进了很多，发现了许多前所未知的物质形态和物质运动形式，因此，在传统科学的基础上又形成了大量新兴科学、边缘科学、横断科学、交叉科学、综合科学。人们对科学的门类又有了许多新的划分，但却往往不是过于复杂难解，就是顾此失彼，很难形成一个大家公认的科学分类体系。

今天，比较通行的也是最为简便的划分还是将整个科学划分为自然科学、社会科学和人文科学三个大类。由于人文与社会不可分离，人文科学与社会科学紧密相关，所以有时候人们对人文科学与社会科学不进行明确的区分，笼统地称之为社会科学。

目前，在现代科学体系中，自然科学、社会科学，它们各自统率着一个庞大的学科群。在这两大学科群中，分别汇集着人类在自然物质世界、社会群体结构和精神文化领域进行探索和认识活动的系统成果。从上述科学分类中，我们也可以非常明确地看出社会科学在整个科学体系中的地位，即社会科学是与自然科学同等重要的科学。没有社会科学，科学的体系是不完整的。社会科学是以社会现象为研究对象的科学，它的任务是研究并阐述各种社会现象及其发展规律。一般来说，社会科学属于意识形态和上层建筑范畴，在阶级社会中它是有阶级性的。在马克思主义出现以前，实际上未出现过完整地发现了社会发展规律的社会科学。马克思主义出现以后，人们才开始对社会发展历史有了一个全面系统的了解，才在真正意义上把对于社会的认识变成了科学。

二

"五四"以降，新文化运动和白话文兴起，"科学"代替了"格致"（格物致知），"社稷"变成了"国家"，"算术"更名为"数学"。科学领域，哲学、法学、管理、物理、化学、生物、社会、经济、民族、宗教、环境，凡此等等，大量翻译过来进入我们的视野；国家层面，权力机构、议事制度、司法程序、国防武装、安全信息等新名词接踵而至；衣食住行方面，西装、领带，玉米、参豆、西红柿、马铃薯、洋葱，洋楼、别墅，飞机、火车、汽车、轮船、自行车等扑面而来；高科技方面，火箭、原子弹、氢弹、晶体管、核电站、数控机床、机器人、人造卫星、宇宙飞船、磁悬浮列车、芯片、掌上电脑、手机、信息高速公路、计算机、电灯、电话、电视机、电冰箱一次次被我们认识和接受；自然科学方面，微积分、电磁相互作用、光谱分析、运动三定律、万有引力、焦耳定律、热功当量、生物进化、量子力学、相对论、基因理论、系统理论、物质变化技术、能量转化技术、信息控制技术成为我们不得不接受的高深理论；社会科学方面，国家意识、法律、自由、民主、公平、正义、社会建设、精神贫困、慈善救助、社会福利、收入差距、生态环境、绿色环保、基尼系数、恩格尔系数等被我们借鉴使用。

随着西方工业革命和科学技术的发展，大量新名词进入我们的视野，我们已经在各个领域丧失了许多话语权。通俗一点讲，占世界总人口五分之一的中国人，在国际社会没有多少话语权。中国在话语权方面的缺失，使西方资本主义国家不但在全球实行国家霸权、政治霸权、军事霸权、经济霸权、文化霸权，还在各个领域实行话语霸权。

古代先哲的智慧和思想汇集了中华民族博大精深的灿烂文化，先秦诸子百家"百花齐放，百家争鸣"，《论语》《孟子》《老子》《庄子》《墨子》《韩非子》《大学》《中庸》《诗》《书》《礼》《易》《春秋》等蕴含的哲学思想是西方国家无法比拟的。但此后很长一段时间，我国的社会科学却没有继承前人的优秀传承，远远落后于西方，以至于"社会科学"的名词都要从西方引进，失去了在这一领域的很多话语权。

中国历史悠久、文化灿烂，有着宝贵的精神财富，是四大文明古国中唯一一个不是"其国亡，其文明与之俱亡"的国家。儒家思想成为东西方大部分国家传承和扩散的文化精髓，"修身、齐家、治国、平天下"的儒家经典理论，指导着历代中国儒士的学习和社会政治实践。老子的《道德经》"是一切事物存在的理性与基础"。《易经》成为近现代物理学家、天文学家和预测学家广泛引用、研究和解读的博大精深的著作。

纵观中国历史，儒、道文化为我们建立了古代意境的话语体系。我国的古代文化卷帙浩繁、博大精深。在弘扬传承中华优秀传统文化时，必须把握中华传统文化基本的思想和内容，这些思想对我们今天构建中国特色社会主义话语体系极有启迪。

有了前面的认识，我就有了研究中国社会科学的想法。因为我们不难发现，中国古代早就存在着社会科学的各种理论，应该说社会科学在中国古代非常发达，正是这种发达的社会科学理论将中国古代由奴隶社会带入封建社会。

古代的社会科学，西方称之为哲学，中国称之为智慧，起初都是从神学和术学中分离出来而独自为社会所广泛接受的。《淮南子·人间》云："见本而知末，观指而睹归，执一而应万，握要而治详，谓之术。"这就是说，术是人们观察事物的高超本领和窍门，是智者的象征。许慎的《说文解字》认为："学，觉悟也。"觉悟加高超本领谓之为"学术"。"格物致知"，《现代汉语词典》将其解释为："推究事物的原理法则而总结为理性知识。""格致"则是中国最早的"科学"的代名词。从这些古训中不难发现，中国社会科学古已有之，中国古代的贤哲们为此做出了重大贡献。

三

为了让大家对中国社会科学有一个概括性了解，我在导言中先按中国历史脉络梳理出中国社会科学的一些根脉轨迹，算是对中国社会科学进行历史追寻，这样大家就不难发现，中华五千年文化中，中国社会科学不但发达，而且影响深远。

（一）原始群体生活和语言文字的出现为智者的活动奠定了基础

人类智慧的形成与发展，促进了人类文化的发展，进而有"神"和"术"的出现和社会科学的萌芽。漫长的人类生活，劳动创造了人，人们在劳动中不断交流，从而产生了语言。原始社会群聚狩猎，部落林立，社会的原始形态也就出现了。语言的广泛交流催生了人类思维的进化，智者也就产生了。距今 7500—8000 年，我国祖先在龟甲上刻符号，这些符号就是中国最古老的文字——甲骨文。传说中的仓颉造字、原始岩画、金文等，表明中国原始居民对自然的观察、对事物的认识、对自身的体验已经达到了分析社会现实问题的能力。

通过对生产工具的不断创造和对自然的不断改造，人类的智慧也在不断提升。正是群体生活，人类才能围猎大的动物，才能抵御猛兽的侵袭，才能建造原始住所。社会组织的产生，婚姻中血缘关系的确定，促进了信息的交流，智慧的增进，智者带领大家从简单的石斧到石器、骨器、陶器、玉器、铜器的制造，特别是火的发明，创造性地丰富了人类的生产生活和精神文化。随着氏族制度和婚姻制度的发展，社会形态中的各种矛盾和纠纷也层出不穷，这些均需要智者研究解决，智者便在社会中发挥着越来越重要的作用。

（二）从三皇五帝的传说中窥视中国社会科学的萌芽

中国古代的神话传说，从盘古造世到女娲补天，从三皇到五帝，散见于《山海经》《庄子》《周易》《新语》《史记》《淮南子》《汉书》等各类典籍。蔡元培先生说："三代以前，圣者辈出，为后人模范。其时虽未谙科学规则，且亦鲜有抽象之思想，未足以成立学说，而要不能不视为学术说之萌芽。"①

---

① 蔡元培：《中国伦理学史》，北京：商务印书馆，1999 年。

"三皇"之首伏羲画八卦、造书契，开创性地对天地进行认真观察，思考宇宙万物存在的共同法则，为这一时期的社会变革做出了重要贡献。单就"画八卦"而言，其体现了天人合一思想、预测学和方法论、认识论等知识，不能不承认，伏羲是中国"三皇"中有着深邃思想的大智者，他的"八卦"并不像蔡元培先生所说的"亦鲜有抽象之思想"，而是具有高深的抽象思维内涵，是中国古代传说中最伟大的社会科学家。

"五帝"中的颛顼不但是个智者，还是个仁者。司马迁《史记·五帝本纪》赞扬他"静渊以有谋，疏通而知事；养材以任地，载时以象天"，这是说他沉静稳练而有智谋，通晓万物而明事理；能养殖各种动植物，能种植各种植物，能利用春夏秋冬和天时地利安排农时。同时，他能推算四时节令，尊天敬地，孝敬先祖，形成礼义，是个仁治的好帝王。这些记载说明，颛顼不仅是一位智者，还是当时的农业经济学家、天文学家和政治家。

"五帝"之尧的"合和之道"为中国社会科学研究发出了最强音。《史记·五帝本纪》说：尧帝"能明驯德，以亲九族。九族既睦，便章百姓。百姓昭明，合和万国。"尧帝以其高尚的人格力量训导亲族，在九族和睦的基础上，按理教诲百姓（一说为百官）。从尧的治国理念来看，其核心思想就是"合和"，这可以说是中国合和文化的起始，其社会学理论可见一斑。

统观三皇五帝的治国理政，除其神学占很大比例外，其历术、医术、种术、制术、屋术无不体现了社会科学和自然科学之萌芽。这些智者对自然和社会知识的掌握，无不与传说中杰出人物对生产、生活、战争、医疗、制度的经验与技术有关，蕴含着很多哲学道理，特别是天人合一思想、合和万国思想，至今也为我们所倡导。

（三）夏、商、周三代中国社会科学呈积累成熟局面

夏、商、周是中国进入阶级社会后的重要发展时期，其社会生产力有了长足的进步，人类从原始狩猎进入金属工具时代，集权政治产生并逐步成熟，奴隶制形成并有了阶级和剥削，对天地人的认识升华并有了

宗教和神权。在此期间王朝兴衰、战争杀戮、农耕桑蚕、道德伦理，催生的是哲学思想、政治制度、经济文化的产生与进步，昭示着中国社会科学已经成熟。

《吕氏春秋·先识览》记载："夏太史令终古出其图法，执而泣之。夏桀迷惑，暴乱愈甚，太史令终古乃出奔如商……殷内史向挚见纣之愈乱迷惑也，于是载其图法，出亡之周。"这说明夏商周已有专门记事写史的史官，因桀、纣二君暴虐，各自带着史册逃往贤君之处。

《诗经》中的《商颂》《周颂》《鲁颂》对商、周的历史事件都有记载。《诗·大雅·生民》记载了后稷时代耕作技术和农业发展状况。《诗·大雅·公刘》记载了周部落开拓田畴、分配土地、建屋筑舍的事迹。《诗经》还反映了西周时期官民生活习俗、宗教信仰和文学艺术。这些记载如果属实，其政治学、社会学、人类学、民俗学、宗教学等理论就是中国社会科学全方位的展现。

《尚书》的学术价值最大，其反映的三代帝王和古贤的哲学思想、伦理思想和治国方略，都是通过记载夏商周政治、经济、法律、宗教的活动而展现的。如"失民心者失天下""信天命不如尽人事"等思想，是社会科学在当时成熟的表现。

《周易》是探讨天地万物以及社会、人事规律的古代筮书。《易》之八卦相传是伏羲所画，重卦相传为夏禹、周文王所重，爻卦多传为周文王所作。《周易》虽是一部卜筮之书，但其深邃之处却反映了中华人文始祖和夏商周先祖博大精深的哲学思想，是我们研究夏商周宗教意识、社会理念和思维方法的重要社会科学理论典籍。

《周礼》的相当一部分内容是反映夏商周的政治制度，其文繁事富，博大精深，全书有天官、地官、春官、夏官、秋官、冬官六官，每一官都以"惟王建国，辨方正位，体国经野，设官分职，以为民极"冠首，是夏商周政治制度、政治思想的经典之作。《周礼》还记载了古代的农耕技术，是中国古代农业和手工业极具价值的著作。

夏商周的文治、礼治、和治充分体现了仁政与德治的政治观，《周易》的宇宙观和社会观由天地而万物，由自然而人世，由君主到庶民的变化规则和方法，实际上展现的是哲学、社会学、伦理学、人类学等学科在内的中国社会科学的早期经典研究成果，独一无二。

（四）春秋战国时期中国社会科学出现大繁荣、大发展

春秋战国时期，中国社会科学处于鼎盛期，百花齐放，百家争鸣，诸子百家著书立说，各执一言，学术民主和自由空前绝后。应该讲，春秋战国时期是中国社会科学发展的全盛时期，也是中国社会科学研究的黄金时期，是先贤学人厚积薄发的现实表现。

春秋战国时期，除《诗》《书》《易》《礼》《乐》《春秋》六经（因《乐》已失传，后人谓《五经》之说）外，诸子经典就有儒典、墨典、道典、法典、阴阳家典、名家典、纵横家典、杂典、农典、小说家典。春秋战国时期还产生了大批史书，如《竹书纪年》《秦书》《国语》《战国策》《左传》等。

孔子是我国伟大的思想家、教育家、哲学家，是世界文明史上的文化巨人，也是一位伟大的社会科学家。其以"道"为中心的真理思想体现在"天下有道，则政不在大夫。天下有道，则庶人不议。""志于道，据于德，依于仁，游于艺"。最终目的是"朝闻道，夕死可矣。""天下有道"思想是讲国家要有秩序、按制度行事，不然"天下无道"，社会就会大乱，人民就会受到损害。孟子的民本思想是"民为贵，社稷次之，君为轻。"荀子的礼法并施思想是"治之经，礼与刑，君子以修百姓宁。"墨子的兼爱、非攻、尚贤、节用思想，是中国传统文化中的精华，其"凡天下群百工，轮、车、鞲、匏、陶、冶、梓、匠，使各从事其所能"的社会分工思想十分重要。老子以"道"为核心的宇宙观和由小到大，由少到多的辩证唯物主义思想影响很大。韩非的"今人有五子不为多，子又有五子，大父未死而有二十五孙。是以人民众而货财寡，事力劳而供养薄，故民争，虽倍赏累罚而不免于乱"的人口增长与财富不足矛盾理论惊醒后世。

以上经典，都是春秋战国时期大思想家的宏论巨著，除诗、赋、小说外，可谓部部是社会科学著作，其哲学思想、道德规范、政治制度、治国理念、社会文化、经济地理、宗派教化、军事战略、法学刑典等，博大精深，浩若烟海，不能一一罗列，其思想体系和理论体系至大至

深，是当今社会科学工作者学习的典范，也是西方学者学习的典籍，充分展示了这一时期中国社会科学在政治、经济、社会、文化等学科领域的伟大建树。

（五）秦代中国社会科学的大劫难与汉代社会科学的重振创新

秦灭六国后建立了统一的中央集权制帝国，秦始皇为了消除异己，首先在文化领域开刀，采取焚书坑儒，使中国文化遭受了一次严重浩劫，中国社会科学跌入谷底。

《吕氏春秋》是我国最早的百科全书式的理论著作，书中有一个"只一不二"的大统一思想。除大一统思想外，《吕氏春秋》在宇宙观、政治观、人生观等方面，儒家思想仍占上风，其墨家、道家、法家、兵家、阴阳家、小说家的思想也处处可见。

汉代中国社会科学又有了新的起色，以道学为主的黄老之学兴起。儒家是有为思想，黄老是无为思想。黄老的无为思想正适合汉初统治者和民众休养生息的社会要求，暂时占了上风，《黄帝四经》《新语》《新说》《举贤良对策》《论六家要旨》《淮南子》应运而生。《黄帝四经》观察天地万物的哲学思想完全沿袭了老子的学说。《经法·四度》中提出物极必反，胜到顶则走向衰退的对立转化学说。《经法·名理》中涉及以柔克刚的辩证思想。陆贾在《新语·无为》中说："道莫大于无为，行莫大于谨敬。"他主张"无为"政治，以"无为而无不为"作为治理国家的理论纲领，幻想实现一种"是以君子之为治也，块然若无事，寂然若无声，官府若无吏，亭落若无民，间里不讼于巷，老幼不愁于庭……耆老甘味于堂，丁男耕耘于野"的无事、无声、无吏、无民、无讼、无愁的和谐社会。贾谊的《新书·道德说》中，"德"之六美：有道、有仁、有义、有忠、有信、有密，属于社会道德的大范畴。晁错的法学思想认为，立法的目的不是压迫民众，立法重在惩恶保民。

汉景帝时，董仲舒以儒学为中心，兼收道、墨、阴阳家之精华，成为包容性大、现实性强、政治倾向明显的新儒学体系。董仲舒提出的"天人合一"思想："是故事各顺于名，名各顺于天。天人之际，合而为一"。他从天是"百神之君""万物之祖"的天道观出发，把天道与人道结合，建立了"三纲五常"的伦理学。

在神学迷信思想占据统治地位的情况下，王充向神学开战，提出了无神论思想，他的"天地合气，万物自生"理论对"天人感应"说进行了有力的批判。王充的《订鬼》《论死》《死伪》把鬼论驳得体无完肤。

王符是汉末最杰出的现实主义思想家，其《潜夫论》涉及哲学、伦理、文化，对经济、政治、社会的各个领域进行评判，是汉代一部博大精深的学术著作，也是当时全面研究政治、经济、社会、文化的理论著述。

纵观秦汉时期，文人贤士提出的"只一不二"的大统一思想、"天人合一"思想等代表了这一时期中国社会科学的理论水平。

（六）魏晋南北朝的社会动荡与中国社会科学的自由活跃

魏晋南北朝近 400 年，中国出现大分裂、大动荡。按理这种社会局面对学界影响很大，但事实是，这一时期却成为精神自由、思想解放、智慧喷发、思维活跃、学术多元、思辨提升、哲学盛行的学术大发展时期。

玄学的论理方式是以道解儒，会通儒道，旁及名法诸家学说，以思辨哲学的方法，对有和无、本和末、言和意、动和静进行探究，力图解决天人关系、宇宙本源、生命价值、政治人伦等学理问题。学者何晏、王弼、竹林七贤（嵇康、阮籍、山涛、向秀、阮咸、王戎、刘伶）、裴顾、郭象、张湛、支遁就是这一时期玄学的代表人物。

宗教和迷信盛行的南北朝，出了一个无神论者范缜。范缜所处的时代，道学、佛学、神学体系占统治地位，其无神论的战斗思想和勇气反映了他伟大的人格魅力。他的《神灭论》哲理思想非常深刻，立论和论据非常完美，他层层剖析，说明形死神灭的道理。他说："形者神之质，神者形之用……神之于质，犹利之于刃；形之于用，犹刃之于利。……未闻刃没而利存，岂容形亡而神在？"其辩证唯物主义思想特色鲜明。

在魏晋南北朝时期，文学理论达到空前繁荣，最著名的当属文论。

曹丕的《典论》、陆机的《文赋》、刘勰的《文心雕龙》、钟嵘的《诗品》等佳篇名留千古。曹丕《典论》中的《论文》，是我国最早的一篇关于文学理论的文章，表达了他对文学问题诸多方面的见解。陆机的《文赋》在曹丕的基础上对文体进行了更细的划分，将文体分为诗、赋、碑、诔、铭、箴、颂、论、奏、说十种，每一种都有确切的内涵和特色。《文心雕龙》对骚、诗、乐府、赋、颂、史、传、诸子、论说进行文体分析，形成文体论；对创作过程、个性风格、文质关系、写作技巧、文辞声律等进行了深入论述，形成文学创作论。刘勰的《文心雕龙》最大的价值是建立了文学批评理论，是中国古代文学史上最著名的文学理论著作，他的文学思想体系至今还在发扬宏大，有很高的文化价值和应用价值。

魏晋南北朝时期，中国社会科学出现思辨哲学。文学理论对社会科学的贡献最大，文学和文论形成了新的思潮和独特风格。

（七）隋唐五代的经济发达与中国社会科学的繁荣发展

隋朝建立后，非古是今的经世思想出现一次高峰，传统思想进一步被清理，先前各家学说对峙、论争的局面渐渐转为吸收、融合的趋同气象。思想领域儒、佛、道三家思想存在着较大的对立和分歧，各家思想都试图取得独尊地位，压倒其他两家，倡三教合一的呼声还很微弱。隋代官方的思想方针是三教兼用，以儒为主。

唐初鉴戒思想以《贞观政要》为代表，这是我国著名的政治学著作，是唐代兢史学家吴历撰写的记载唐代贞观年间唐太宗与大臣魏征、房玄龄、王珪、杜如晦等人关于如何治理国家的一部史书。全书史实与政论有机结合，言简理明，是一部经验总结深邃、理性思考宽宏、理论建树卓越的政论性著作，是中国历史上最完备的帝王政治学。其君道论、任贤论、崇儒论、君德论、仁政论、太子论有很高的史料价值和学术价值。

唐代是中国诗歌的黄金时代，无论古体绝律、还是五言七言绝句，都十分完备而优美，诗作者有皇帝、贵族、大臣、文人、雅士、和尚、尼姑、道士、歌妓等，这一时期，皇帝倡诗，以诗取仕；名家辈出，名篇大作千古流芳，李白、杜甫、白居易、王勃、骆宾王、元稹、刘禹锡等人家喻户晓。这一时期，文学改革声起，韩愈、柳宗元发起了以反对六朝骈文为主要内容的古文运动，韩愈主张以文载道，认为文学离开了伦理就丧失了价值，离开了教化就失去了功用。

唐代是中国全方位对外开放的时代，与亚洲、欧洲各国的文化交流十分活跃，外国的商人、僧侣、学者、艺术家、使节不断来华学习，中国的官员、教徒、文人也走出国门，到世界各地学习、交流，为世界各地传经送宝。这一时期留下的文化遗产是中华文明的宝贵财富。

隋唐暨五代对自然、社会与人的认识，以及在辩证思想方面的成就，都为斑斓的中国社会科学发展涂上了浓重的一笔。

（八）宋明理学的兴起与元清中国社会科学的倒退

这一时期，中国社会科学如果有值得一提的，那就是"宋明理学"的兴起。

宋明理学是继魏晋把儒学玄学化改造之后，对儒学的佛（佛教）老（道教）化改造，也是对隋唐以来逐渐走向没落的儒学的一种强有力的复兴。而至宋时蔚为大观，形成一场声势浩大、波澜壮阔而又影响久远的儒学运动。宋明理学在思考和解决现实社会问题与文化问题中所产生的哲学智慧，影响了中国封建社会后半期的社会发展和文明走势。理学的实质是关于道德心性的哲学思维形态，它以穷理为特征，"穷理尽性以至于命"。穷理是认知万物的途径，也是其价值体系之核心，是理学家追求"圣贤气象"最理想的道德人格。理学家把理提升为"天理"，可统摄宇宙万物，并与"人欲"相对立，强调"存天理，灭人欲"。理学既有超越现实的理性精神，又有"修身、齐家、治国、平天下"的实践精神。理学家张载认为既然研究理学，就要"为天地立心，为生民立命，为往圣继绝学，为万世开太平"。

理学创始人为周敦颐、邵雍、张载、二程（程颢、程颐）兄弟，至南宋朱熹时，他吸收儒、道、佛及当时的一些自然科学知识，把理学提升到一个新的高度，是名副其实的理学集大成者，他建立了一个比较完整的客观唯心主义体系。朱熹涉及经、诗、文、哲等各个学科，构筑了庞大的理论体系，后人称其理学为"朱子学"。他认为宇宙的本源为"理"，天地万物、儒家的"三纲五常"都是"理"的存在物，"而凡生于天地之间者，又各得之以为性，其张之为三纲，其纪之为五常，盖皆此理之流行"。朱熹在分析"理"的普遍性时又分析了"气"，理为宇宙，是形而上，气为有感的物质世界，是形而下，"天地之间，有理有气。理也者，形而上之道也，生物之本也；气也者，形而下之器也，生物之具也。是以人物之生，必禀此理然后有性，必禀此气然后有形"。朱熹认为"太极"是理的最高境界，"太极"之"理"表明"理"已经达到完美。朱熹对中国的思辨哲学贡献很大，西方哲学家认为中国哲学缺乏思辨。黑格尔曾批评孔子的《论语》只是道德格言，但没想到，在他之前六百年中国就出现了一名思辨大师。

元、清两代是中国历史上少数民族统一时期，中国社会科学研究遭到很大破坏。元朝时，中国的领土比汉、唐盛世辽阔，但这个政权实行民族歧视和残暴的专制政治，中国经济、文化都有倒退，除留存元杂剧和散曲外，基本上与发展社会科学无缘。清朝大兴"文字狱"，著书言志者稍有不慎，触犯皇威，就被满门抄斩，诛灭九族。在这种文化恐怖政策下，文人学子为了免祸，纷纷丢掉气节，有的抱着八股，以求科举入仕；有的远离现实，钻进故纸堆，考据训诂，断送了近三百年文人的学养形成，对中国社会科学的发展给予了无情的扼杀。当然，考据训诂的最大成就乃是《四库全书》的集成。

（九）中国社会科学的西学跟进、学科创立与繁荣发展

鸦片战争后，外国侵略者用炮舰打开了中国大门，中国进入半殖民地半封建社会形态，史称中国进入近代社会。鸦片战争后，西方的科学技术和先进文化不断在中国得到介绍和传播，形成了西学东渐的文化潮流。维新派康有为、梁启超"公车上书"，主张建立君主立宪政治，"君与国民共议一国之政法也"，形成"以国会立法，以法官司法，以政府行政，而人主总之"的民主政体。严复在英国创办《国闻报》，发表《论世变之亟》《原强》《救亡决论》，宣传民主自由思想。晚清出现了一大批杰出的思想家、改革家，中国社会科学的复兴在西学跟进中

又一次开启。

晚清思想家魏源编写了我国近代史上第一部介绍世界历史、地理、政治、经济、文化的著作《海国图志》，著名的"师夷长技以制夷"思想，是为了制服外国侵略，必须学习外国先进技术的思想解放名言，他以民利为准则，主张改变清王朝的腐朽制度，变得越彻底，对于民众越有利，"变古愈尽，便民愈甚"。清末康有为是中国设计大同社会的第一人，他在《大同书》中淋漓尽致地阐述了他的极端空想的大同世界，他指出大同世界要"去九界"，即消除国界、级界、种界、形界、家界、业界、乱界、类界、苦界，此九界消除，就可以实现真正的大同世界，他的大同世界是"无有臣妾奴隶，无有君主统治，无有教主教皇"。

五四运动后，马克思主义在中国广泛传播，1921 年中国共产党成立，中国的社会科学有了马克思主义哲学的指导。土地革命时期，党领导左翼哲学社会科学工作者，从理论上为党领导的民主革命提供了理论依据，培养造就了一批社会科学队伍。

中华人民共和国成立后，大批海外科学家和留学生主动归国，以极高的热情参加国家的科学文化建设。1949 年 11 月，中国科学院成立，组建了近代史、考古、语言、社会学等研究所。至此，真正意义上分学科的社会科学研究单位正式出现。毛泽东提出了"百花齐放，百家争鸣"的科学文化发展方针，一大批如郭沫若、范文澜、翦伯赞、艾思奇、李达、何其芳、孙冶方等学术大师涌现。"文化大革命"十年，社会科学遭到重大损失。以邓小平为核心的第二代中央领导集体，明确提出了"科学当然包括社会科学"的重要论断，1978 年，中国社会科学院正式成立，地方社科院恢复，中国的社会科学出现了真正意义上的大发展、大繁荣时期。以江泽民为核心的第三代中央领导集体提出哲学社会科学与自然科学同等重要的重要论断。以胡锦涛为核心的中央领导集体，把繁荣发展哲学社会科学作为一项重大而紧迫的任务来抓，2004 年颁发了《中共中央关于进一步繁荣发展哲学社会科学的意见》，鼓励哲学社会科学发挥思想库作用。以习近平为核心的党中央更加重视社会科学的发展，2016 年发表了著名的"5·17"讲话，为社会科学繁荣发展奠定了思想理论基础。这一时期，《新人口论》《实践是检验真理的唯一标准》《社会主义初级阶段理论》《社会主义市场经济理论》《依法治国方略》《社会主义先进文化建设》《中国特色社会主义理论》《和谐社会建设》《全面建设小康社会》《科学发展观理论》《治国理政理论》等研究成果，无不凝聚着广大哲学社会科学工作者的心血和汗水，发挥了重要思想库和智囊团的作用。正是改革开放四十年思想文化的大解放，中国哲学社会科学的大繁荣和大发展，用理论研究成果指导中国的具体实践，使中国逐渐发展成为世界第二的经济大国，中国哲学社会科学在政治、经济、社会、文化、生态等领域发挥着越来越重要的作用。

四

纵观中国历史，中国社会科学的足迹无处不在。只是中国古代没有"科学"这一概念，"格致"（格物致知）是中国"科学"的话语体系。"科学"和社会科学两个名词的"舶来"并不代表中国社会科学的缺失。"科学"也好，"格致"也罢，理性认识中国社会科学的功能，不难发现，中国自古至今的社会科学是研究和服务于社会秩序和社会治理的，是在研究"天""地""人"的基础上对事物的本质与规律进行认识总结的过程，是符合广义的社会科学内涵的。从学科上来考察，中国社会科学在古代虽没有专门作过划分，但民国时期北平图书馆出版的《国学论文索引》，单就国学将中国古代社会科学分为：总论、群经、语言文字学、考古学、史学、地学、诸子学、文学、科学、政治法律学、经济学、社会学、教育学、宗教学、音乐、艺术、图书目录学，足以证明中国社会科学学科的完整性。如果按照近代意义上以自然科学为范式，利用自然科学的范畴、概念来指导社会认识和社会科学的建立而言，中国古代在自然科学领域，也有相当成熟的研究，如勾股定理（数学）、火药配方（化学）、天文历书（天文学）、《水经注》（地理学）、《齐民要术》（农学）、《本草纲目》（医学）等。说明中国的科学知识体系不但完整，而且十分发达。

通过对中国社会科学历史的考察，可得出这样的结论，在中国历史文化长河中，中国社会科学的原始生态不是空灵的，是可寻的。应该讲，中国是社会科学起源最早的国家之一，其不但研究门类多，而且博大精深，为世界社会科学研究奠定了基础。事实充分证明，过去关于中国近代以前没有社会科学的说法是不成立的，我们的祖先留给后人的不光是文化，还有社会科学博大精深的理论建树和斑斓成果。还原社会科学在中国的本来面貌，目的是让大家对中国社会科学有一个全新的认识，让大家知道，中国是有社会科学的。那些对中国社会科学抱有诟病、妄自菲薄的人，也应该静下心来，好好地把中国故事讲给世界，把中国的社会科学梳理总结，传扬于后世。

安文华

2018 年 12 月于兰州

目　　录

第一章　中国社会科学的萌芽

　　我们生活的地球在宇宙中只不过是一粒微小的种子。现代科学发现表明，宇宙大概有150亿年的年龄，地球大概有45亿年的年龄。地球上出现生命则更晚，约6亿年前，由于气候的变化，多细胞生物生成，地球上才出现包括人类在内的大多数生命的祖先。生物物种由低级向高级逐渐演化，最后出现了哺乳动物，其中灵长类黑猩猩最为进步，后来其演化为人。2015年10月19日，考古学家在非洲埃塞俄比亚发现一块连着5颗牙齿的人类下颌骨化石，经检验距今280万年，是迄今发现的最古老的人类化石。科学界认为人类与其他动物的分化发生在500万至700万年前，此后的人类进化史又分为南方古猿与人属阶段。古猿在生活中有一种不同的劳动方式，即用手攀岩上树时形成直立状，在平地上行走时开始摆脱用上肢帮助的习惯，渐渐直立行走，这就完成了从猿到人的决定性一步。人类在劳动过程中需要相互交流，从而产生了语言。由于劳动与语言的相互促进，猿的头脑逐渐变成了人的头脑。

　　劳动创造了人，人的劳动不断创造出新的世界。人类在改造和创造世界的过程中，劳动的能力和本领越来越强，由此从劳动的创造性中产生了脑力劳动。人类智慧的形成和发展，促进了人类文化的发展，进而就有了能人、智人、贤人的出现。

中国考古学的发现表明，中国是人类的发祥地之一，也是人类文明的创造地之一。

第一节　中国是人类文明的发祥地之一

中国古人类学家把人的形成分为早期猿人、晚期猿人、早期智人和晚期智人。中国早期猿人当数安徽繁昌人字洞的猿人化石，距今200万—240万年，还发现了上百件石制品和骨制品。1959年在山西省芮城县西侯度村发现距今180万年的古人类遗址，发现了32件石制品，还有带切痕的鹿角和烧过的骨头，表明当时的猿人已经知道用火。1965年在云南省元谋县上那蚌村发现了早期直立人的化石，距今170万年，元谋人能够制造石器，也知道用火。在陕西省蓝田县公王岭和陈家窝两地发现旧石器时代完整的人类头骨，距今有50万—85万年。1929年，中国考古学家在北京周口店龙骨山的洞穴中发现人类头骨，还发现大量石器、骨器和用火遗址，距今有70万年。

到了旧石器时代，人类已经掌握了人工取火的技能，能够制造种类齐全的石器。旧石器时代的早期智人距今约5万—20万年，考古发现有大荔人、长阳人、许家窑人、丁村人、巢县人。早期智人的脑容量同现代人接近。旧石器时代的晚期智人距今1万—5万年，有山顶洞人、柳江人、安图人、建平人、河套人、资阳人、丽江人、左镇人、下草湾人。

大约在1万年前左右，中国正式进入新石器时代，从旧石器到打制石器到新石器磨制精致石器，经历了近20万年。据考证，在中国境内发现的新石器文化遗存已达1万余处。从这些遗址出土的农业生产工具和农作物遗迹来看，表明中国先民已由狩猎、采集向早期农业过渡。能代表华夏文明前身的新石器文化主要是大地湾文化、仰韶文化、红山文化和晚期的龙山文化。大地湾文化在甘肃省天水市秦安县被发现，分一期、二期、三期、四期，为新石器早期和仰韶文化早、中、晚期文化遗址，其历史从 8000 年前到 5000 年前，是中国西北地区发现最早的新石器文化。仰韶文化最初在河南省渑池县仰韶村被发现，以后发现的同时代同类文化均称为仰韶文化。这一时期（距今 5000—7000 年），我们的先祖在农业、畜牧业、制陶业方面都有一定程度的发展。陕西省西安市东郊的半坡遗址和甘肃省秦安县的大地湾遗址都完整地保留了仰韶文化的村落，其居住面、墙壁、门道、灶坑等复杂布局，充分证实当时居民已有较高的建筑艺术。红山文化发现在内蒙古赤峰市红山后遗址，同类文化在内蒙古西南部、辽宁西部和河北北部都有发现，距今 5000 年左右。在这类遗址中发现了大量精制的玉制礼器，还有大型祭坛和大型祭祀建筑。龙山文化发现于山东省章丘市龙山镇，距今 4000—5000 年。龙山文化的磨制石器比仰韶文化更精巧，出现了一些新型农具，牛、羊、鸡等开始被饲养，还发现了大量玉器。类似发现的还有甘肃的齐家文化、马家窑文化，浙江的良渚文化，四川的巴蜀文化，不一而足。

从人类发展的历史长河看，中国古人类经过了人类发展的完整历程，中国是人类出现、成长的发祥地。从文化的发现和种类繁多来看，足以证明中国也是人类文化的发祥地之一。同理，中国也是世界文明的发祥地之一。

第二节　中国上古时期社会科学的萌动

由于对社会科学理解的不同，自然产生了人类思想、学术、研究起源于何时的争论。有些人认为只有有了可靠的文献出现，才能谈思想、学术、研究的存在。因而他们断定世界之思想、学术、研究产生于埃及的纸草文书时期，而认为中国之思想、学术、研究起始于春秋战国时期。以文献的最早发现为思想、学术、研究和文明的肇始之日，是极其片面的认识。实际上文献记录的产生已经是文明达到一定阶段的产物，而不是文明的开始，也不是思想、学术和研究的开始，文明与思想、学术、研究远比文字记录的历史要早得多。考古学、人类学、民族学越来越多的发现，证实人类文明比人类文献的产生早得多。中国的《诗经》《论语》是对人类知识、智慧和经验的总结，是人类智慧已经进入很高程度的产物。

在数百万年漫长的人类生存、生活、劳动过程中，人类除大部分时间处在蒙昧状态外，生存经验在积累，智力在发展，思想的火花不断闪现，技术的创造不时产生，历史越往后，人类的思想成果和生存经验越丰富。我们要打破以文献为牢笼的观念，要把考古学、人类学、民族学发现的成就摆在历史的长河中去探讨中国社会科学在上古时期的萌芽。

思想、学术、研究是人类智慧发展的结果，是人的大脑神经系统十分完善的产物。那么人的智慧从何而来？应该讲，人的智慧来自多方面，一是有机体向高级进化。人的智慧来自生理结构和思维器官的高级进化。动物多为肢体爬行，人则有了脚和手的分化，变成了直立行走的高级动物。直立行走，使人的前肢得到解放，手的功能得到多样化发展，使人能比较方便地利用工具和制造工具。直立行走使人的视野开阔，有利于人对大千世界的变化进行认识和仔细观察，对大脑的发育创造了又一个生理条件。手的灵活运用和创造劳动工具，为人的大脑经验积累又创造了条件。历史越往后，在人类制造和使用工具的过程中，通过实践接触和感受，大脑的发育更加成熟。考古学家发现的早期智人，其大脑容量为 1350 毫克，比晚期猿人要大得多，与现代人的脑容量相近。二是劳动经验的积累。人的智慧来自对生产工具的创造和对自然的改造。人与动物的最大区别是人会制造和利用劳动工具。距今 1 万年左右的新石器时代，人类对石器的制造已经有了很大的改进，其主要方法是磨制，使石器的表面光滑，开关准确，刃部锋利，这个时期人们还学会了制陶和使用弓箭。距今 6000 年左右，人类进入金石并用时期，出现了铜的冶炼和加工。金属工业的制造说明人的智慧已经有了很大的进步，人类已进入了文明的门槛。三是群体性生存环境。群体生活促进了人类智慧的开发。从猿到人后，人类始终过着群体生活。在原始社会，人类过着乱婚生活，后来出现了血缘家族，以氏族的方式从事生产和生活。随着人口的繁育，人类由多个族群形成了部落组织。人类群体生活，形成了经常性的交流，促进了语言工具的产生。在相互传授见闻和经验中，群体生活增进了人类知识、智慧的积累。为解决部落、群体之间产生的矛盾，规范人们的社会生活，社会制度逐渐形成，进一步促进了人的社会知识的形成。

由于人类智慧的形成和发展，促进了人类文化的发展，进而有思想、学术和研究的出现，再进而有了学术人物和学术思想。人类通过劳动逐渐形成智慧，便有了文化，产生了思维，最终获得了对世界万事万物规律性的认识，进而产生了思想、观念、方法，在群体生活中通过交流、磨合，产生了学说、学派和学术体系。这就是社会科学最原始的萌芽。

第三节　中国考古发现的上古文明

我国考古学界为中国上古时期出现的物质文明和精神文明做出了不朽贡献。从考古中发现的成千上万的石制工具和骨器、玉器、金属、住宅、灶坑、建筑等遗物，均能充分证明上古时期人类技术能力在不断提升，这一时期的墓葬、岩画、地画也能充分证明上古时期人类思维能力和创造水平在不断提高，原始社会晚期遗址中发现的氏族制度、婚姻制度还能充分证明人类社会形态的形成和文明史的开端及思维体系的初步形成。不难想象，这一时期肯定有一批思想家、学者在部落中产生。

考古发现，从旧石器到新石器，由制石器到磨石器，是中华民族远古祖先智慧提高、技能增强的物质象征。北京猿人能制造出单直刃的砍砸器，山顶洞人则可以制造单凹刃的刮削器，丁村人能制造出多刃砍砸器。还有考古发现的骨针、骨锥、石簇，再到后来的弓箭，发明创造已初步显现。恩格斯在《家庭、私有制和国家的起源》中曾指出："弓、弦、箭已经是很复杂的工具，发明这些工具需要有长期积累的经验和较发达的智力，因而也要同时熟悉其他许多发明。"①

考古发现，我国在距今5000—10 000年前后，就有了陶器制造。陶器的制造表明中华先祖技术的再增长。在中国南方的广西桂林庙岩、江苏溧水都发现过原始陶器。在河北徐水县南头庄遗址发现的陶器残片，据考证是陶罐类器物，距今约9000年。在中国的仰韶文化时期，陶器的制造技术有了很大的发展。在河南渑池仰韶遗址发现了距今 7000—10 000年前的单色和彩色两类陶器。从考古发现的大地湾文化、庙底沟文化、半坡文化、后岗文化、河姆渡文化、马家滨文化、崧泽文化、大溪文化、屈家岭文化不难发现，当时制陶业在中国南北各地均已形成相当规模。甘肃马家窑文化的彩陶更为精制，其彩陶烧制温度已达到1000℃。彩绘是马家窑文化的一大亮点，不仅碗、盆内有彩绘，其他陶器表面的鱼蛙纹、舞蹈纹、水波纹、井田纹等图案线条简朴而传神，件件可称为艺术器物。制出这些精美的陶器，从取土、制坯、修饰、烧制均需要有复杂的工艺，如果没有制陶专家的智慧和辛勤操作，是很难达到的，足以说明此时制陶业的发达程度。

考古发现，中国原始村落的修建达到了一定的建筑水平。石器时代，原始人类居住在天然山洞，后来有人工简易窝棚。到原始社会晚期，村落建设逐步发展，反映出人类的房屋建造技术已接近文明的时代。在内蒙古敖汉旗东部的兴隆洼村落，考古发现了距今 8000—10 000年的面积40—70平方米的100多座建筑讲究的椭圆形壕沟村落。在甘肃秦安大地湾遗址，发现了房址 238 座、墓葬 79 座、窑 38 座、灶台 106 座、防护和排水用的壕沟 8 条，各种骨、石、蚌、陶器、装饰器和生活器物 8034 件，文化延续时间长达 3000 年。在陕西临潼姜寨村落，也发现了村落中央有一个大广场，四面分布着四组房屋群，共有70余间房屋，还发现有宗教礼仪性质的墓葬群。半坡文化和大地湾文化出现地下建筑，河姆渡文化遗址发现了木结构建筑，龙山文化存在城址。从建筑学角度分析，当时已经有了成熟的建筑设计思想和方法；从群聚生活来

① 恩格斯：《家庭、私有制和国家的起源》，中共中央马克思恩格斯列宁斯大林著作编译局译，北京：人民出版社，1999 年，第 22 页。

分析，我国的先民们已经有了简单的社会组织、社会管理和社会制度。

考古发现，文字的萌芽表明原始人类进入了文明时期。从神话传说中，大家都知道中国最早的文字相传是由黄帝的史官仓颉所造。从考古发现的原始遗存来看，早在黄帝之前，文字可能就产生了。在我国挖掘的新石器时代的遗物上就有刻画符号，据考古学家分析，这些符号可能就是最古老的文字。最早刻在龟甲上的符号，是在河南舞阳贾湖遗址发现的，距今约 8000 年。在裴李岗文化的墓葬中，考古发现龟骨残片上一个很像甲骨文的"目"字和一个很像甲骨文的"户"字。在大地湾文化遗址、西安半坡文化遗址的陶器上，刻有很多符号，郭沫若先生认为这些符号就是最早的文字。在大汶口文化遗址中还发现了类似象形的符号，一些专家认为这些象形符号就是汉字的雏形，表明聪明的人类已从结绳记事跨越到以图画记事的时代。在我国原始社会晚期的陶器上，还发现了一些多个符号并刻在一起的现象，有专家认为这可能是文字组成的语言。总之，在距今5000年前的原始社会晚期，我们的华夏先祖就能在文字和语言方面有了如此大的进步，说明当时的智者已由形象思维能力向抽象思维能力转变，表明我们的先祖对客观世界的表达方法和表达工具有了新的创造。后来殷墟发现的甲骨文，已经是完整的汉字体系，难道这些文字是一夜之间形成的吗？显然不是，如果没有原始社会晚期我们的先祖对文字符号的创造，很难想象殷代会突然出现一套文字体系。因此，可以说我国原始社会晚期的刻画文字为以后创立系统化的汉字奠定了基础。

由于经验的积累和技术的不断进步，人们的社会科学理念不断形成，一些原始科学逐步普及。如火的发现和利用，不但给人们的生活带来了革命性的变化，而且有了烧制陶器、冶炼金属、烹饪酿酒、鞣皮染色等发明创造。智者对自然、自身、群体社会的体验和分析，产生了朴素的自然观、宗教观和社会观。当然，我们的先祖在重视物质经验的同时，在对自然界的认识出现不足时便产生了自然崇拜，特别是对太阳、月亮、星辰的崇拜。他们对人自身的生理和心理活动无法解释时便产生了灵魂观念和鬼怪观念，从而使原始社会出现了巫师和祈祷活动。

第四节 神话传说蕴含的社会科学思想

从考古发掘的石器、陶器、骨骼和铜制工具，我们只能发现中国上古时期生产力水平和文化发展的一些表征，但要了解这一时期的文化、文明及至社会科学所关注的自然发展、社会发展、人的自身发展方面的知识，进而对中国上古时期社会制度和人们的发展提供更多证据，寻找经验性知识、文化意识和抽象思维方面的成就，最有力的佐证就是神话传说。

中国上古传说，浩如烟海，从盘古造世到女娲补天，从三皇到五帝，今天能看到的各类典籍有《山海经》《淮南子》《庄子》《周易》《新语》《史记》《汉书》等。关于神话传说，有些史学家认为不可信，多为后人臆造。试想，在远古时期还没有文字，也没有办法记事的情况下，最好的传播方式是什么？我认为是口传，并世代相传。当然口传有扩大故事情节、夸张放大的成分在内，但绝不是子虚乌有，漫无目标，胡乱编造。钱穆先生在《国史大纲》中对中国的神话传说有肯定性论述，他说："中国古代历史传说，极富理性，切近事实，与并世其他民族追述古史之充满神话气味者大不相同。如有巢氏代表巢居时期，燧人氏代表熟食时期，庖牺氏代表畜牧时期，神农氏代表耕稼时期。"钱穆先生所讲的这几个时期，很能代表社会科学研究对社会发展的规律性认识。

传说中的"三皇"，一曰"伏羲、女娲、神农"。二曰"伏羲、神农、燧人氏"。三曰"有巢氏、燧人氏、神农氏"。有巢氏最大的贡献是使人从天然洞穴发展到"构木为巢以避群害"，燧人氏最大的贡献是用古器或骨器钻燧而生成火，实现了人类从生食到熟食的进化演进，都反映了人类生活进步的历史轨迹。但从社会科学思想角度去考察，应该说伏羲的贡献最大。

（一）"三皇"之首伏羲对社会科学做出的贡献

相传伏羲画八卦、造书契，开创性地对天地进行认真观察，思考宇宙万物存在的共同法则，为这一时期的社会变革做出了重要贡献。

关于伏羲的传说，大约成书于战国年间的《周易·系辞下》载："古者庖牺氏之王天下也，仰则观象于天，俯则观法于地，观鸟兽之文与地之宜，近取诸身，远取诸物，于是始作八卦，以通神明之德，以类万物之情。作结绳而为网罟，以佃以渔，盖取诸《离》。"《三皇本纪》载："太昊庖牺氏，风姓，代燧人氏继天而王。母曰华胥，履大人迹于雷泽，而生庖牺于成纪。蛇身人首。有圣德。仰则观象于天，俯则观法于地，旁观鸟兽之文与地之宜，近取诸身，远取诸物，始画八卦，以通神明之德，以类万物之情。造书契，以代结绳之政。于是始制嫁娶，以俪皮为礼。结网罟，以教佃渔，故曰伏羲氏。养牺牲以庖厨，故曰庖牺。"

伏羲画八卦、造书契、代结绳、制嫁娶、结网罟、教佃渔的传说，足见伏羲时代人类的智慧已达到惊人的高度，伏羲应当是当时最大的智者，大家因其贡献推选为王。从八卦及启示八卦形成的《河图》《洛书》看，伏羲及当时的社会精英已经是一些思想深邃的思想家，也是研究自然、社会、人类自身的社会科学家。其八卦的"宇宙观"，体现在伏羲于观察天地万物中思考宇宙的本质，即茫茫宇宙，包罗万象，是如何分化而来。伏羲在苦思冥想中臆测出是由混沌状态的无极分化而来，即无极生太极、太极生两仪，而万事万物无不从两极分化而生而灭。其八卦的"认识论"，体现了伏羲力图探索纷繁复杂的万事万物变化的法则。八卦找出了万事万物变化的动因，这就是阴阳的对立统一。

八卦的基本符号是一阴一阳，上至日月星辰，下至江河湖海，远观动物植物，近看人事变迁，无不存在对立、统一、联系、变化。"无极生太极，太极生两仪，两仪生四象，四象生八卦"，伏羲把活生生的万事万物抽象为八卦的运动形式，是对事物发展规律的认识，也是对事物本质的认识。这些抽象思维的表征，说明伏羲时代人类认识世界已经达到了一个很高的境界。其八卦的"方法论和预测学"，体现了伏羲不局限于对事物的表层认识，更重要的是要掌握法则。

今人认为八卦预测术有很大的迷信色彩，只注重预知吉凶祸福，而不知八卦抓住了事物对立统一的本质规律，思辨成分更多。伏羲的传说在甘肃秦安大地湾遗址可以得到充分印证。

（二）炎帝对社会科学做出的贡献

炎帝"身号炎帝，世号神农，代伏羲氏"[①]。炎帝的传说，在陕西宝鸡北首岭文化遗址中得到印证。从北首岭文化遗址出土的工具来看，农业工具占 1/3，狩猎工具占 9%，渔猎工具占 1%。这种文化遗址考古发现与炎帝"神农因天之时，分地之利，制耒耜，教民农作"极其相近。

从社会科学发展的角度来评价炎帝，他为人类做出的重大贡献在于：

一是制造农业工具，推动农业发展。《易·系辞下》说："神农氏作，斫木为耜，揉木为耒，耒耨之利，以教天下"。《三皇本纪》中也说："斫木为耜，揉木为耒，耒耨之用，以教万人，始教耕，故号神农氏。"炎帝时代，耒耜应该是很高的农业技术。耒是直木揉成的点耕工具，它代替了手挖泥土的方法，大大提高了点耕功效。耜是在耒的一端加上今日锄头式的冠，成为开土刨沟的复合式农具，极大地推动了农业的发展，称其为"神农"或"农神"都不为过。

二是制作陶器和麻布，推动原始手工业的发展。炎帝被尊称为火帝，火虽发现较早，但炎帝时期，火被更充分地利用。古史记载炎帝"耕而作陶"，用火制陶为炎帝的一大功劳。从陕西宝鸡市北首岭文化遗存可知，当时的陶器种类已经很多，有陶刀、陶凿、陶锉等生产工具，有陶鬲、陶罐等生活用具，还有陶纺轮等纺织工具，更有陶瓮等棺葬用具。陶器被称为是农业的派生文明，陶器的发明给人类的饮食结构和营养方式都带来变革。陶器可蒸煮肉类，利于食物的消化和消毒，也可储藏谷物，减少损耗，预防变霉，有利于人的健康，延长人的寿命。帛麻业是手工业发展的里程碑，需要纤维原料，需要纺轮纺线，需要设

---

① （汉）王符著，（清）汪继培笺，彭铎校正：《潜夫论笺校正》，北京：中华书局，1985 年。

计经纬图样。制作麻布对原始人类意义重大，衣服代替了披着树叶和兽皮的生活方式，保暖技术的提升，促使人类抵御自然灾害威胁的能力得到提高，人类生活较之过去更加进步、更加文明。

三是尝百草促进中医药大发展，择良居改善人类生活环境。中国尝百草的历史非常悠久，传说中的古代帝王多有这种行为，而炎帝尝百草的传说更为多见。《淮南子》记载，上古时期"民茹草饮水，采树木之实，食嬴蚌之肉，时多疾病毒伤之害。"面对食物伤害之苦，炎帝则辨草尝草，察色嗅味，尝服体验，审其平毒寒温之性，有时一日而遇数次毒祸。现在陕西宝鸡一带还流传着炎帝尝百果，误食火焰子而中毒的故事。炎帝还是中国风水择居的创立人，他能为部落居民选择避风向阳择泉近水的住处，陕西宝鸡市北首岭原始定居村落也印证了炎帝择泉近水的选宅意向。现发现的在渭水与金陵河交汇的二阶台220多人的原始村落，近有泉水，远有河水，背靠山岭，面向宽地，向阳避风，反映了原始居民由逐水草而居到择泉水而居的转变。

四是造琴弦，立祭舞，开创原始居民的文娱生活。《礼记》有炎帝"造五弦琴"之说。关于音乐的传说，古帝皆有创作，而炎帝被传为乐器和舞蹈的创始人。《路史》把造琴弦的方法说得更为清楚，即"削桐为琴，练丝为弦"。而造琴弦的目的是"以通神明之德，以合天人之合焉"。炎帝还是蜡祭和傩舞的创立者，蜡祭是原始居民祈庆农业丰收的活动，他们对天神、地神的期望很高，期待土壤勿流失，洪水勿乱冲，虫害勿发作，草木能等到雨润而繁茂。傩舞是一种驱逐邪魔的仪式，是上古时期先民在劳动中模仿动物的动作或劳动的形式自发创造的一种舞蹈。炎帝创立的傩舞，由部落有身份者扮装成有恐怖色彩的面貌，饰以面具，采取跳神形式威慑病魔鬼蜮，保佑先民平安。

综上所述，炎帝不但是部落首领，也是当时知识、智慧、经验的化身。炎帝虽没有系统的社会科学理论和思想体系，但其以术见长，制造农具发展农耕、制作陶器推动手工业发展、促进医药消除病痛、择善而居，影响中国几千年，惠及子孙万代，不得不让后人称奇。其推动社会进步的以上贡献为社会科学的发展奠定了基础。

（三）"五帝"之首的黄帝对社会科学做出的贡献

《史记·五帝本纪》载："黄帝者，少典之子，姓公孙，名曰轩辕。生而神灵，弱而能言，幼而徇齐，长而敦敏，成而聪明。"黄帝乃华夏民族的始祖，他最大的贡献是统一了各部落，成为华夏一统的帝王。黄帝为了巩固统一，发现有不归顺的小国就去征讨，平定后再去另一个地方，一生奔波从未安居过。即如《史记》所言："天下有不顺者，黄帝从而征之，平者去之，披山通道，未尝宁居。"从这些记载可知，黄帝是一位有智慧的军事家、谋略家。

相传黄帝在文化上的最大贡献就是命辅官仓颉造字。人类经历了百万年的无文字时代。远古时期因无文字记载，其美盛之事只能"为众所赏，默识不忘，口耳相传，或逮后世"。古人为了解决言语、事功遗忘之弊，就创造了结绳记事之法，而结绳记事多有不便也不准，且难以流传，于是就促进人们向符号记事发展。伏羲的八卦就是符号记事的典型。黄帝虽未直接造字，相传他命辅官仓颉造字，可知文字在当时社会发展中的重要性。许慎《说文解字》明言："黄帝之史仓颉，见鸟兽蹄迒之迹，知分理之可相别异也，初造书契。"表明黄帝的史官仓颉造字的方法是从观察鸟兽的足迹和形态出发，并分析其行迹的纹理，而后造出模拟鸟兽形象的文字符号。许慎还说仓颉当初造字，先按事物的形象造符号，再从形声相宜而造字。象形符号为文，形声结合的符号为字。文字的出现是人类智慧和经验总结发展的里程碑，它对人们思想文化的变革起到了巨大的推动作用。自从有了文字，记录和传播人类智慧和经验就有了可能，文字的出现预示着人类从史前史迈向了文明史。

（四）"五帝"中的颛顼对社会科学做出的贡献

颛顼史称是黄帝的孙子、昌意的儿子。因黄帝已平定了华夏及周边主要部落，颛顼处于和平时期，惊天动地的事件未多见于史书。但他在扩大版图和统治范围上做了黄帝的一些未竟事业。《史记》曰："日月所照，莫不砥属"，就是说日月照到的地方，天下莫不归属颛顼。

同时，他循天意而王，依鬼神而治。《史记·五帝本纪》言："载时以象天，依鬼神以治义，治气以教化，挈诚以祭祀。"证明他能按天体运行的规律和日月星辰及天气的变化，推算四时节令。

（五）"五帝"中的帝喾对社会科学做出的贡献

帝喾，名高辛，传说中是黄帝的曾孙。据古籍记载，帝喾是一位天才。《史记·五帝本纪》说他"生而神灵，自言其名"。其十五岁辅佐颛顼，三十而登位。比之颛顼，帝喾仁者的形象更高大。一为修身齐家，人格高尚。二为公而忘私，利济苍生。三为教诲百姓，以仁兴国。《史记·五帝本纪》用"仁而威，惠而信，修身而天下服"来概括帝喾的仁德和威严、温和与守信，是后世儒家理想中仁者的典范。

同时，帝喾能"顺天之意，知民之急"，说他能将恩泽施于众人，而自己则不计任何名利。能顺应天意，了解万民疾苦，能为老百姓排忧解难。帝喾还"取地之财而节用之，抚教万民而利诲之，历日月而迎送之，明鬼神而敬事之。"这是赞扬他节俭财富，抚爱教诲，敬天奉祖。

（六）"五帝"中的尧帝对社会科学做出的贡献

尧帝，名放勋，号陶唐，也是五帝中十分杰出的一位。尧帝不但是华夏民族的政治领袖，也是通天知地的大学问家。尧帝智仁双全，《史记·五帝本纪》称赞他"放勋。其仁如天，其知如神。就之如日，望之如云。富而不骄，贵而不舒。"这是讲他仁治精神博大如天，其知识智慧与神圣者等齐，如太阳温暖人心，如彩云覆润大地，富不骄，贵不纵。可见尧帝是一位仁德至天的领袖，也是一位智慧超众的大学者。在尧帝之前的黄帝曾对天文历法开始过探索，但到尧帝时则进行了系统的研究，随之制定了完备的农历。并设置各类农事官员，按四时节令有序地开展农业生产。他命羲仲住东方、羲叔住南方、和仲住西方、和叔住北方，观察日月出没和日月星辰的位次，制定历法，教民众依农时而生产。据《尧典》记载，尧帝时农历已被确定为一年366天，并以闰月法校正春夏秋冬四季。唐司马贞《史记索隐》对尧历有详解："夫周天三百六十五度四分之一，是天度数也。而日行迟，一岁一周天；月行疾，一月一周天。日一日行一度，月一日行十三度十九分度之七。至二十九日半强，月行天一匝，又逐级日而与会。一年十二会，是为十二月。每月二十九日过半。年分出小月六，是每岁余六日。又大岁三百六十六日，小岁三百五十五日，举全数云六十六日。其实一岁唯余十一日弱。未满三岁，已成一月，则置闰。若三年不置闰，则正月为二月。九年差三月，则以春为夏，十七年差六月，则四时皆反。以此四时不正，岁不成矣。"以闰月定四时，《史记》《尚书·尧典》均有同样论述。制定历法是尧帝为天文学做出的又一重大贡献。

司马迁称尧帝"其仁如天"。儒家一直尊奉尧帝为天君和至圣，有"尧天"之称。孔子对尧帝的评价甚高："大哉尧之为君也！巍巍乎！惟天为大，惟尧则之。荡荡乎，民无能名焉。巍巍乎其有成功也，焕乎其有文章！"尧帝是中华民族文化发展的始祖，虽未有著作留传后世，但其一生所表现出的知识、智慧和仁德，则是一部巨大的学术典籍，其传说中的思想理念实为中国天文学、社会学、政治学的源头活水。

（七）"五帝"中的舜对社会科学做出的贡献

舜，在传说中与尧一样，可与之同辉。《史记》为了证明舜是黄帝的后裔，着墨较多："虞舜者，名曰重华。重华父曰瞽叟，瞽叟父曰桥牛，桥牛父曰句望，句望父曰敬康，敬康父曰穷蝉，穷蝉父曰帝颛，颛父曰昌意"。而昌意是黄帝的儿子。因自颛顼后，其后代均为庶民，舜在尧帝时是个平民。

相传舜在位39年，是以礼治世的天才。他从孝开始，制定家礼，包括"父义、母慈、兄友、弟恭、子孝"五种伦理道德，可称为中华民族伦理学的远祖。

舜继承尧的仁德治国思想，从不专权，但也不以仁德为万能，开始完善治国的各项制度。他每三年考核一次官吏的功绩，按照功绩升迁或贬黜。他设置了官吏系统，任用贤者辅政，如让皋陶担任大理，掌管刑法，断案公正；伯夷主持礼仪，上下均能礼让；垂担任共工，主管百工，百工做事有条不紊；益担任虞，主管山泽，山林湖泽都得到开发；弃担任稷，主管农业，百谷按季生长；契担任司徒，主管教化，百官亲善和睦；龙主管宾客，各诸侯都按时朝贡。舜知人善任、人尽其才的思想为后世选贤任能树立了榜样，堪称中国最早的人才学理论。

舜还是刑法的制定者。《尚书·尧典》对舜制定刑法有这样的描述："象以典刑，流宥五刑，鞭作官刑，扑作教刑，金作赎刑。"就是把刑法刻在器物上，让大家都知晓。用流放各地的办法宽恕犯五刑的罪犯，用鞭打作为官府的刑罚，用棍打作为学校的刑罚，用金作为赎罪的刑罚。还要求主管大理一职的皋陶在使用五刑时，根据罪行轻重合理处置，如大罪在原野执行，次罪在市、朝执行，同族人犯罪送交甸师氏处理等。舜制定的刑法虽有一定局限性，如用金赎罪，但作为中国最早的法典，其对法学的贡献是很大的。

《尚书·尧典》载："帝曰：'夔！命汝典乐，教胄子，直而温，宽而栗，刚而无虐，简而无傲。诗言志，歌永言，声依咏，律和声。八音克谐，无相夺伦，神人以和。'夔曰：'於！予击石拊石，百兽率舞。'"翻译成白话文就是舜帝说："夔乐正之！我任命你官，教导贵族子弟，使他们正直温和，宽厚恭谨，刚强而不暴虐，简约而不傲慢。诗是表达思想情感的，歌唱是表达思想情感的语言，音调要合乎吟唱的音律，音律要谐和五声。八种乐器的音调能够调和，不失去相互间的次序，让神和人听了都感到和谐。"夔说："好吧！我轻重有致地击打石磬，使各种兽类都能随着音乐舞蹈起来。"诗歌和音乐是人们内心想法和情感的表现；表现的最高标准，是和谐；和谐就是美，是优雅，可以感天动地惊神鬼；和谐的诗歌和音乐被用来培育、陶冶人们的内在情操，培养性情高雅的君子。《尚书·尧典》中舜和夔的这段对话虽谈的是诗歌和音乐，但核心是讲天地、人兽和万物的和谐相处，具有很高的哲学意境。

统观三皇五帝的治国理政，虽大都来自神话传说，但我们的先民在认识自然、改造自然的过程中，发社会科学之先声，无不令后代敬仰。这些传说中产生的经验总结，通过千百年的口耳相传，一代又一代地传承文化基础。

第二章　夏商周社会科学的积累成熟

生物体没有遗传基因就不会有后代的延续。社会科学也是一样，如果没有前代的文化沉淀，就不可能有后代学术、文化的延续。

关于华夏文明起始时间，众说纷纭。西方学者把人类文明的标准确定为：人类有了文字、金属冶炼、城市、私有财产和国家，还有宗教礼仪。因此，有些学者认为把黄帝作为中华文明的始祖，证据不足，提出应以甲骨文的产生为华夏文明的标志。郭沫若依据安阳殷墟发掘的史料，断定"商代才是中国历史的真正起头"[1]。但大多数学者认为：中国文明史始于夏朝。梁启超则明确断言"中华建国，实始夏后"[2]。钱穆也认为"现在讲比较可靠的古史，始从虞、夏起。"[3]

试想，按上述观点，除司马迁外，中华文明均不足5000年。如按西方文明标准考察，中华文明只有3600多年；如按甲骨文发现算起，中华文明也只有3500年；如按商王朝算起，中华文明也只有3100—3500年；如按夏王朝算起，中华文明也只有4000多年。由此，西方学者不承认中国有5000年的文明史。

---

① 郭沫若：《中国古代社会研究》，北京：人民出版社，1964年。
② 梁启超：《清代学术概论》，南京：凤凰出版社，2007年。
③ 钱穆：《国史大纲》，北京：商务印书馆，2010年。

事实真是这样吗？我的研究团队最近编写了《华夏文明八千年》一书，以考古和史料为根据，驳斥了以上说法，证明中华文明不仅超过了五千年，而且有八千年的文明史①。

　　据文献记载，夏商周三个王朝的始祖曾是三个同时并存的部落联盟，其兴亡的顺序是按夏商周排列的，相传三个王朝的始祖都是黄帝的直系后裔。三个部落活动于不同的地域，夏活动于今河南嵩山到伊水、洛水流域及山西南部，商活动于今河南、山东境内，周活动于今渭水中游黄土高原一带。夏商周已进入阶级社会形态，但各自都保留着部落联盟时期的特征，私有与公有并存，民权与君权齐现，社会阶级及阶层分化明显，有贵族、平民、士人、自耕农、隶农、奴隶。

第一节　历史文献中记载的社会科学

　　我国历史文献浩如烟海，但夏商周却成为断代，文献可考的记载很少。研究夏商周的社会科学现状，只能从《吕氏春秋》《史记》《左传》《国语》《汉书》《竹书纪年》等历史文献和《诗》《书》《礼》《易》《春秋》等春秋战国时期的诸子百家典籍中去挖掘。以上文献多多少少记录着夏商周时期政治、经济、军事、文化等方面的重要事件和思想理论。

一、《吕氏春秋》记载的夏商周

　　《吕氏春秋·季春纪》载："夏后伯启与有扈战于甘泽而不胜，六卿请复之，夏后相启曰：'不可。吾地不浅，吾民不寡，战而不胜，是吾德薄而教不善也。'于是乎处不重席，食不贰味，琴瑟不张，钟鼓不修，子女不饬，亲亲长长，尊贤使能，期年而有扈氏服。故欲胜人者必

_____

① 安文华，李骅主编：《华夏文明八千年》，北京：科学出版社，2018年。

先自胜，欲论人者必先自论，欲知人者必先自知。"这里讲夏代的君王启与有扈在甘泽开战没有胜利，六卿请求再战。夏君启说："不可以。我的土地不少，我的百姓不少，但是打不赢，是因为我的德行太浅薄，教化不好"。从此，他坐的时候不铺两张席子，吃的时候不上两种菜肴，不打开琴瑟，不整修钟鼓，不打扮子女，亲近亲人，尊敬长者，尊重贤良，任用能干的人，第二年有扈氏就归降了。这些记载如属实，说明启有知己知彼、勤俭节约、选贤任能的治国理政思想。

《吕氏春秋·仲夏纪》载："夏为无道，暴虐万民，侵削诸侯，不用轨度，天下患之。汤于是率六州以讨桀罪。功名大成，黔首安宁。汤乃命伊尹作为《大护》，《歌晨露》，《修九招》、《六列》，以见其善。"这里说夏桀无德无能，残暴虐待百姓，侵害掠夺诸侯，不按照法度行事，天下人把他看成了祸害。商汤于是率领六州诸侯来讨伐夏桀的罪行。商汤成就功名后，百姓安宁。商汤即王位后，命令伊尹创作乐曲《大护》（一种乐舞）、歌曲《晨露》（商汤时乐歌名），修习《九招》《六列》（《九招》《六列》相传是帝喾所创大型乐舞，因商汤为帝喾后裔，商灭夏后，为彰显得到正统而修习，蕴含很多巫术迷信），以此来展现汤本人的美德。

《吕氏春秋·季夏纪》记载了一次地震："周文王立国八年，岁六月，文王寝疾五日而地动，东西南北不出国郊。百吏皆请曰：'臣闻地之动，为人主也。今王寝疾五日而地动，四面不出周郊，群臣皆恐曰："请移之。"'文王曰：'若何其移之也？'对曰：'兴事动众，以增国城，其可以移之乎。'文王曰：'不可。夫天之见妖也，以罚有罪也。我必有罪，故天以此罚我也。今故兴事动众，以增国城，是重吾罪也。'"这里说的是周文王八年六月，周文王得病五天后发生了地震，地震的范围没有超过周朝的国土，臣子们都很害怕，纷纷建言通过大量动员百姓修筑城墙来防止地震。周文王不同意，认为天灾是要惩罚有罪的人，我是国君，是最大的罪人，所以天以地震来惩罚我，现在你们提出兴师动众修筑城墙，那我就是罪上加罪了。说明周文王在大灾面前冷静处置，不给百姓增添新的疾苦，把责任一人独揽，尽显国君本色。这体现了周文王的"民之重"思想。

二、《诗经》记载的夏商周

《诗经》中的《商颂》《周颂》大都是祭祀时的歌词，虽朗朗上口，但多枯涩难懂。不过从中可知商周时期的一些历史事件，找到社会科学的一些痕迹。

《诗经·商颂·长发》载：

> 濬哲维商，长发其祥。洪水芒芒，禹敷下土方。外大国是疆，幅陨既长。有娀方将，帝立子生商。玄王桓拨，受小国是达，受大国是达。率履不越，遂视既发。相土烈烈，海外有截。帝命不违，至于汤齐。汤降不迟，圣敬日跻。昭假迟迟，上帝是祇。帝命式于九围。受小球大球，为下国缀旒，何天之休。不竞不絿，不刚不柔，敷政优优，百禄是遒。受小共大共，为下国骏厖，何天之龙，敷奏其勇，不震不动，不戁不竦，百禄是总。武王载旆，有虔秉钺，如火烈烈，则莫我敢曷。苞有三蘖，莫遂莫达。九有有截，韦顾既伐，昆吾夏桀。昔在中叶，有震且业。允也天子，降予卿士。实维阿衡，实左右商王。

按现在的白话文翻译出来，内容大概是：英明睿智大商始祖，永久兴发福泽祯祥。上古时候洪水茫茫，大禹平治天下四方。远方之国均为疆土，幅员广阔而又绵长。有娀氏女青春年少，上帝让她生子立商。玄王商契威武刚毅，接受小国认真治理，成为大国政令通利。遵循礼法没有失误，巡视民情处置适宜。先祖相土武功烈烈，四海之外顺服齐一。先祖听从上帝意旨，到成汤时最合天心。成汤降生适逢其时，明哲圣德日益增进。久久不息祷告神明，敬奉上帝一片至诚，上帝命他九州执政。接受宝玉小球大球。作为诸侯方国表率。承受上天所降福佑，既不争竞也不急求，既不太刚也不太柔。施政温和而且宽厚，千百福禄归王所有。接受大小拱璧珍宝，作为诸侯方国依靠。承受上天所赐恩宠，显示他的勇武英豪。既不震恐也不动摇，既不惧怯也不惊扰，千百福禄都会来到。周武王兴师扬旗亲征，威风凛凛手持斧钺。进军如同熊熊火焰，没有敌人敢于阻截。一棵树干生三树杈，不能再长其他枝叶。天下九州归于一统，首先讨伐韦国顾国，再去灭掉昆吾夏桀。还在以前国家中世，汤有威力又有业绩。他确实是上天之子，天降卿士作为辅弼。他也就是贤相伊尹，实为商王左膀右臂。这是殷商后王祭祀成汤及其列祖，并以伊尹从祀的乐歌。

全诗从头到尾贯穿着殷商统治阶级的天命论思想："君权天授"，他们是天帝的嫡裔，他们立国、开辟疆土、征伐异族、占有九州而统治各族人民，都是奉行上天的意旨，得到天的庇佑；他们建立新王朝的统治权以及所有的福禄——权力、财富和显赫的荣耀，都得之于天，因为他们是天子及其嫡裔。统治阶级的这种意识形态，是他们建立统治的理论基础。诗中歌颂武功，即暴力掠夺和扩张，如"相土烈烈，海外有截""如火烈烈，则莫我敢曷""敷奏其勇，不戁不竦百禄是总"……这说明其统治权和享受的百禄，都来自运用本身强大力量进行的战争。崇尚勇武和战争，是为其侵略、镇压、掠夺和统治披上"天意"的伪装，这也正是殷商天命论的实质。当然他又是贤明的执政者，励精图治，选贤与能，做诸侯的表率，是诸侯的依靠。

《诗经·商颂·殷武》载：

> 挞彼殷武，奋伐荆楚。罙入其阻，裒荆之旅，有截其所，汤孙之绪。维女荆楚，居国南乡。昔有成汤，自彼氐羌，莫敢不来享，莫敢不来王，曰商是常。天命多辟，设都于禹之绩。岁事来辟，勿予祸适，稼穑匪解。天命降监，下民有严。不僭不滥，不敢怠遑。命于下国，封建厥福。商邑翼翼，四方之极。赫赫厥声，濯濯厥灵。寿考且宁，以保我后生。陟彼景山，松伯丸丸。是断是迁，方斫是虔。松桷有梴，旅楹有闲。寝成孔安。

翻译过来大致意思是：殷王武丁神勇英武，是他兴师讨伐荆楚。王师深入敌方险阻，众多楚兵全被俘虏。扫荡荆楚统治领土，成汤子孙功业建树。你这偏僻之地荆楚，长久居住中国南方。从前成汤建立殷商，那些远方民族氐羌，没人胆敢不来献享，没人胆敢不来朝王。殷王实为天下之长。上帝命令诸侯注意，建都大禹治水之地。每年按时来朝来祭，不受责备不受鄙夷，好好去把农业管理。上帝命令殷王监视，下方人民恭谨从事。赏不越级罚不滥施，人人不敢怠慢度日。君王命令下达诸侯，四方封国有福享受。殷商都城富丽堂皇，它是天下四方榜样。武丁有着赫赫声名，他的威灵光辉鲜明。既享长寿又得康宁，是他保佑我们后人。登上那座景山山巅，松树柏树挺拔参天。把它砍断把它远搬，削枝刨皮加工完善。长长松木制成方椽，楹柱排列粗壮溜圆。寝庙落成神灵安恬。《殷武》一诗，是《商颂》的最后一篇，也是《诗经》三百零五篇的最后一篇。这首《殷武》的主旨，就在于通过殷高宗寝庙落成举行的祭典，极力颂扬殷高宗继承成汤的事业所建树的中兴业绩。进一步申述武丁是受"天命"的中兴之主，人民百姓只能安分守己，按商朝的政令行动。

　　《诗经·周颂·天作》载："天作高山，大王荒之。彼作矣，文王康之。彼徂矣，岐有夷之行，子孙保之！"这首祭祀诗歌的意思是：高耸的岐山自然天成，创业的大王苦心经营。荒山变成了良田沃野，周文王来继承欣欣向荣。他率领民众云集岐山，阔步行进在康庄大道，为子孙创造锦绣前程。《天作》是周颂中少有的提及具体地点的作品（另一篇是《潜》），它写出了具体地点岐山。"天作高山"，强调上天赐予岐山这块圣地。将对圣地、圣人的歌颂融为一体，着力描写积蓄力量的进程，揭示历史发展的必然趋势，《天作》一诗，便如大河滔滔，飞流直泻，既显庄严，又富气势。短短七句，有如此艺术效果，可见诗歌作者的非凡手笔。

　　《诗经·周颂·时迈》载："时迈其邦，昊天其子之，实右序有周。薄言震之，莫不震叠。怀柔百神，及河乔岳，允王维后！明昭有周，式序在位。载戢干戈，载櫜弓矢。我求懿德，肆于时夏，允王保之。"意思是：现今众多的诸侯邦国，皇天都看作是自己的儿子，实在能保佑、顺应大周王朝。如若周武王向他们施威，他们没有不慑服的。武王能安抚天地众神，以至黄河和高山。周武王作为我们的君王，实在能发扬光大大周功业。他接替周文王登上王位，就收藏了兵器，并把弓箭收入皮囊。我们谋求治国的美德，武王就施美德于天下四方。周武王实在能保持天命啊！据文献记载，夏商周三代建国统一天下之初，都创作过一套盛大隆重的乐舞，纪念开国立朝的功业，用以向上帝和祖先汇报，树立新朝的威信，并勉励后嗣子孙。夏禹治水成功作《大夏》，商汤统一天下之后作《大护》，周武王灭殷之后作《大武》。这些乐舞，就成为三代最崇高而尊贵的礼乐仪式。《诗经·周颂·时迈》采用"赋"的手法进行铺叙。开头即说周武王册封的诸侯各国，不仅得到了皇天的承认，而且皇天也把他们当作自己的儿子一样看待，而他们的作用就是"右序有周""皇天无亲，唯德是辅"，这就首先说明周武王得到了天命。其次又说周武王不仅能威慑四方，而且能安抚百神，所以他的继立，"明昭有周"，就是说周武王能发扬光大历代先祖的光辉功业。接着又写周武王平定殷纣、兴立大周、封建诸侯之后，戢干戈、櫜弓矢，偃武修文，并以赞叹的口气说：我们谋求治国的美德，周武王就把这美德施行于天下了。

《诗经·周颂·思文》云："思文后稷，克配彼天。立我烝民，莫匪尔极。贻我来牟，帝命率育。无此疆尔界，陈常于时夏。"讲的是：追思先祖后稷的功德，丝毫无愧于配享上天。养育了我们的亿万民众，无比恩惠谁不铭刻心田？留给我们优良麦种，天命用以保证百族绵延，农耕不必分彼此疆界。全国推广农政共建乐园。《诗经·周颂·思文》篇幅简短，恰恰反映当时政治之清明，国势之强盛。西周当时已经是君临天下的政权，"无此疆尔界，陈常于时夏"自然是这种权威的宣告，但又是秉承天命养育万民的一种怀柔。昌盛的、向上的政权不会在立威的同时忘记立德，西周政权也保持着这种明智。

《诗经·周颂·桓》载："绥万邦，娄丰年。天命匪解。桓桓武王，保有厥士，于以四方，克定厥家。於昭于天，皇以间之。"说的是：万国和睦，连年丰收，全靠上天降福。威风凛凛的武王，拥有英勇的兵将，安抚了天下四方，周室安定兴旺。啊！功德昭著于上苍，请皇天监察我周室家邦。诗的前两句，是以"绥万邦，娄丰年"来证明天命是完全支持周朝的。"娄丰年"在农耕社会对赢得民心起着举足轻重的作用，百姓对能致物阜年丰的王朝总会表示拥护；而获得农业丰收，在上古时代离不开风调雨顺的自然条件，"娄丰年"便理所当然地成为天意的象征。中间四句歌颂英勇的周武王和全体将士，并告诉全体诸侯，周武王的将士有能力征服天下、保卫周室。诗的核心就是扬军威以震慑诸侯，从而达到树立周天子崇高权威的目的。诗的语言雍容典雅，威严而出之以和平，呈现出一种欢乐的氛围，涌动着新王朝的蓬勃朝气。

《诗经》还反映了西周时期官民生活习俗、宗教信仰和文学艺术。这些记载如果属实，其政治学、社会学、人类学、民俗学、宗教学等理论就是中国社会科学全方位的展现。

三、《尚书》的民本、德政思想

《尚书》中的《虞夏书》《商书》《周书》记载着夏商周三代的政治、经济、法律、宗教等方面的重大事件和治国治民的基本思想。

《尚书·虞夏书·五子之歌》中说："皇祖（大禹）有训：民可近不可下；民惟邦本，本固邦宁。"说的是大禹传位给启，启传位给太康，太康只图安乐，不理朝政，丧德失民，怨声载道，被废。太康的母亲和几个弟弟总结教训，作《五子歌》。意思是说，祖父大禹早有训诫，对待人民只能亲近，不可怠慢，人民是国家的根本，人民安居乐业了，国家才能安宁。《五子歌》反映的民本思想，就是中国社会科学的早期思想精髓。

《尚书·商书·仲虺之诰》说："德日新，万邦惟怀。志自满，九族乃离。"意思是说君王的德行要日日更新，这样万国才能归顺。如果骄傲自满，最亲近的九族都会疏离。这些言简意赅的语言，核心是把君王的品德放在第一位，要以德治国。

《尚书·周书·旅獒》说："不矜细行，终累大德。为山九仞，功亏一篑。"意思是说平时不注重细微小节方面的修养，到头来会伤害大节，造成终生的遗憾。要建造九仞高的山，如果缺少了最后一筐土，也会功亏一篑。以堆山为喻，告诫人们修养品德应自强不息，持之以恒，不可半途而废。作为君王就要敬慎德行，只有为仁行善，以德化服人民，才能得到民心，只有勤奋为政，德行很盛，才能安定社会，巩固政权。做人也是如为学求道，修养道德就像堆山一样，要积极发挥主观能动性，不能中途停止，半途而废，前功尽弃，如果坚持不懈，永不止步就会终有成就。"不矜细行，终累大德"已成为当下党政干部廉洁自律的千古警言。

《尚书·周书·蔡仲之命》说："皇天无亲，惟德是辅。民心无常，惟惠之怀。为善不同，同归于治；为恶不同，同归于乱。"意思是说上天对人没有亲疏之分，它只佑助德行高尚的人；民心向背没有定规，它只是归附仁爱之主。做善事的方法虽然各不相同，结果都会达到安治；做恶事方法虽然各不相同，结果都会走向动乱。

《尚书·周书·君陈》说："必有忍，其乃有济；有容，德乃大。"意思是说一定要有所忍耐，那才能有成；有所宽容，德才算是大。

《尚书·大禹谟》说："克勤于邦，克俭于家。"意思是说能为国家大事不辞辛劳，居家生活俭朴。我国自古以来就以勤俭作为修身治国、治家的美德。古人认为能否克勤克俭，是关系着国家强弱、存亡的大事，鼓励人们竭尽职守，勤奋工作，提倡节约，反对浪费。

《尚书·太甲中》说："视远惟明，听德惟聪。"意思是说能看到远处，才是视觉锐利；能听从好话，才是听觉灵敏。古人用能看远才是明察秋毫、善听好话才是耳朵灵敏做比喻，鼓励人们注重自身修养，永不懈怠。不论是治国，还是个人提升，都强调的是道德品质修养，要勤奋学习，诚心求道，时刻躬身自反，检讨自己言行，胸襟宽广，善于听取意见，不要时常享乐和懒惰，用诚信、仁厚的美德求得国家治理的成功，赢得个人事业的发展。

四、《周礼》的政治制度和政治思想

周代的制度完整地讲应称之为礼乐制度。礼主要对人的身份进行划分和社会规范，最终形成等级制度。乐主要是基于礼的等级制度，运用音乐缓解社会矛盾。前者是所有制度的基础和前提，后者是制度运行的形式和保障。

《周礼》创建了一整套具体可操作的礼乐制度，包括饮食、起居、祭祀、丧葬……社会生活的方方面面，都纳入"礼"的范畴，潜移默化地规范人们的行为，这就是周代的礼制。目的是以周人的标准来规范各族和各代的礼乐内容，并通过制度的形式推行到各个不同等级的统治阶级；其意义在于扩大周文化的影响，加强周人血亲联系和维护宗法等级秩序；其本质是"经国家，定社稷，序民人，利后嗣"。

周礼以"会典""典章""律例"或"车服制""舆服制""丧服制"等各种条文，规范和统御人们的物质生活。所以，礼在中国不仅是道德信仰和思想观念，也是日用消费品分配的准则和人际交往的规范。日用器物对消费者来说兼有物质待遇和精神待遇双重价值。早在先秦时期，荀子就为这种分配方式提供了理念："德必称位，位必称禄，禄必称用。"有德才有位，有位才有禄，以物可以观位，以德又可量物，道德表现、社会地位与财禄器用相应相称。权力通过日用器物的等级分配，物化为各个阶层生活方式的差异，这是社会模式，也是文化模式，正如司马迁所说：礼能"宰制万物，役使群众"。从此，礼可以管天、管物、管人，这是意识形态与社会生活高度契合的形态。

到了商周之际，除了要敬天法祖，人文思想开始兴起，礼、乐成为衡量当时社会政治伦理的标尺。西周礼乐制度在保留事神礼仪的同时，扩展了礼仪的事项，扩充了礼仪的内容，使社会的政治关系、等级秩序、道德伦理、思想感情等内容都体现为礼节仪项，使礼仪存在于意识形态和社会生活的各个领域。

周人将礼分为"吉、凶、军、宾、嘉"五种仪制，其中除吉礼仍为事神礼仪外，其他四种均与现实社会生活相关。这五种仪制又被分为"冠、婚、朝、聘、丧、祭、宾主、乡饮酒、军旅"九种礼事，各种礼事又各有具体的繁缛仪式，并有相应的音乐配合，不同的社会等级均有不同的乐队规模和用乐范围，这些规定成为统治阶级各阶层必须遵守的制度。

《周礼·春官》详细记述了五种仪制：吉礼，祭祀之礼；凶礼，丧葬灾变之礼；宾礼，是上至天子、诸侯，下至普通贵族相互往来、迎见宾客，处理日常社交关系的礼仪；军礼，军队日常操练、征伐、出行、凯旋时所用礼仪；嘉礼，各种吉庆欢会活动所用的礼仪。

社会身份的确定，规定了每个人在社会上的权利和义务，建立起一个差异有别的社会秩序。"惟王建国，辨方正位，体国经野，设官分职，以为民极。"周礼所确定的法统的根本宗旨，是在人间秩序效法天道秩序的基本原则下，把天道法则及其价值落实在世俗立法中，把君主、大臣、普通人民的行为全部规制到一个秩序中来运作，即所谓"天人合一"。古人认为，"礼"是人的道德、伦理、修养的体现；"乐"是人的情感、思想、欲念的表现。将人的道德、伦理、修养和情感、思想、欲念这些抽象的、内在的、无形的东西外化为有形的"礼"（礼仪）和"乐"（音乐），也就是将无形有形化，将抽象具象化，将意识形态化。

中国文化从以"神"为本发展到以"人"为本，《周礼》做出了重大贡献。中国文化的精神气质如"崇德""人本"等含义从此基本定型。周人由崇拜天神转而宣扬"天命"，以政治伦理意味较多的"天命"取代了殷人神话色彩浓厚的"天帝"，提出了"以德配天""敬天保民"的思想，认为商亡、周兴是周人"敬天保民"的缘故，要人们遵循周礼，用伦理道德的原则来维护"尊尊""亲亲"的统治秩序，一切经济、政治、宗教的原则都必须服从它，这也是"敬天保民"的核心，出于这种政治伦理的需要，周人的宗教观由殷商对天神与祖先的双重崇拜，逐步转向偏重于祖先的崇拜。

西周能够摆脱神权的桎梏，用理性精神对待礼乐传统是社会的一大进步；西周统治者用礼乐制度这一文化专制手段来亲和并控制宗周与诸侯在宗法等级社会中的政治关系，这也是在当时历史条件下的明智选择。这表明西周社会人生的重心，已经从天帝鬼神转移到人类内在德行。

周礼的内涵和特质集中体现在敬天、明德、保民思想体系之中，对后世影响极其深远。世界上没有一个国家能像西周那样，把礼仪和音乐抬高到政治高度，用来治理国家，周公的"礼乐治国"为"礼仪之邦"的文明中国树立了一个历史典范。西周礼乐制度为后代统治者开创了一条具有典范意义的文治之道。

随着礼乐规范下的伦理观念日益加强，以及鬼神观念的日渐淡化，富于原始激情与浪漫色彩的巫觋文化遭到了理性的取舍，巫的地位由殷大夫降至周初春官宗伯的一个小小属官，到了春秋战国时期进一步被排斥到民间，只能在社会下层人民中间存在一点影响，至此殷商的巫觋文化退出了历史舞台。如果说殷人的精神生活还没有完全脱离原始状态，其思想行为完全取决于外在的祖先神、自然神及上帝，那么，周人在中国思想发展史上的最伟大贡献之一，就在于"在传统的宗教生活中，注入了自觉的精神；把文化在器物方面的成就，提升而为观念方面的展开，以启发中国道德和人文精神的建立"。

"周礼"重新创造了华夏文明的核心要素并绵延至今，正如王国维所说："中国政治与文化之变革，莫剧于殷、周之际。"

"礼化"和"乐化"是《易经》所揭示的万事万物所具有的"阴阳"二象特征在人身上的表现，其中"礼化"为阴，"乐化"为阳，"礼化"为实，"乐化"为虚，"礼化"的意义在于外在的社会秩序，"乐化"的意义在于内在的情感和谐；二者相辅相成，一体两面，相互促进，相互转化。因此，"礼化"和"乐化"是人之所以为人的根本标志和本质特征，其中"乐化"这一特征的地位又高于"礼化"。所以，孔子认为，人成为人的过程是"兴于诗，立于礼，成于乐"。

《周礼》根据贵族专制统治的需要，强化人民的职业意识，构想了"十二职事"，对人民实行职业教化。《周礼·地官·大司徒》云："颁职事十有二于邦国都鄙，使以登万民。一曰稼穑，二曰树艺，三曰作材，四曰阜蕃，五曰饰材，六曰通材，七曰化材，八曰敛材，九曰生材，十曰学艺，十有一曰世事，十有二曰服事。"十二种职业的颁布和实施，是《周礼》对万民教化的一项重要内容，它使国之民有所事事，安居乐业，成为王国统治者的驯服工具。

"周礼"作为周朝的典章、制度、仪节、习俗的总称，其意义不仅依然存在，而且被扩大、推广到整个华夏族的势力范围。在当时，用不用"周礼"，已成为区分"夷狄"与"诸夏"的主要标志。这种观念可以说是最早体现了民族意识的自觉，这种民族意识的自觉经过继承和发扬之后，就成为一种民族的向心力和凝聚力。中华民族的文化传统几千年来绵延不绝，是世界文明发展史上的奇迹，它的出现应当说与孔子所开创的民族意识的自觉有着一定的思想渊源关系。孔子的明"夷狄""诸夏"之别的政治主张，到秦汉以后逐渐以"明华夷之辨"的命题为历代儒家所继承和发扬。

夏商周的文治、礼治、和治充分体现了仁政与德治的政治观，由天地而万物，由自然而人世，由君主到庶民的变化规则和方法，实际上展现的是哲学、社会学、伦理学、人类学等学科在内的中国社会科学的早期经典研究成果，独一无二。

第二节　夏商周的宗教神学

夏商周在原始宗教的基础上，发展和创造了一整套宗教神学思想体系和行为准则。

一、夏商周的尊天思想

在三皇五帝时，人们是多神信仰，凡日月星辰、天地山川、风雨雷电都是可敬仰的神。夏以来，天神的观念上升，天神成为最高神。有记载的经典著作中，关于夏商周对神的称谓，就有多种，称皇天、昊天的有之，称上天、上帝的有之，称皇天上帝的有之。仅《尚书·商书》中对天神就有"天""上天""皇天""昊天""天帝""上帝"等不同称谓。

夏商周时代，我们的先民眼中的天，不是自然的天，而是无形无象、无始无终、抽象存在的天神，有主宰万物的本领，特别是能主宰朝代的兴亡和帝王的更替。这与当时人们对天、人的命运、社会兴衰的认识有关，大家往往把自然界的偶然性事件与天神联系起来，从而产生了"兴者尊天神也，败者违天神也"的天命观。所以古代的天神观念是先民的真实信仰，是当时的认识论，是一种历史观和宇宙观。

夏朝第一代君王启就处处尊奉天帝，代天帝行人间王事。启继承帝位后，有扈氏不服，发动叛乱，启在讨伐有扈氏时作《甘誓》，表明他的讨伐是执行天命。《尚书·甘誓》载："王曰：'嗟！六事之人，予誓告汝：有扈氏威侮五行，怠弃三正，天用剿绝其命。今予惟恭行天之罚。'"这里明确告诉六军将领（六事之人），有扈氏轻慢金、木、水、火、土五行规律，废弃了正德、利用、厚生三大政事，天帝要断绝他的国运，现在我只有奉行天帝的旨意来惩罚他。启替天行道的"尊天神"在《甘誓》中得到充分体现。

夏朝第四位皇帝仲康即位后，命令胤侯为大司马掌管六师。仲康四年，夏朝国都发生日全食，白日如同黑夜，人们十分恐慌。于是有人上奏仲康，说主管天文的羲氏与主管历法的和氏终日沉湎于酒，玩忽职守，致使酒后误事，废时乱日，造成时间混乱，给人类社会带来灾难，因此必须依法惩治他们。仲康闻奏大怒，立刻命令胤侯领兵去逮捕他们。史官记载了此事，作《胤征》，指出"先王克谨天戒"，国运昌盛，而羲和则"沉乱于酒，畔官离次，俶扰天纪"。这里所说的"天戒"指上天的警告，"天纪"则是指一曰岁，二曰月，三曰日，四曰星辰，五曰历数。五纪都是上天所确定的法则，违犯了就是欺天，必须惩罚。从这些记载可以看出，夏朝仲康"尊天神"，替天行罚，执行天命也是达到了最高境界。

夏朝仲康时期距今约四千多年，这次日食的记录，是世界上最早的日食记录。在中国历史上，很早就设有专门的部门和人员进行天象的观测。其第一个原因是了解日、月的运行规律，制定尽可能精密的历法以满足农业社会从事农耕的需要。第二个原因则比较复杂，中国古代占主导地位的思想是"天人合一"观念，这种观念认为，"天"是一个有意志、有人格的神，天帝支配着人间，在支配过程中，天帝经常通过星象上的变化给人间以预兆和警告，因此，古代政府都有庞大的司天机构日夜监视这些天象的变化。天文官员作为人间君王"通天"的媒介和信使，地位和威望都非同一般。由于天文官员有举足轻重的位置，朝廷对于天文官员的期望往往很高，天文官员也时刻不敢懈怠。

殷商时期，国王和贵族阶层神学思想比普通百姓更甚。《史记·殷本纪》讲了一段商王武乙欺天报应的事："帝武乙无道，为偶人，谓之天神。与之博，令人为行。天神不胜，乃僇辱之。为革囊，盛血，卬而射之，命曰'射天'。武乙猎于河渭之间，暴雷，武乙震死。"这则故事讲武乙是个恶作剧者,似乎不信天神,竟做了两个木偶,谓之天神,与之搏斗,木头人被打败,于是武乙就羞辱天神无能。武乙又在皮囊里装上血,用箭射之,称为射天。天的报应很快而至。武乙在河渭一带打猎时,被天神雷击而死。这些事例表明商王确实生活在对天象的恐惧之中。而商王的最大创举,也无不以尊天意,替天行道的名号出现。

商汤伐夏桀时,就声明这是尊上帝之意,铲除暴政,消灭昏君。《尚书·汤誓》载:"王曰:格尔众庶,悉听朕言。非台小子敢行称乱,有夏多罪,天命殛之。今尔有众,汝曰:'我后不恤我众,舍我穑事而割正夏。'予惟闻汝众言,夏氏有罪。予畏上帝,不敢不正。今汝其曰:'夏罪其如台?'夏王率遏众力,率割夏邑。有众率怠弗协。曰:'时日曷丧?予及汝皆亡!'夏德若兹,今朕必往。""尔尚辅予一人致天之罚,予其大赉汝!尔无不信,朕不食言。尔不从誓言,予则孥戮汝,罔有攸赦。"大意是:商汤说:"来,你们众人,到这儿来,都仔细听着我的话:不是我个人敢于兴兵作乱,是因为夏桀犯下了很多的罪行。我虽然也听到你们说了一些抱怨的话,可是夏桀有罪啊,我畏惧上天,不敢不去征伐。如今夏桀犯下了那么多的罪行,是上天命令我去惩罚他的。现在你们众人说:'我们的国君不体恤我们,抛开我们的农事不管,却要去征伐打仗。'你们或许还会问:'夏桀有罪,他的罪行究竟怎么样?'夏桀君臣大发徭役,耗尽了夏国的民力;又重加盘剥,掠光了夏国的资财。夏国的民众都在怠工,不与他合作。他们说'这个太阳什么时候消灭,我宁愿和你一起灭亡'!夏王的德行已经到这种地步,现在我一定要去讨伐他!希望你们和我一起来奉行上天降下的惩罚,我会重重地奖赏你们。你们不要怀疑,我绝不会说话不算数。如果你们违抗我的誓言,我就要惩罚你们,概不宽赦!"这里商汤反复给民众解释,征讨夏桀是天意,不是自己的自主选择。

在商人的心中,兴也天也,败也天也。到商纣时,肉林酒地,荒淫无度。商纣的大臣祖伊在国家灭亡前告诫过商纣。《史记·殷本纪》记载了这一段谏言:"及西伯伐饥国灭亡,纣之年祖伊闻之而咎周,恐,奔告纣。曰:'天既讫我殷命,假人元龟,无敢知吉。非先王不相我后人,惟王淫虐用自绝。故天弃我,不有安食。不虞知天性,不迪率典。

今我民罔弗欲丧，曰：'天易不降威？大命胡不至，今王其奈何？'纣曰：'呜呼！我生不有命在天？'祖伊反曰：纣不可谏矣。'"祖伊指出上天已断绝了殷商的寿运，无论是预测还是大龟占卜，都没有好兆头，充满着天丧商朝的天命观。原因不在于先王不帮助后人，而是你商纣荒淫暴虐，自绝于天，而上天才抛弃了商民。你商纣不揣度天意，不遵守天王之法，那不灭亡还有什么办法呢？

周朝自始至终尊天命。周武王继位的第九年，八百诸侯会于孟津，皆曰："纣可伐矣"。可是周武王认为上天还未下达伐纣的命令，时间不到。《史记·周本纪》载，周武王对诸侯说："女未知天命，未可也。"又过了两年，商纣"昏乱暴虐滋甚"，周武王带甲士四万五千人伐纣，其理由是"自绝于天""故令予发维共行天罚"。

《尚书·泰誓》记载了周武王伐纣的誓言：

> 呜呼！我西土君子。天有显道，厥类惟彰。今商王受狎侮五常，荒怠弗敬。自绝于天，结怨于民。斫朝涉之胫，剖贤人之心，作威杀戮，毒痛四海。崇信奸回，放黜师保，屏弃典刑，囚奴正士，郊社不修，宗庙不享，作奇技淫巧以悦妇人。上帝弗顺，祝降时丧。尔其孜孜，奉予一人，恭行天罚。古人有言曰："抚我则后，虐我则仇。"独夫受洪惟作威，乃汝世仇。树德务滋，除恶务本，肆予小子诞以尔众士，殄歼乃仇。尔众士其尚迪果毅，以登乃辟。功多有厚赏，不迪有显戮。呜呼！惟我文考若日月之照临，光于四方，显于西土。惟我有周，诞受多方。予克受，非予武，惟朕文考无罪；受克予，非朕文考有罪，惟予小子无良。

意思说周武王驻兵在黄河之北，诸侯率领他们的军队都会合了。周武王于是巡视军队并且告诫他们，说："啊！西方各位诸侯，请都听我的话。我听说好人做好事，整天地做还是时间不够；坏人做坏事，也是整天地做还是时间不够。现在商纣力行不合法度的事，放弃年老的大臣，亲近有罪的人，过度嗜酒，放肆暴虐。臣下也受到他的影响，各结朋党，互为仇敌；挟持权柄，互相诛杀。无罪的人呼天告冤，秽恶的行为公开传闻。上天惠爱人民，君主遵奉上天。夏桀不能顺从天意，流毒于天下。上天于是佑助和命令成汤，使他降下废黜夏桀的命令。纣的罪恶超过了夏桀，他伤害善良的大臣，杀戮谏争的辅佐，说自己有天命，说敬天不值得实行，说祭祀没有益处，说暴虐没有害处。他的鉴戒并不远，就在夏桀身上。上天该使我治理人民，我的梦符合我的卜兆，吉庆重叠出现，讨伐商国一定会胜利。商纣有数万平民，都离心离德；我有拨乱的大臣十人，都同心同德。商纣虽有至亲的臣子，比不上我周国的仁人。上天的看法，出自我们人民的看法，上天的听闻，出自我们人民的听闻。老百姓有所责难于我，我一定要依从民意前往讨伐。我们的武力要发扬，要攻到商国的疆土上，捉到那些残暴之徒；我们的讨伐要进行，这个事业比成汤的还辉煌呀！努力吧！将士们。不可出现不威武的情况，宁愿你们保持没有对手的思想。百姓危惧不安，他们向我们叩头求助，额角响得就像山崩一样呀！啊！你们要一心一德建功立业，就能够长久安定人民。"这些誓言，通篇传达的是君命天授的思想。

二、夏商周的敬祖思想

夏商周时期，除尊天神之外，对祖先也很崇敬。《礼记·效特牲》说："万物本乎天，人本乎祖"。在夏商周三代，人们认为天下万物都是上天的造化，上天授予天子以职权领导子孙万民，万民就要崇敬自己的祖先。

夏商周三代尊天敬祖的神学体系中，有一个重要的理论就是天人以德沟通论。大家都认为君主如果是德行高尚的人君，顺天行事，就能感悟上天的旨意，若君主缺德逆行，则会失去对上天旨意的领会，逆天而行，会被上天所抛弃。这一理论告诫人君，修德才能行天之道，造福于万民，否则愧为天子。如禹、汤、文、武、周公皆大德大贤，为世人敬奉。夏商周三代先祖的领袖人物多为对本族创业立下卓越功勋的人，本族人把他们看成真正的天子，对其崇拜有加，赋予神圣的光环，久而之这些领袖人物就被神话，特别是这些人的出生就很不平凡，不是父母结合的产物，而是上天通过感应把他们降临到人间，如商的祖先契是天神将玄鸟卵有意降到人间而"因孕生契"。《诗经·商颂·玄鸟》曰："天命玄鸟，降而生商"。夏禹、商汤、武丁、文王、周公个个都秉承了天意，完成了天功，建立了赫赫功业，都是本朝崇拜祭祀的神祖。

第三节 《周易》《尚书·洪范》

一、《周易》的哲学思想

《周易》是一部中国古代哲学书籍，是建立在阴阳二元论基础上对事物运行规律加以论证和描述的书籍，也是探讨天地万物及社会、人事规律的古代筮书。《周易》之八卦相传是伏羲所画，重卦相传为夏禹、周文王所重，爻卦多传为周文王所作。《周易》虽是一部卜筮之书，但其深邃之处却反映了中华人文始祖和夏商周先祖博大精深的哲学思想，是我们研究夏商周宗教意识、社会理念和思维方法的重要社会科学理论典籍。

《周易》的哲学思想，不能用今天的概念去做定论，只能从其内容和实质去分析。从研究的对象看，《周易》具有哲学的性质。《周易》研究的是天地万物，其《序卦》曰："有天地，然后万物生焉。盈天地之间者唯万物"，万物是怎样产生的呢？《周易·系辞·下》曰："天地絪缊，万物化醇；男女构精，万物化生。"天地又是怎样产生的呢？《周易·系辞上》曰："《易》有太极，是生两仪（天地），两仪生四象，四象生八卦，八卦定吉凶，吉凶生大业。"可见"太极"为万物之源，才有天地，才有万物。《周易》只用了"太极"就概括了宇宙，"两仪"概括了天地，"四象"概括了春夏秋冬。明显体现了古朴的唯物主义一元论思想。

《周易》也有古朴的辩证法思想。首先，《周易》有普遍永恒发展的思想。《周易》的宇宙模式是"太极—两仪—四象—八卦"，这是一个以太极为起点，以八卦为核心的大系统，大系统里又有无数个小系统，层层联系，步步发展。宇宙是太极层层展开的万事万物，而代表万事万物的卦形却纷繁复杂，用简单的方式表达就是两个符号"－－"和"一"。卦与卦之间互相联系，六十四卦为一个大循环，这就是中国最早的宇宙发展观。其次，《周易》有对立统一思想。太极生两仪（天地、阴阳、男女、日月、昼夜），由此产生万事万物的对立统一。天地、水火、山泽、雷风八卦对立统一。乾坤、震巽、坎离、艮兑对立统一。大小、上下、吉凶、祸福对立统一。这些在《周易》中随处可见。再次，《周易》有量变到质变的思想。《坤卦》讲："履霜坚冰，阴始凝也。驯致其道，至'坚冰'也。"这里讲的就是冰冻三尺非一日之寒的由量变到质变的发展过程。最后，《周易》有事物发展的否定之否定的周期性规律思想。八卦里的"－－"肯定自身量的发展变为太阴，向对立面转化成为少阳。"一"向两方面发展则成为太阳和少阴。从而决定了事物发展有两种趋势，一种是肯定自身，继续量的发展。另一种是否定自身向对立面转化，体现出万事万物的否定之否定的周期性规律。

《周易》对条件决定论、因果关系、社会演化、道德价值、自强不息等哲学范畴都有论及。其哲学思想处处存在。应该讲，《周易》是中国最早的也是最有价值的一部社会科学著作，它不仅对各类自然现象提出了各种观点和理念，而且对人世间的经济、社会、政治、文化都提出了一系列判断和分析。

二、《尚书·洪范》的五行之说

《尚书·洪范》是我国最早提出五行学说的一部著作。从伏羲画八卦开始，中华先民们就树立了阴阳两极对立的哲学观点，认为宇宙从无极开始而产生了太极，太极再生两仪，这是万事万物构成和变化的总根源。《尚书·洪范》提出五行学说，是先民们对物质世界认识的继承和发展。

《尚书·洪范》相传是上帝赐给大禹的，而到了商代又传给了纣王的叔父箕子。周灭商后，周武王向箕子询问治国的方略，箕子依据《洛书》详细阐述了九种治国大法，史官经过整理写成了《尚书·洪范》。

《尚书·洪范》中提出的治理国家的九种大法："初一曰五行，次二曰敬用五事，次三曰农用八政，次四曰协用五纪，次五曰建用皇极，次六曰义用三德，次七曰明用稽疑，次八曰念用庶征，次九曰向用五福，威用六极。"意思是说：第一是五行（一曰水，二曰火，三曰木，四曰金，五曰土）。第二是认真做好五事（一曰貌，二曰言，三曰视，四曰听，五曰思）。第三是努力施行八种政务（一曰食，二曰货，三曰祀，四曰司空，五曰司徒，六曰司寇，七曰宾，八曰师）。第四是合用五种记时方法（一曰岁，二曰月，三曰日，四曰星辰，五曰历数）。第五是建事使用皇极（凡厥庶民，无有淫朋，人无有比德，惟皇作极。凡厥庶民，有猷有为有守，汝则念之。不协于极，不罹于咎，皇则受之等）。第六是治理国家使用三种品德的人（一曰正直，二曰刚克，三曰柔克）。第七是尊用以卜考疑的方法（建立卜筮人，乃命卜筮）。第八是经常注意使用各种征兆（曰雨，曰旸，曰燠，曰寒，曰风）。第九是凭五福鼓励臣民，凭六极警戒臣民（五福：一曰寿，二曰富，三曰康宁，四曰好德，五曰终命。六极：一曰凶、短、折，二曰疾，三曰忧，四曰贫，五曰恶，六曰弱）。

《尚书·洪范》中的第一种大法是用水、火、木、金、土五行来认识世界。《尚书·洪范》描述的五行为："一曰水，二曰火，三曰木，四曰金，五曰土。水曰润下，火曰炎上，木曰曲直，金曰从革，土爰稼穑。润下作咸，炎上作苦，曲直作酸，从革作辛，稼穑作甘。"意思是说，水向下润湿，火向上燃烧，木可以弯曲、伸直，金属可以顺从人意改变形状，土壤可以种植百谷。向下润湿的水产生咸味，向上燃烧的火产生苦味，可曲可直的木产生酸味，顺从人意而改变形状的金属产生辣味，种植的百谷产生甜味。

在中国传统社会，阴阳五行是中国人对宇宙的信仰，影响极大，势力极强。五行之说产生于对宇宙的探索，即把世界万物归结为五种基本物质组成，它具有朴素的唯物观。阴阳说产生于对宇宙形成及其演变的尝试，用事物矛盾的对立统一来解释其繁重变化，它具有原始的辩证法观念，两者结合逐渐形成完备的哲学思想体系。《尚书大传》载："水火者，百姓之所饮食也；金木者，百姓之所兴生也；土者，万物之所资生也，是为人用。"可见五行是从与人类日常生活关系最为密切的五类"物"中概括出来的。五行列水为首，皆因水对于人类利害攸关。人居大地，万物生长不离土壤。《尚书·洪范》五行始于本源的水，终于根基的土，世界万物即由此五种物质相互作用，生生不已，转化而成。阴阳五行说影响我国古代哲学，政治、历史、伦理道德，几乎长期支配着整个社会思想。

《尚书·洪范》在哲学上奠定了阴阳五行的基础；在政治上提出一系列的治国纲领，它是我国政治文化总结性、纲领性的文献，承前启后、继往开来，对研究我国商周时期上层建筑，特别是意识形态具有巨大的意义。

第四节　夏商周的民本思想

夏商周的始祖皆来自民众，都是带领民众创业的贤君明主，都以民众利益为行事目标，民本意识是王天下的根本意识。

一、夏朝的民本思想

夏的开国始祖是大禹，一生为民治水，他的治国理念就是"民为邦本"。《五子歌》追述大禹说："皇祖（大禹）有训；民可近不可下；民惟邦本，本固邦宁。"这里的治国理政思想，认为民为国家的根本，只能亲近，不能鄙视。大禹对帝舜时期的政治家皋陶的治国方略"在知民，在安民"十分赞赏，他带领诸侯百姓完成治水大业，三过家门而不入。在治水过程中，一边治理一边惠及民众，指导民众在适宜的土地上种植稻麦，并且救济那些缺衣少食的民众，把高山上的民众迁移到川原地区。

在夏人看来，朝政的兴衰在于当政者对待百姓的行为，君王爱民、亲民、惠民则朝政兴旺，叛民、害民、压民则朝政衰亡。夏朝的末代君王夏桀就因为背叛了大禹的爱民传统，整天沉湎于荒唐无度的生活环境，而对百姓的利益造成巨大的侵害，最终走向灭亡。

二、商朝的民本思想

商朝的贤君自创业时期就十分重视民众的作用。商朝的开国始祖商汤在惩罚违天悖理的葛伯之后曾对伊尹说："人视水见形，视民知治不。"[1]意思是水能照出人的影子，民意能判断统治者有无治国的能力。伊尹很赞赏他的见解，对汤说："明哉！言能听，道乃进。君国子民，为善者皆在王官。"[2]

商汤在讨伐夏桀时，出发前有一篇《汤誓》，对惩罚夏桀的理由讲得很清楚，就是夏桀蹂躏百姓，人民背离了夏桀，自己攻伐夏桀完全是顺民意、得民心。夏桀的罪行是耗尽了民力，人民对他恨之入骨，伐桀的根本目的是解救百姓。商汤伐桀后作《汤诰》，其主题是君臣都要有功于民，并以大禹、皋陶业勤于民的事迹训导诸侯云："古禹、皋陶久劳于外，其有功乎民，民乃有安。东为江，北为济，西为河，南为淮，四渎已修，万民乃有居。后稷降播，农殖百谷，三公咸有功于民，故后有立。"这些话告诫诸侯百官都要像大禹、皋陶一样久劳于外，勤于民事，要使老百姓有居室、食品，这样才能得到老百姓的拥护与爱戴，帝位才能巩固。

整个商朝的历史都贯穿着以民为本的治国思想，当时人们认为失民心必然失天下，得民心才能得天下，帝王的重要使命就是惠及百姓，普遍认为帝王的权力是上天给予的，而上天的旨意是要帝王有功于人民。当然纣王则是一位只讲天命不讲民本的暴君，他抛弃了商朝先辈的民本

---

① 《史记·殷本纪》，北京：中华书局，1959年。
② 《史记·殷本纪》，北京：中华书局，1959年。

传统，对人民进行残酷掠夺，实行暴虐统治，其结果是自取灭亡。

三、西周的民本思想

周武王是将百姓从商纣的残酷统治中解救出来的英明君主。在伐纣前夕所做的《泰誓》中，充分表达了他的民本思想。他认为君主是上帝任命为老百姓办事的人，君主的职责是代天服务民事。《泰誓》曰："天佑下民，作之君，作之师，惟其克相上帝，宠绥四方"。又曰："天矜于民，民之所欲，天必从之"。这些都表达了他对上帝、君主和民众三者关系的基本看法，上帝委派了君主，上帝更爱护民众，君主只能为民之所欲行事，做老百姓的父母，而不能背离人民。根据上帝的意志处理君民关系，就是君爱民，民拥君。

周武王伐纣，根本原因是纣违天意，害百姓。所以人称武王伐纣是"以至仁伐至不仁"。周武王认为，上天看到的就是百姓看到的，上天听到的就是百姓听到的，他是依照百姓的意愿，才决定诛灭纣王的统治。他说攻伐纣王不是崇尚武力，而是"勤恤民隐而除其害"，是为民着想。

周朝的统治者有一个信念，就是上帝总是关爱百姓的，而为君者要不违天意必须惠及百姓。《吕刑》中就有这样的话："今天相民，作配在下"。意思是上天在扶助百姓，诸侯百官都要配合天意。在《尚书·周书·文侯之命》中，周成王告诫晋文侯要"柔远能迩，惠康小民，无荒宁"。要求晋文侯一定要安抚边远的臣民，亲善近处的邻国，爱护自己的老百姓，让他们过上安定的生活，绝不能贪图安逸。

夏商周三代，贤君明主们能有这样的爱民情怀，充分体现了他们的民本思想。

第三章　春秋战国时期社会科学的大繁荣、大发展

　　春秋战国时期是我国社会科学大发展、大繁荣的鼎盛期。如果从炎黄两帝算起至西周政权结束，再到平王东迁的公元前 770 年，中国社会经历了 3000 年的文化积累，此时出现了社会科学的空前创新。梁启超曾感言："全盛时代，以战国为主，而发端实在春秋之末。孔北老南，对垒互峙；九流十家，继轨并作。如春雷一声，万绿齐苗于广野；如火山乍裂，热石竞飞于天外。壮哉盛哉！非特中华学界之大观，仰亦世界学史之伟绩也"[①]。

　　春秋战国时期，学术流派峰起，学术大师及其门徒众多，后世称为诸子百家。汉代初期，司马谈在《论六家要旨》中，把春秋战国诸子百家概括为儒、墨、法、道、名、阴阳六家。西汉末年的刘向、刘歆和东汉的班固，把诸子百家概括为儒、道、阴阳、法、名、墨、纵横、杂、农、小说十家。班固在《汉书·艺文志》中，把小说家除外，断定"诸子十家，其可观者九家而已"，提出了"十家九流"的观点。不论怎样区分，春秋战国时期，一些学派除了继续挖掘诠释和补充夏商周时期形

① 梁启超：《论中国学术思想变迁大势》，上海：上海古籍出版社，2001 年。

成的文化典籍外，还创造了新的理论体系，不少学人自成一家，出现了真正意义上的社会科学大繁荣、大发展。这一时期，诸子学派编纂的学术著作可称得上汗牛充栋，成为我国文化史上的圣典。

（1）儒典。儒家典籍中最有名的是孔子的《论语》。这本经典反映了孔子的思想体系，表达了孔子"仁"和"礼"的政治观和社会观，反映了孔子"修身、齐家、治国、平天下"的大方略。孔子之后的儒家代表人物是孟子和荀子。孟子继承了孔子的"仁"学思想，主张仁政与王道，反对霸权与暴政，提出了"民为贵"的思想。荀子继承了儒家又超越了儒家，吸收了法家和道家的一些思想观点，产生了"人最为贵"的思想。

（2）墨典。墨家与儒家并称为显学。墨家创始人墨翟著有《墨子》一书，是墨家学派的代表作。墨家反映平民阶层的思想观，他倡导的"非礼、非乐、节葬、节用、兼爱"，与儒家对立。除《墨子》为主要经典外，反映墨家的主要著作还有《尹佚》《田俅子》《我子》《随巢子》《胡非子》等。

（3）道典。道家创始人为老子，代表作为《道德经》。老子在中国历史上首创"道德"范畴，他指出世间万物皆由对立的两面构成，具有一定的辩证思想。反映道家另一经典的著作是《庄子》，是道家庄子所作。道家著作还有《伊尹》《太公》《粥子》《辛甲》《列子》《长卢子》《王狄子》等。

（4）法典。法家是战国商鞅、申不害、慎到、韩非。商鞅讲法，著有《商君书》；申不害讲书，著有《申子》；慎到讲势，著有《慎子》；韩非著《韩非子》，集法家之大成，主张法、术、势并用。韩非提出"事在四方，要在中央""以法为教"，强调加强君主集权统治。

（5）阴阳家典。阴阳家的著名人物是战国邹衍，他把我国早期的阴阳五行说结合起来，以金、木、水、火、土五行来解释事物的构成，以相生相克说明事物运动的本源。其著作有《邹子》四十九篇、《邹子终始》五十六篇。此外，阴阳家的典籍还有《乘丘子》《杜文公》《黄帝泰素》《张苍》《容成子》《周伯》等。

（6）名家典。名家的代表人物主要是战国中期的施惠和战国晚期的公孙龙。名家"指名控实"，着重探讨名和实的关系。施惠主张"合同异"，指出一切差别的相对性，其主要著作有《惠子》。公孙龙强调概念的内涵和外延，区分个别与一般，其主要著作有《公孙龙子》。

（7）纵横家典。纵横家多从事政治外交活动，以张仪、苏秦为主要代表。张仪主张"连横"，苏秦主张"合纵"。纵横家的著作有《苏子》《张子》，均已失传。流传至今的《战国策》有很多内容反映了纵横家的思想观点。

（8）杂典。杂家"兼儒墨，合名法"，故称杂家。吕不韦主持编纂的《吕氏春秋》是杂家的代表作。此书以道家思想为主干，整合各家学说成一统。吕不韦想以此书作为大一统后的意识形态，但后来执政的秦始皇却选择了法家思想，使包括道家在内的诸子百家全部受挫。

（9）农典。农家代表农民阶层，是战国时期反映农业生产的学派。其代表人物是战国中期的许行。他主张君民同耕，反对不劳而获，反映了古代农民的平等意愿。

（10）小说家典。小说家皆为裨官，是集"街谈巷语，道听途说"之言。《汉书·艺文志》载："右小说家十五家，千三百八十篇"。属春秋战国的作品有《周考》七十六篇、《青史子》五十七篇、《师旷》六篇，均已失传。

（11）赋家典。《汉书》未将屈原、宋玉等大辞赋家归于诸子，但《汉书·艺文志》仍关注赋家著作，指出"右赋二十一家，二百七十四篇"。其中，屈原二十五篇，唐勒四篇，宋玉十六篇，赵幽王一篇，庄夫子二十四篇。这些赋多流传至今。屈原是楚辞的创造者，也是杰出的思想家和政治家，其著作《离骚》影响深远。

春秋战国时期，还产生了大批史书，记载了先秦时期的重大历史事件和学者对重要历史人物的评价，内容丰富，对当时历史发展有深刻认识，有一定政治见解。这些史书主要有《竹书纪年》《秦记》《国语》《战国策》《左传》等。

春秋战国时期五百五十年的历史，中国社会科学出现空前繁荣的局面，大思想家层出不穷，宏论大著充斥诸国，学派林立，争奇斗艳，著书立说蔚然成风，究其原因，这是当时社会历史变革的大局所致。一是文化积累，应时而发。二是学术不移，百家登场。三是神学失宠，科学兴起。四是诸侯称雄，争聚人才。五是言论开放，学术自由。

春秋战国时期对应的是西方的古希腊文明时期，产生了《荷马史诗》，并出现了苏格拉底、柏拉图、亚里士多德等一批哲人，他们提出了博大精深的哲学思想和政治理念。

可以这样说，春秋战国时期社会科学的成就所奠定的文化根基，其诸子百家博大精深的理论营养堪称中华后世之学的宗师，其文化传承力在中华民族两千多年的后学中经久不衰，堪称世界典范。

应该讲，春秋战国时期是中国社会科学发展的全盛时期，也是中国社会科学研究的黄金时期，是先贤学人厚积薄发的现实表现。

第一节　孔子、孟子、荀子的儒家思想

一、孔子的儒家思想

孔子是儒家学派的始祖，是我国历史上最伟大的思想家、教育家和哲学家。孔子也是世界历史上的文化巨人。他不仅影响了东方文化，也影响了世界文化。孔子的儒家思想应该讲是中华学术宝库中的瑰宝。司马迁在《史记》中对孔子有这样崇高的评价："太史公曰：诗有之：'高山仰止，景行行止。'虽不能至，然心向往之。……孔子布衣，传十余世，学者宗之。自天子王侯，中国言六艺者折中于夫子，可谓至圣矣！"

孔子年龄稍长，已完全掌握了礼、乐、射、御、书、数六艺类课程，而且深入研究《诗》《书》《易》《春秋》等各类历史典籍。他不仅读万卷书，而且行万里路，亲自去各地考察。他为研究夏商文化曾到夏朝后裔封地杞国、商朝后裔封地宋国去考察。

孔子所处的时代是一个"礼崩乐坏"的时代，西周的典章制度在一些诸侯国荡然无存。孔子有强烈的改变现状的愿望，希望参与国家政治，实现自己的政治理想。然而当时鲁国实行世卿世禄制度，大权由三大夫执掌，孔子是不会得到重用的。在这种情况下，孔子开创私学，办学实行"有教无类"，任何等级的学生都可以接收，尤其重视招收下层社会的学生。孔子采取"学而不厌，诲人不倦"的教学方法，培养了一大批人才。

孔子是儒学的创始人。然而孔子不是离开历史积淀的文化遗产凭空创造儒学，而是在学习、整理、研讨文化遗产中形成了他的儒学思想体系。集孔子思想大成的《论语》是研究孔子学说的主要依据。

（一）以"道"为中心的真理观

道是老子的核心理论，但孔子一生中不乏言道。孔子把道看成比生命还重要的东西，他说："朝闻道，夕死可矣。"[1]他认为君子和仁人志士者，应以追求道的真理为终身目标。他说："士志于道，而耻恶衣恶食者，未足与议也。"[2]意思是说，追求道和真理的人，又怕粗衣粗食，怕艰辛吃苦，那就难以与他论道。言下之意，道和真理的追求是劳筋骨、苦心志的追求。他还指出"君子谋道不谋食""君子忧道不忧贫"，他把"谋食""忧贫"这些属于物质追求的目标放在次要位置，而把道作为主要的追求。他还表示："道不行，乘桴浮于海"，意思是说他的理想和真理不能实现，还不如乘舟出游大海。

孔子把君子的思想知识体系看成道、德、仁、艺四大组成部分。他说："志于道，据于德，依于仁，游于艺。"[3]意思是说，君子追求的目标是道，根源在其德，依据在其仁，而兴在六艺。如果用道、德、仁、艺四种思想知识构成体系来确定人的道的地位的话，才够称得上君子。君子实践道，就要做到容颜要严肃恭敬，对主上要有高度的责任心，对人民要有教养的恩惠，对百姓的使役要合情合理。

孔子所强调的道是政治上的治国之道。他说："天下有道，则政不

① 杨伯峻：《论语译注·里仁》，北京：中华书局，2006年。
② 杨伯峻：《论语译注·里仁》，北京：中华书局，2006年。
③ 杨伯峻：《论语译注·述而》，北京：中华书局，2006年。

在大夫。天下有道，则庶人不议。"①

从认知的角度看，道是孔子的真理观。他认为合乎道的认识、判断和思想是符合客观规律的正确思想意识，违道、逆道、反道的认识是背离真理的邪门谬说。同时，道也是一种人生的价值观，是人生的最高境界，它不以功利为标准，而是最终以建设一种美好的制度为目的，它有惠及大众和千秋万代的精神价值。

（二）以"仁"为中心的人格观

有人认为"仁"是孔子的伦理观，有人认为"仁"是孔子的生命哲学，也有人认为"仁"是孔子的最高政治理念。这些说法都不无道理，但我们从《论语》中看到的"仁"，实际上是孔子认为人的最高最全的人格精神，它包含着人的最高品格和道德修养及知识体系。孔子的"仁"对人的人格要求，同道家对人有圣人、至人、真人的说法有形式上的一致性，都是要求人要通过修炼和实践，达到"仁"化的人格标准。一本《论语》只有几千字，讲"仁"的地方就有 109 次，可见孔子对"仁"有多重视。

孔子认为"仁"是人的最高境界。孔子重视"礼"，但更重视"仁"。他说："人而不仁，如礼何？人而不仁，如乐何？"②意思是说一个人如果丧失了仁，礼和乐就难以谈及了。孔子认为"仁"是难以企及的人格境界，因此他不轻易以仁许人。

孔子有君子和小人的观念，但君子者并不都是仁者，只有少数君子才能立仁。孔子说："君子而不仁者有矣夫！未有小人而仁者也。"③意思是说，君子中没有仁德的人是有的，而小人中有仁德的人是没有的。可见贤如君子的人都难做到"仁"，说明"仁"之高尚难得。孔子甚至认为自己也未必达到"仁"。他说："若圣与仁，则吾岂敢？抑为之不厌，诲人不倦，则可谓云尔已矣。"④意思是说，如果说到圣与

---

① 杨伯峻：《论语译注·季氏》，北京：中华书局，2006 年。
② 杨伯峻：《论语译注·八佾》，北京：中华书局，2006 年。
③ 杨伯峻：《论语译注·宪问》，北京：中华书局，2006 年。
④ 杨伯峻：《论语译注·述而》，北京：中华书局，2006 年。

仁，那我怎么敢当！不过向圣与仁的方向努力，而不感到厌烦，教诲别人从不感觉疲劳，是能够说得过去的。可见"仁"的至大至上。

孔子认为人类优良品德集大成则可为"仁"。司马迁评价孔子具有"高山仰止，景行行止"的品行，但孔子觉得自己达到"仁"也有"岂敢"之谦虚，可见人努力成"仁"的难度。那么"仁"具有哪些内容呢？孔子说："克己复礼为仁。一日克己复礼，天下归仁焉。"意思是说人要经常约束自己的言行，使其符合于礼，这样才能最终达到仁的境界，礼要贯穿于人生的始终，看的、听的、说的、干的都应合于礼，这就是所谓"非礼勿视，非礼勿听，非礼勿言，非礼勿动。"孔子还说："能行五者于天下为仁矣。"孔子所说的"五者"是指"恭、宽、信、敏、惠"。他在回答子张时说："恭，宽，信，敏，惠。恭则不侮，宽则得众，信则人任焉，敏则有功，惠则足以使人。"①意思是说要做到庄重、宽厚、诚实、勤敏、慈惠这五种品德，则为仁。为什么呢？因为庄重就不会受到侮辱，宽厚会得到大众的拥护，诚实就会得到别人的任用，勤敏就会做出好的成绩，慈惠就能够使唤人。孔子还说过接近于仁的条件："刚、毅、木、讷近仁。"就是人若有刚强、坚韧、质朴、谨慎的品德就接近于仁了。他认为用花言巧语讨好人的人是很难达到仁的。孔子说："巧言令色，鲜矣仁。"

孔子"仁"的核心是爱人。孔子讲爱人是指爱惜人的生命，包括君子和平民的生命在内。孔子曾指责管仲不俭，不知礼，却认为他有"仁"的一面。他说："桓公九合诸侯，不以兵车，管仲之力也，如其仁，如其仁。"②春秋时期诸侯争霸，动用武力，使千百万人丧命，而管仲帮助齐桓公用和平手段而不是以武力治天下，人民安居乐业，这是为众人立德之事，因此可称为"仁"。

孔子以"孝弟"为"仁"之本。这里说的"孝弟"可等同于"孝悌"，是对父母要孝顺，对兄长要尊重。孔子认为具有孝顺仁德的人，既不犯上，也不作乱，是社会和谐稳定的基础。君子做人要求本，而孝

---

① 杨伯峻：《论语译注·阳货》，北京：中华书局，2006年。
② 杨伯峻：《论语译注·宪问》，北京：中华书局，2006年。

弟就是做人的根本，也是达到人格最高标准的境界，即"仁"的根本。孔子说："父在，观其志；父没，观其行；三年无改于父之道，可谓孝矣。"①意思是说，父亲活着的时候，要看子女的志向是否合于孝；父亲去世的时候要看子女的行为是否合于孝；而要能长期继承父亲的优良传统，才能算有孝之人。这就是说绝对的孝才能达到"仁"的要求。

"仁"是孔子对人的道德人格的最高要求，是优良人格要素的总称。

（三）以"德"治天下的政治观

孔子主张以德治天下，建立清明的政治秩序应以推行德政为中心。他说："为政以德，譬如北辰，居其所而众星共之。"②意思是说以道德原则治理国家，就像北极星一样处在一定的位置，所有的星辰都会围绕着它。它代表了孔子"为政以德"的思想，强调道德对政治生活的决定作用，主张以道德教化为治国的原则。在社会科学领域，这是孔子学说中较有价值的为政思想，表明儒家治国的基本原则是德治，而非刑治。

孔子在德与刑的关系上，主张德主刑辅。他认为治理国家的根本办法是要施之以德。当季康子问政于孔子"如杀无道以就有道"是否合理时，孔子断然回答："子为政，焉用杀？子欲善而民善矣。"③他在《论语·子路》中还说："善人为邦百年，亦可以胜残去杀矣。"这些言论都表明孔子是反对暴政，主张仁政，而仁政的核心是以德施政。为什么行德政比行刑罚更好呢？他分析了德治与刑治的不同作用，指出："道之以政，齐之以刑，民免而无耻；道之以德，齐之以礼，有耻且格。"④意思是说对百姓以政治压力和刑杀手段，可以达到防止百姓犯罪的目的，但不能养成百姓的荣辱意识，民不知耻的问题没有得到根本解决，而只有对百姓以德教化，以礼教导，才能使百姓养成荣辱意识，归顺王朝。

---

① 杨伯峻：《论语译注·学而》，北京：中华书局，2006年。
② 杨伯峻：《论语译注·为政》，北京：中华书局，2006年。
③ 杨伯峻：《论语译注·颜渊》，北京：中华书局，2006年。
④ 杨伯峻：《论语译注·为政》，北京：中华书局，2006年。

（四）"有教无类"的教育思想

孔子是伟大的教育家，是我国私学的开山之祖。他在教育实践中积累了丰富的经验，形成了完整而系统的教育思想。

"有教无类"是孔子贯穿教育全过程的一句名言。有教无类就是说不分贫、富、贵、贱、智、愚，对一切人都可施教。在商周封建等级制度下，其教育以"世卿世禄""学在官府"为特点，只有贵族阶层才能受到官学教育，而平民百姓则与教育无缘。孔子的有教无类思想是对传统教育体制的一次巨大冲击，是对教育对象的一次根本革新，对广泛传播文化知识，培养大批人才起到了重大历史作用。

"有教无类"不仅是一种教育理论，而且是孔子的教育实践活动。孔子招收了大量门徒，号称"弟子三千"，而贤者达七十余人。这些人来自四面八方，五湖四海，人称地域之无类。如颜回、冉求、宰予、樊须为齐人或鲁人，卜商、端木赐为卫人，司马耕为宋人，公良儒为陈人，言偃为吴人，秦祖为秦人，公孙龙为楚人，叔仲会为晋人。从贵贱贫富等级看，招收了各个阶层的人，人称等级之无类。如颜回是"一箪食，一瓢饮，在陋巷"的贫民，冉雍其父为地位低下的人，子路为"边野之人"，原宪因家贫流亡于草泽，而端木赐则为"家累千金""结驷连骑"的富人。

孔子"有教无类"的教育思想及其对各类人施教的教育实践活动，为人类开创了全新的视野，为后世树立了楷模。

"学仕双进"的教育观，表达了孔子对"学"与"仕"关系的认识。"仕而优则学，学而优则仕"是子夏说的一句话。这里的"仕"是指从政做官，"学"是指学习道德礼仪和文化知识。在孔子看来，当了官或者官做得很好了，也要不断学习，补充知识，这就是"仕而优则学"；而那些学子们应当在学习的过程中达到优异水平，这样才能进入官场从政，这就是"学而优则仕"。不学无术者，甚至学而不优者，也不能进入官场从政，这无疑是选拔人才、任用贤能的过程。

在孔子看来，学习的目的不只是"独善其身"，而要兼治天下。孔子在《论语·子路》里讲："诵《诗》三百，授之以政，不达；使于四方，不能专对；虽多，亦奚以为？"就是说在学习成绩的评价上，要以是否会办理内政外交为准则，如果读了《诗经》三百篇，却在政事上"不达"，在外事上"不对"，那读书再多，也是无用的。

"学而知之"的系统观，是孔子学习和受教育的经验和总结。关于知识和学问是天生就有的，还是通过苦学得来的，孔子在《论语·季氏》中有自己的见解："生而知之者上也，学而知之者次也；困而学之，又其次也；困而不学，民斯为下矣。"意思是说天生就懂得的人最聪明，通过学习而懂得的人次一等，遇到困难才去学习的人又次一等，遇到困难还不学习的人，就是下等的愚民。孔子主张"学而知之"，所谓的生而知之，是指他推崇的那些先王圣贤如汤、禹、文、武、周公等人。

孔子认为学习不是浅尝辄止，而是要时时学，经常学，"温故而知新"。他说："学而时习之，不亦说乎？"他强调为人师者要有"学而不厌，诲人不倦"的精神。他还强调在书本之外学，在生活实践中去学。他说："三人行，必有我师焉；择其善者而从之，其不善者而改之。"[1]他还特别注重学思结合，他说："学而不思则罔，思而不学则殆。"[2]

"因材施教"的教育方法，是孔子不搞千篇一律、千人一面的有针对性的教育方法。孔子为了因材施教，就对弟子们的性格、好恶、理想进行深入分析，做到了如指掌。如高柴愚笨，曾参迟钝，颛孙师偏激，仲由鲁莽，他都一清二楚。在推行因材施教的过程中，孔子还创造了行之有效的教学方法——启发式教育。《论语·述而》记载孔子的言论："不愤不启，不悱不发。举一隅不以三隅反，则不复也。"意思是说教导学生，不到学生非常想知道的时候，不去启发他；不到他想说而说不出来的时候，不去启发他。教给他一种知识，而他不知道举一反三，就不再启发他。

孔子还提出学与行相结合的学习方法。他说："古者言之不出，耻躬之不逮也。""君子欲讷于言而敏于行。"[3]意思是说学习知识和本

① 杨伯峻：《论语译注·述而》，北京：中华书局，2006年。
② 杨伯峻：《论语译注·为政》，北京：中华书局，2006年。
③ 杨伯峻：《论语译注·里仁》，北京：中华书局，2006年。

领，不以能言善辩为目的，而要以躬行实践为目的，这就是学以致用，学用结合。孔子还提出了可贵的以人为中心的学习目的。他说："古之学者为己，今之学者为人。""不患人之不己知，患其不能也。"①孔子所讲的学习知识和本领，不是追逐名利，向别人炫耀自己，而是务求做人。孔子提出了学而"为人"，这在我国教育史上是前所未有的。

（五）以"中庸"为思想的人生哲学

"中庸"首创于孔子。所谓"中庸"，就是对人、对事持中和之观点和方法，不左不右，不走极端，取之中道。这既是孔子的人生哲学，又是处理问题、分析世事的方法论。孔子把"中庸"作为人类道德的最高点。

今天的人一提到"中庸"都理解为"平庸、折中、调和"，这是对儒家"中庸"思想的曲解。中庸的确有"平庸、折中、调和"的含意，但这些绝不是中庸思想的全部，否则《中庸》就不可能被孔子之后一代又一代的儒家奉为经典了。孔子之孙子思著有《中庸》，子思在《中庸》中说："喜怒哀乐之未发，谓之中；发而皆中节，谓之和。中也者，天下之大本也；和也者，天下之达道也。致中和，天地位焉，万物育焉。"这里将人的七情六欲如何显现作为中庸的观察点，人的情绪尚未发作，称为中，因为内在的矛盾尚未激化，居于稳定状态，而矛盾一旦显现，表现为中度最好，不能从一个极端走向另一个极端。由此，子思提出了"中和"的概念，矛盾尽可能保持稳定而未发，一旦发起，以中节为最好。人的态度以庄重严肃为好，喜怒哀乐最好藏之于心，而不得已非要显露，以温和为好，笑不能狂笑，哀不能伤神。

在儒家看来，"中庸"不仅是建立在儒家人性基础上的一种伦理道德观，同时也是一种思想方法。作为有具体内容的儒家伦理道德观，"中庸"经过后来的儒家，特别是孔子的孙子子思著有《中庸》的充实发展，终于成为一套儒家的处世规范。《中庸》认为道德修养首先要从人所不见的"慎独"工夫做起，"内省不疚，无恶于志"，达到内心的

---

① 杨伯峻：《论语译注·宪问》，北京：中华书局，2006年。

"诚"即含而未发的"中"，由此出发，就能"微之显""暗然而彰"，渐渐外化为行动上的"中道"。内心的"中"与外部行为的"中道"统一，《中庸》称之为"合内外之道"。此外，"致中和"不仅能使君臣父子各处其位，而且可以参天地之造化，使天地万物各得其所。这就是"中"的大功用。

"中庸"就是要以人的内在要求（人性、本心）为出发点和根本价值，在外部环境（包括自然的环境和社会的环境）中寻求"中道"，也就是使内在要求，在外在环境与条件下，得到最适宜的、最恰当的、无过与不及的表达与实现。如果人们能在一切事情上恰到好处地这样做，则"天地位焉，万物育焉。"总之，"中庸"既是一种伦理学说，同时也代表了一种思想方法，强调内心之"中"与外在之"节"的准确契合，以达到"和"的大功用；而"中"的基本原则是适度、无过不及、恰到好处。追求中常之道，内外协调，保持平衡，这种思维方式使中华民族形成了一种稳健笃实的民族性格，对我们几千年的文明产生了深远的影响。

二、孟子的儒家思想

在中国历史上，把孔子和孟子看成是儒家学派的齐名人物，把儒学称为"孔孟之道"。孟子在更加动乱的战国时期，继承和发展了孔子所创的儒家学说，并赋予很多新的思想内涵。

孟子继承了孔子的学说，尤其发挥了曾子和子思的思想，也吸收了其他学派的观点，把儒家思想推向了一个新的阶段。应该说孟子的入世、治世意识比孔子更强烈，他认为自己立言修学的目的，堪比大禹治水、周公平天下、孔子作《春秋》。

《孟子·滕文公下》说："昔者禹抑洪水而天下平，周公兼夷狄、驱猛兽而百姓宁，孔子成《春秋》而乱臣贼子惧。《诗》云：'戎狄是膺，荆舒是惩，则莫我敢承。'无父无君，是周公所膺也。我亦欲正人心，息邪说，距诐行，放淫辞，以承三圣者。岂好辩哉？予不得已也。能言距杨墨者，圣人之徒也。"孟子要用自己的思想来端正人心，破除邪说，抵制偏颇的行为，批判奇谈怪论，来继承大禹、周公、孔子三位圣贤的业绩。孟子的学说在人性、天命、民本、仁政、王道、教化、做人等方面提出了独到的见解，形成了自己的思想体系。

（一）人性本善论

关于人性是"善"是"恶"，在孟子之前就有各种见解。孔子谈人性很少，最有名的一句话是"性相近也，习相远也"。即人的先天本性相近，而后天的培养就会拉开相当大的距离。孟子时代，战争连绵不断，恶行邪说涌现，善行暴行并存，人性善恶问题在贤哲志士看来就显得非常重要。《孟子·告子上》云："公都子曰：'告子曰"性无善无不善也。"或曰："性可以为善，可以为不善；是故文武兴，则民好善；幽厉兴，则民好暴。"或曰："有性善有性不善；是故以尧为君而象；以瞽瞍为父而有舜；以纣为兄之子且以为君，而有微子启、王子比干。"今曰"性善"，然则彼皆非与？'"从公都子转述告子的观点来看，告子认为人性先天无所谓善与不善的问题，善恶是由后天的环境造就。而孟子则坚称人性善。

告子曾以水流为例，否定人有善恶，"性犹湍水也，决诸东方则东流，决诸西方则西流。人性之无分于善不善，犹水之无分于东西也。"而孟子则反驳告子的观点："水信无分于东西，无分于上下乎？人性之善也，犹水之就下也。人无有不善，水无有不下。今夫水，搏而跃之，可使过颡；激而行之，可使在山。是岂水之性哉？其势则然也。人之可使为不善，其性亦犹是也。"①告子的观点是，人性好比急流水，从东方开了口子便向东流，从西方开了口子就向西流，人性没有善与不善之说，正如同水没有东流西流的定向相似。而孟子反驳的观点是，水的确没有东流西流的定向，难道也没有向上或者向下的定向吗？人性的善良，正好像水性的向下流淌。人没有不善良的，水没有不向下流的。当然，你去拍打水，可以使水高过你的额头；戽水可使它倒流，可以行于山中。这难道是水的本性吗？这些都是外力起了作用。有些人在坏人的唆使下做坏事，人的本性的改变也正像这样。

---

① 杨伯峻：《孟子译注·告子上》，北京：中华书局，1960 年。

那么，孟子人性善的本质内容是什么呢？孟子说："乃若其情，则可以为善矣，乃所谓善也。若夫为不善，非才之罪也。恻隐之心，人皆有之；羞恶之心，人皆有之；恭敬之心，人皆有之；是非之心，人皆有之。恻隐之心，仁也；羞恶之心，义也；恭敬之心，礼也；是非之心，智也。仁、义、礼、智非由外铄我也，我固有之也，弗思耳矣。故曰，'求则得之，舍则失之。'或相倍蓰而无筭者，不能尽其才者也。"[①]这里孟子将人的同情心、羞耻心、恭敬心、是非心这些心理活动都认为是人的本性，是人的善根，是人生固有的，不是外部力量赋予的。但是人的善可以保持，也可以丢失，即"求则得之，舍则失之。"因此人的善性在人身上的具体表现就有成倍的差距。

孟子在讲人性善的同时，也看到了人的不善行为。对此问题他没有回避，自认为是客观环境影响了人心善恶的变化。孟子说："富岁，子弟多赖；凶岁，子弟多暴，非天之降才尔殊也，其所以陷溺其心者然也。"[②]意思是说丰收的年份人们多懒散，灾年人们多暴行，这不是天性所决定，而是环境对人的影响。

为了恢复人的善性，孟子主张加强人的修养，力求寡欲才能改恶向善。孟子说："养心莫善于寡欲。其为人也寡欲，虽有不存焉者，寡矣；其为人也多欲，虽有存焉者，寡矣。"[③]他认为减少欲望就可以达到养心的目的。欲望少了，虽然内心有迷失的事例，但那是很少出现的情况；欲望增多了，即使有保存善心的人，出现的情况也很少。看来，寡欲成为孟子修养人心的一种最重要的方式。

（二）民为邦本论

在孟子之前，中国的明君贤臣大多有以民为本的认识，孟子则继承发扬了夏商周三代以来的民本思想，并把民本思想提升到治国安邦的重要地位。

孟子有"民贵君轻"的著名论断："民为贵，社稷次之，君为轻。

---

① 杨伯峻：《孟子译注·告子上》，北京：中华书局，1960年。
② 杨伯峻：《孟子译注·告子上》，北京：中华书局，1960年。
③ 杨伯峻：《孟子译注·尽心下》，北京：中华书局，1960年。

是故得乎丘民而为天子，得乎天子为诸侯，得乎诸侯为大夫。诸侯危社稷，则变置。牺牲既成，粢盛既洁，祭祀以时，然而旱干水溢，则变置社稷。"①这里孟子把民众看成是天下最尊贵的阶层，摆在首位，第二位的是国家，第三位的才是天子。孟子认为得到民众的支持和拥护就可以成为天子，从而也就赢得了诸侯和大夫的支持。诸侯危及国家，可以撤换他们，祭品准备得丰盛，且已洁净，祭祀按时举行，若还遭受旱灾水灾，那就改立土谷神。

孟子还提出了执政者要"为民父母"，要亲民爱民，要改变那种只求王室花天酒地，而不顾民众水深火热的态度。他说："庖有肥肉，厩有肥马，民有饥色，野有饿莩，此率兽而食人也。兽相食，且人恶之；为民父母，行政，不免于率兽而食人，恶在其为民父母也？仲尼曰：'始作俑者，其无后乎！'为其象人而用之也。如之何其使斯民饥而死也？"②孟子尖锐地指出当时的现实是王室"庖有肥肉，厩有肥马"，而民众则是"民有饥色，野有饿莩"，这就是国君的责任，是等于把人民置于野兽之口，如果解决不了这种两极分化的现实，就不配"为民父母"。他还用孔子斥责以木俑象征人殉的说教，发出了那时候强烈的人道主义呼吁，要把人当人对待，绝对不能出现"使斯民饥而死也"的惨状。

孟子还把民心向背作为得天下失天下的根本。他在《孟子·离娄上》中深刻总结了桀纣失败的教训，尧舜成功的经验，阐述了得民心的极端重要性。对于桀纣失去天下，他说："桀纣之失天下也，失其民也；失其民者，失其心也。得天下有道：得其民，斯得天下矣；得其民有道：得其心，斯得民矣；得其心有道：所欲与之聚之，所恶勿施，尔也。"意思是得民心是得天下的第一要旨，而得民的根本是在得民心，而不是表面使人民顺服，只有民心所归才是得民之道，国君要做民众希望做的事，要取消民众所厌恶的事，这才是得民心的正道。得到了民众，特别是真正得到了民心，就会无往而不胜。

---

① 杨伯峻：《孟子译注·尽心下》，北京：中华书局，1960 年。
② 杨伯峻：《孟子译注·梁惠王上》，北京：中华书局，1960 年。

孟子的民本思想和民为邦本的思想，是中国古代知识分子对人民作用的正确认知，也反映了他们对民众态度的价值取向。

（三）以德行政的仁政论

孟子同孔子一样，在政治上持"有为"与进取的态度。他也周游列国，宣扬自己的政治主张。他把孔子"仁"的思想做了深刻阐发，提出了自己的仁政论。

仁政就是以德行政。孟子反对治国政策上的"霸道"，倡导"王道"。"王道"也就是仁道。《孟子·公孙丑上》云："以力假仁者霸，霸必有大国；以德行仁者王，王不待大——汤以七十里，文王以百里。以力服人者，非心服也，力不赡也；以德服人者，中心悦而诚服也，如七十子之服孔子也。《诗》云：'自西自东，自南自北，无思不服。'此之谓也。"孟子指出，凭借武力冒充仁者的行径，可以使国土面积扩大，称霸于诸侯，但人心并不是心悦诚服，这类大国实行的是霸道，难以长久。而以高尚的道德人格建立统治的国家，国土面积虽不大，如商汤国土不过七十里，周文王土地也不过百里，但其国家很巩固，很有凝聚力，这是因为人们对以德治国的王朝，从西到东，从南到北，都心悦诚服地拥护。

孟子认为仁政的重要内容是要宽厚爱人，减轻徭役赋税，减少刑罚，使人民有生存发展的空间和条件。他说："王如施仁政于民，省刑罚，薄税敛，深耕易耨；壮者以暇日修其孝悌忠信，入以事其父兄，出以事其长上，可使制梃以挞秦楚之坚甲利兵矣。彼夺其民时，使不得耕耨以养其父母。父母冻饿，兄弟妻子离散。彼陷溺其民，王往而征之，夫谁与王敌？故曰：'仁者无敌。'"[1]意思是说君王如果对老百姓施以仁政，减免刑罚，少收税赋，深耕细作，勤于除草；让身强力壮的人抽出时间修养其孝悌忠信，在家能侍奉父母兄长，出门尊敬长辈上级，这样就是让他们用木棒也可以打击那些拥有坚实盔甲和锐利刀枪的秦楚军队。那些秦楚执政者剥夺了百姓的生产时间，使他们不能深耕细作来赡养父母，让父

---

① 杨伯峻：《孟子译注·梁惠王上》，北京：中华书局，1960年。

母受冻挨饿，兄弟妻子东离西散。他们使老百姓陷入深渊之中，君王去征战，又有谁来帮你呢？所以说，施行仁政的人才是天下无敌。

反对战争和暴力是孟子仁政思想的主要内容。孟子所处的时代连年战争，孟子对这种局面非常痛恨，他指出："争地以战，杀人盈野；争城以战，杀人盈城。此所谓率土地而食人肉，罪不容于死。故善战者服上刑，连诸侯者次之，辟草莱，任土地者次之。"①意思是说，为争夺土地而发动战争，杀死的人充满原野；为争夺城池而作战，杀死的人充满城邑。这就是所谓的为争夺土地而吃人肉，其罪之大连死都难以宽恕。所以好战的人应受最重的刑罚，组织参与的人应受到次一等的刑罚，开垦荒地与分授土地的人应受再次一等的刑罚。可见孟子对战争和暴力的深恶痛绝。

（四）天人合一论

孟子把天意与人心结合在一起表达自己的"尽心而知天"的理论。孟子发挥了子思的天人共"诚"的思想。他说："是故诚者，天之道也；思诚者，人之道也。"②孟子的意思是：诚实是天之大道，天地之根本规律，追求诚信则是做人的根本原则。

孟子的诚实际上同倡导的性本善的"善"是相一致的。他认为人的善心得到体现，就可以认知万物以至知天。他说："尽其心者，知其性也。知其性，则知天矣。"③这段话虽有主观唯心主义成分，但表达了孟子用人的心灵去思考人，才能知道人的本性的过程，之后为知天命打下基础。这里说的"尽心"就是人性"善"之心。只要人能尽仁、义、礼、智四善，就可认识万事万物，直到天性。孟子从"尽心""知性""知天"出发，就达到了主体和客体的相通，达到"天人合一"的境界。

孟子的知天命也有积极的一面。他认为人的大任虽为天降，但还要靠人的艰苦磨炼，尽心修养，才能完善自己的优良品格，去实现"天"

① 杨伯峻：《孟子译注·离娄上》，北京：中华书局，1960年。
② 杨伯峻：《孟子译注·离娄上》，北京：中华书局，1960年。
③ 杨伯峻：《孟子译注·尽心上》，北京：中华书局，1960年。

所赋予的使命。《孟子·告子下》有一段名言："故天将降大任于是人也，必先苦其心志，劳其筋骨，饿其体肤，空乏其身，行拂乱其所为，所以动心忍性，曾益其所不能。人恒过，然后能改；困于心，衡于虑，而后作；微于色，发于声，而后喻。入则无法家拂士，出则无敌国外患者，国恒亡。然后知生于忧患而死于安乐也。"由此可知，艰苦的磨炼是上天在锻炼和考验人，人只有在"苦其心志，劳其筋骨，饿其体肤，空乏其身"的逆境中才能坚韧他的心志，增强他的能力，使其发奋成仁成贤。而内无进谏的诤友，外无敌国威胁，人就会意志衰退，贪图安逸，耽于享乐。这种顺境中生长的人很危险。他告诫人们要懂得生于忧患而死于安乐的道理。可见，天将降大任，也不可能让一些懒汉和心术不正的人去完成重任。天之重任需要德才兼备的人去完成，天和人在勤奋的中介中才实现积极的"天人合一"。

孟子的"天人合一"思想还表现在他认为人和自然应建立和谐相处的关系，人对自然的开发和利用要合乎规律，不能过度掠夺自然物。他说："不违农时，谷不可胜食也；数罟不入洿池，鱼鳖不可胜食也；斧斤以时入山林，材木不可胜用也。"①意思是说不违背农时，粮食就会吃不完；不用细密的渔网到池塘里去捕鱼，鱼鳖水产就吃不完；砍伐林木按一定的时节，木材便用不完。孟子的这些思想是我国古代的生态观，有可持续发展的概念在里面。

孟子由人性本善出发，发挥了孔子"以德为政"的思想，把仁政思想系统化，提出了民贵君轻、乐民之乐、忧民之忧的仁政理念。孟子从性善说扩展到仁政论，是从心理学向政治学推演，力图改变暴君和暴政意识，是对战国时期强权政治和掠民政策的批判和抵制，具有历史的进步性。

三、荀子的儒家思想

荀子学儒习礼，但荀子在孔孟儒学的基础上，又大大推动了儒学的发展。他对孔孟儒学并不循规蹈矩，而是根据历史的总结和现实的观

---

① 杨伯峻：《孟子译注·梁惠王上》，北京：中华书局，1960年。

察，做出新的结论和判断，甚至有些见解与先圣相反。由于荀子的巨大创新精神，人们甚至怀疑他的学说是否是真正的儒家思想。我们说荀子学说仍然是儒学，但他是一位儒学的发展者和创新者。

荀子对战国乱世极为不满，他指责亡国昏君被装神弄鬼的巫师所迷惑。在学术领域庄周狡猾多辩破坏了风俗，庸儒们只知道宣扬烦琐的礼节。于是，荀子的思想充满着对各学派的批判。

荀子的学术思想集中于《荀子》一书。荀子对诸子学说多有批判，但他对孔子以及孔子的弟子子贡十分敬仰，他称孔子的学说能"总方略，齐言行，壹统类，而群天下之英杰，而告之以大古，教之以至顺"①。他以传承孔子和子贡的学说而自居，总体上看，荀子是儒学大家。由于荀子的学术生涯在齐国较长，齐国崇尚功利，法家、道家、杂家思想盛行，因此荀子的学术思想汲取了法家、道家、杂家等学派的思想，其学说有王霸兼采、仁义功利并存的特点。

（一）天人相分论

与上古学人"天人合一"思想不同，荀子则在天人关系上提出了"明于天人之分"的不同理论。荀子的意思是必须要分清天与人的不同，他认为天与人位置不同，作用也不同。荀子认为天有天的常道，人有人的常规，两者绝不能混淆，必须加以区分。

《荀子·天论》载：

> 天行有常，不为尧存，不为桀亡。应之以治则吉，应之以乱则凶。强本而节用，则天不能贫，养备而动时，则天不能病；循道而不贰，则天不能祸。故水旱不能使之饥，寒暑不能使之疾，袄怪不能使之凶。本荒而用侈，则天不能使之富；养略而动罕，则天不能使之全；倍道而妄行，则天不能使之吉。故水旱未至而饥，寒暑未薄而疾，袄怪未至而凶。受时与治世同，而殃祸与治世异，不可以怨天，其道然也。故明于天人之分，则可谓至人矣。

---

① （清）王先谦撰，沈啸寰、王星贤点校：《荀子集解·非十二子》，北京：中华书局，1988年。

中国社会科学论纲

这里把天人关系从儒家过去的模糊概念中清晰地区分开来。说圣君尧的存在与暴君桀的存在，与天的正常运行没有任何关系。人世间的贫困、疾病、灾祸不是来自上天的安排，而是与人有很大关联。如果人能"强本而节用"，就会富裕，"养备而动时"，就会健康，"循道而不贰"，就不会有祸患。反之，人如果"本荒而用侈"，天也帮不了你富裕，"养略而动罕"，天也不会使你健康，"倍道而妄行"，天也不会降吉运给你。这就深刻地揭示了社会发展是由人来决定的，而不是天决定的。荀子的这一观点是对天命观的否定。

对于天的本质，荀子也有自己的观点和看法："列星随旋，日月递炤，四时代御，阴阳大化，风雨博施。万物各得其和以生，各得其养以成，不见其事而见其功，夫是之谓神。皆知其所以成，莫知其无形，夫是之谓天。唯圣人为不求知天。"①荀子指出天是不以人的意志为转移的客观自然存在，斗转星移，日月更替，四时变化，阴阳化生，风雨博施，万物生养，就是天的存在，是一种见其功而不见其形的存在。而认识天的自然存在属性，不去探讨天的神秘性的人就是圣人。他认为，人不能与天争职能，天的深奥、广大、精细，都无需人去思考和干预，天地人各有其职，所谓"天有其时，地有其财，人有其治"。

荀子不但区分天和人，还对人、自然、动物的差异性做了论述："水火有气而无生，草木有生而无知，禽兽有知而无义，人有气、有生、有知，亦且有义，故最为天下贵也。"②荀子的分析，对万事万物从低级到高级的演化过程认识观，即使用现代科学分析也有一定的远见卓识。他认为水火可以流动，却没有生命，草木有生命，进入了有机界，却缺乏感知，禽兽进入了动物界，虽有感知，但没有伦理道德观念。只有人，有气、有生、有知、有义，所以人成为天下最高级的生命体，是万物之灵。

荀子的天人相分的自然观和社会观已剔除了先儒"天命观"的唯心主义成分，而坚持了无神论的立场，使儒学的自然观、社会观出现了新的面貌。

①（清）王先谦撰，沈啸寰、王星贤点校：《荀子集解·天论》，北京：中华书局，1988年。
②（清）王先谦撰，沈啸寰、王星贤点校：《荀子集解·王制》，北京：中华书局，1988年。

（二）"性恶"疏导的伦理观

荀子是讲人性恶的，但不赞赏人性恶，而是要人们认识人性恶的真理，再通过后天教化使人性向善。

前文讲过，孔子的论著中没有明确指出人性是恶是善，他似乎坚持的是人性等同说。他曾说过"性相近，习相远"，指出人天生的本性是相同的，而后天的学习实践不同，使人的后天之性就有了大的差异。孟子则坚定地认为人性是善的，他把人的同情心、羞耻心、恭敬心、是非心等心理活动都认为是人的本性，是人的善端，是人生固有的，不是外部力量赋予的。

而荀子则从人天生的生理需求出发，提出了与孟子皆然相反的观点，认为先天的人性是恶的，而人性的差异和人性的变善则是后天作为的结果。荀子在《性恶》篇中说：

> 人之性恶，其善者伪也。今人之性，生而有好利焉，顺是，故争夺生而辞让亡焉；生而有疾恶焉，顺是，故残贼生而忠信亡焉；生而有耳目之欲，有好声色焉，顺时，故淫乱生而礼义文理亡焉。然则从人之性，顺人之情，必出于争夺，合于犯分乱理而归于暴。故必将有师法之化，礼义之道，然后出于辞让，合于文理，而归于治。用此观之，然则人之性恶明矣，其善者伪也。①

荀子很肯定地说人的先天之性是恶的。他举例说，人有好利的本性，所以产生了争利而丧失了辞让；人有嫉妒憎恨的本性，于是就出现了残害忠良的人，然而诚信就会丧失；人有喜好声色的耳目之欲，所以就产生了满足耳目的淫乱，却丧失了礼义法度。可见，按人性自由发展，必然出现争名夺利，违背规则，扰乱社会秩序的行径，甚至引发暴乱。由此，可认为人性是恶的，善行是后天的作为。

既然人性是恶的，那又怎么变善呢？荀子认为，因为人性是恶的，依顺人性就会干出一系列坏事，而只有通过反人性才可以把恶性转化为

---

① （清）王先谦撰，沈啸寰、王星贤点校：《荀子集解·性恶》，北京：中华书局，1988年。

善性。他强调要化人性恶为人性善，就要通过学习，对人性进行改造，"无伪（'伪'这里指作为）则性不能自美"。

荀子认为对性恶进行改造的方式是道德教化和法度约束。他说：

> 故枸木必将待檃栝、烝矫然后直，纯金必将待砻厉然后利。今人之性恶，必将待师法然后正，得礼义然后治。今人无师法则偏险而不正，无礼义则悖乱而不治。古者圣王以人之性恶，以为偏险而不正，悖乱而不治，是以为之起礼义，制法度，以矫饰人之情性而正之，以扰化人之情性而导之也。始皆出于治，合于道者也。今之人，化师法，积文学，道礼义者为君子；纵性情，安恣睢，而违礼义者为小人。[①]

意思是说弯曲的木料一定要通过整形器进行熏蒸、矫正，然后才能挺直，不锋利的金属器具一定要通过磨砺才能锋利，人的本性是邪恶的，一定要通过师长和法度的教化才能端正，要通过礼义的引导才能治理。如果没有师长和法度，就会走偏走邪而不端正，没有礼义，就会叛逆作乱而不守秩序。古代圣明的君王认为人的本性是恶的，是偏邪险恶不正的，叛逆作乱而不守秩序，因此给他们建立了礼义、制定了法度，用来强制整治人们的性情而端正他们的态度，用来驯化、整治、感化人们的性情而引导他们，使他们先遵守秩序，按正确的道德准则行事。现在的人，能够被师长和法度感化，积累文献学习知识，遵行礼义就是君子；纵情任性、放荡恣肆而违反礼义就是小人。

荀子与孟子在人性上持不同的看法，孟子注重人的先天善性的发扬，荀子则认为人性先天是恶的，所以注重后天的塑造和教养，在人性之外，用法度和礼义来改造性恶，导人善行，由乱至治。从荀子要按"立君上之势以临之，明礼义以化之，起法正以治之，重刑罚以禁之"的主张看，他是儒法并用，可见其受法家影响很大。

---

① （清）王先谦撰，沈啸寰、王星贤点校：《荀子集解·性恶》，北京：中华书局，1988年。

（三）"礼""法"并施的政治观

荀子把"礼"作为治国安民的准绳。荀子在区分天与人的不同时，认为人也有区分，作为社会群体，人有分工也有阶层。区分而不乱，并有凝聚力，靠什么？荀子认为靠"礼"。"分莫大于礼"是他的观点。

荀子说："礼之于正国家也，如权衡之于轻重也，如绳墨之于曲直也。故人无礼不生，事无礼不成，国家无礼不宁。"[①]"父子不得不亲，兄弟不得不顺，夫妇不得不欢，少者以长，老者以养。故曰：'天地生之，圣人成之。'"[②]这里把礼说成是端正国家的秤和尺子。社会的存在和发展，国家的兴盛与安宁都离不开礼，父子、夫妇、长幼之间的关系靠礼来维持。礼生于天地之间，无处不在，礼是由圣人所制，完美无缺。

荀子还对礼的产生和起源提出了自己独到的见解。儒家把礼的产生与天命相联系，认为是明君、贤臣依据天的感应与愿望而制定礼。而荀子则把礼的起源由天给了人，认为礼起源于人性，即人性之恶。荀子说："礼起于何也？曰：人生而有欲，欲而不得，则不能无求；求而无度量分界，则不能不争；争则乱，乱则穷。先王恶其乱也，故制礼义以分之，以养人之欲，给人之求，使欲必不穷乎物，物必不屈于欲，两者相持而长，是礼之所起也。"[③]这说明人性之恶，在于有强烈的欲望，为追求各自的欲望，就产生了争斗，争斗的结果是社会乱，为了解决人的追求"无度量分界"，先王制定了"礼"。礼的产生，以使人的欲望不至于无度，又能使人的欲求得到合理的满足，二者相辅相成，社会由此而有秩序，国家由此而安宁。

荀子由"礼"而引出了"法"。礼有伦理的强制性，法则有惩治性。荀子说："治之经，礼与刑，君子以修百姓宁。"说明礼与法都是治国的要旨，即"治之经"，君子们都要学习执行，以安百姓。他强调礼法并用，"以善至者待之以礼，以不善至者待之以刑。两者分别则贤

① （清）王先谦撰，沈啸寰、王星贤点校：《荀子集解·大略》，北京：中华书局，1988年。
② （清）王先谦撰，沈啸寰、王星贤点校：《荀子集解·富国》，北京：中华书局，1988年。
③ （清）王先谦撰，沈啸寰、王星贤点校：《荀子集解·礼论》，北京：中华书局，1988年。

不肖不杂，是非不乱。贤不肖不杂则英杰至，是非不乱则国家治。若是，名声日闻，天下愿，令行禁止，王者之事毕矣。"①意思是说，对那些带着好的建议而来的人，就用礼节去对待他；对那些怀着恶意而来的人，就用刑罚对待他。这两种情况能区分开来，那么有德有才的人和无德无才的人就不会混杂在一起，是非也就不可能混淆不清。有德无德的人不混杂在一起，英雄豪杰就会到来；是非不混淆，国家就能得到治理。如果是这样，名声就会一天天传扬出去，天下的人就会仰慕向往，就能做到有令必行，有禁必止。这样圣王的事业也就完成了。这是典型的礼法并施思想。

荀子还说："故不教而诛，则刑繁而邪不胜；教而不诛，则奸民不惩"②。法不是万能的，不进行教化就惩罚罪犯，即使刑法再多也不能战胜邪恶；反过来只教化而不惩罚，那么奸邪的人就得不到应有的惩罚。这是礼法并施的最明确论断。

荀子是"隆礼至法"政治观的形成者，对王道和霸道也提出了与先儒完全不同的观点。孔子讲德政，倡导王道，孟子讲仁政，主张王道，反对霸道。荀子则认为："义立而王，信立而霸，权谋立而亡。"③他说当政者坚守公正，就可以称王，树立信誉就可以称霸，而玩弄权术则必然灭亡。这里荀子很明显是反对权谋，而认可"王道"和"霸道"的。他还提出了"仁""义""威"三种治国理政的要略，"仁"使天下"莫不亲"，"义"使天下"莫不贵"，"威"使天下"莫敢敌"。"知此三具者，欲王而王，欲霸而霸，欲强而强矣。"④荀子主张礼法并用，王霸兼采，这是对儒家以仁义治国理念的突破。

荀子的思想，与孔孟二圣差异很大。不仅如此，他对道家、墨家及其他诸子的学说和儒家二圣的思想都有合理的吸收和否定。荀子以积极的治世态度，对天地人的问题，都进行了经验分析，提出了一些独到的见解。荀子的思想，两千年来一直为中华民族的后学者所关注和推崇，

---

① （清）王先谦撰，沈啸寰、王星贤点校：《荀子集解·王制》，北京：中华书局，1988年。
② （清）王先谦撰，沈啸寰、王星贤点校：《荀子集解·富国》，北京：中华书局，1988年。
③ （清）王先谦撰，沈啸寰、王星贤点校：《荀子集解·王霸》，北京：中华书局，1988年。
④ （清）王先谦撰，沈啸寰、王星贤点校：《荀子集解·王制》，北京：中华书局，1988年。

在儒学历史上和整个中国社会科学界有很高的地位。

第二节　老子、庄子的道学理论价值

一、老子的道学理论

老子是道家的创始人，也是中国古代最著名的哲学家，是中华传统文化的开拓者之一。

老子的学术思想博大精深，《道德经》一书是老子思想理论体系的唯一著作，是中国本土宗教——道教的"圣经"，流传两千多年而不衰。

（一）以"道"为核心的宇宙观

春秋时期，关于"道"的思想，在《易》《诗》《尚书》《左传》《国语》等著作中多有论及，但多数人将"道"归于天，天决定"道"，天比"道"大。

老子则把"道"加以抽象化，把"道"凌驾于天之上，认为"道"是根本，宇宙万物由"道"创生，使其形成一个形而上的哲学范畴，成为老子的宇宙观。

老子认为，"道"是宇宙的本源。老子曰："有物混成，先天地生。寂兮寥兮，独立而不改，周行而不殆，可以为天地母。吾不知其名，强字之曰'道'，强为之名曰'大'。"①老子认为"道"先于天地而存在，是天地之母，道创生了万物，宇宙中再没有比道更大的事物。由此，老子揭示"道"创生万物的过程，"天下万物生于'有'，'有'生于'无'"，这里的"无"就是道。老子又描述了"道"创造万物的过程："'道'生一，一生二，二生三，三生万物。万物负阴而

———————
① 陈鼓应：《老子注译及评介·二十五章》，北京：中华书局，1984年。

抱阳，冲气以为和。"①这里的"'道'生一"，是指道创造了宇宙的混成之气，也就是"太极"；"一生二"是指混成之气（太极）分化为阴阳二气；"二生三"是指由阴阳二气生成为天、地、人；"三生万物"表明宇宙万物是由"道"一层一层从无形到有形而最终生成。

老子道生万物的宇宙观中，排除了春秋时期一些人信奉的"天"与"神"的观念。他认为道生万物是一个自然过程，没有天与神的意志和作用，"道"在养育万物之后，也不会干预万物。他更明确地指出："以道莅天下，其鬼不神"。就是说用道治理天下，鬼神也不灵验了。这是老子从前人迷信鬼神中的觉醒，是用道学代替神学的创举。

老子认为，"道"是宇宙变化的动力。在老子看来，"道"不仅是宇宙的本体，而且是宇宙变化的动力。宇宙中没有恒久的事物，万物皆变，动力就来自于万事万物的对立统一。他认为道所生成的一切事物都存在正反两个对立面，对立面的转化推动了事物的运动。他举例说，美存在于丑的对立统一体中，善存在于不善的对立统一体中，有无相生，难易相成，长短相形，高下相倾，音声相和，前后相随，祸福相依。他的名言是"祸兮，福之所倚；福兮，祸之所伏"。强调不能一味地追求"福"，而忘了福祸是可以相互转化的。

老子认为世界万物都具有相对性，没有绝对性。他说："合抱之木，生于毫末；九层之台，起于累土；千里之行，始于足下。"他还说："图难于其易，为大于其细；天下难事，必作于易，天下大事，必作于细。"这是对自然界和人类社会对立面相互转化的经验概括，是我国古代思想家用辩证法来分析事物的典范。

老子认为，"道"体现宇宙运动的规律。从道到万物的生成是"道"的运动过程，而"道"的运动不是直线平行运动而是一种循环往复的运动。老子认为，道的运动是向自身相反的方向转化，或者是一个周而复始的过程。老子提出了"反者道之动"的论断，这里的"反"有两种含义：一种是相反，一种是反复。相反运动如：上转为下，下转为上，正转为奇，奇转为正，福转为祸，祸转为福，难转为易，易转为

---

① 陈鼓应：《老子注译及评介·四十二章》，北京：中华书局，1984年。

难，大转为小，小转为大。反复运动是事物的运动从始点到终点最后又回到始点，如日出日落，白天黑夜，草木生枯。老子在这里揭示了自然界和社会变化的一般规律。

老子认为，"道"是抽象的存在状态。"道"是宇宙的本源，是万物的创造主，那么"道"是一种什么样的存在物呢？老子认为，"道"是一种超感觉的存在，是无形无象的。《道德经》第十四章对"道"的状态做了表述："视之不见，名曰'夷'；听之不闻，名曰'希'；搏之不得，名曰'微'。此三者不可致诘，故混而为一。其上不皦，其下不昧，绳绳兮不可名，复归于无物。是谓无状之状，无物之象，是谓惚恍。迎之不见其首；随之不见其后。执古之道，以御今之有。能知古始，是谓道纪。"这里指出，"道"是看不见的，听不到的，摸不着的，没有形状，没有物象，是一种理性认识的产物，完全超出人们的感觉范畴。既然"道"是高度抽象，大而无当，小而无微的东西，那道就难以命名，"道可道，非常'道'；名可名，非常'名'"。这就是道的规律。

（二）老子无为的政治观

老子把"道"作为最高的也是最普遍的哲学范畴，用来解决人生问题，也用来解决社会政治问题。其核心思想是"无为而治"。老子认为"道"以无形无为成济万物，因而治世者要"以无为为君"，才能"物得其真"，达到治世的效果。老子处于春秋乱世，这种乱世背景会因每个人的处境不同而产生不同的思想家，各自寻求治世的方略。孔子企图以"复礼"挽救社会，墨子企图以兼爱、非攻、节用来治世，韩非子企图用严刑苛法来治世，而以老子为代表的道家对各种有为的行径都十分厌恶，他把"乱世"的根源归于"有为"，归于人对自然的过分干预，从而认为"无为"是最好的治世方略。

老子说："'道'常无名、朴。虽小，天下莫能臣。侯王若能守之，万物将自宾。"[①]老子从历史经验和对人事的观察出发，提出了一整套体现"道"的"无为而治"的政治理念，概括起来有以下四种观

---

① 陈鼓应：《老子注译及评介·三十二章》，北京：中华书局，1984 年。

点：一是使民无知无欲。二是绝圣去智以利民。三是无器无法虚静治国。四是小国寡民的理想社会。

老子是中国历史上最重要的思想家和杰出的哲学家。他的《道德经》被后人尊为"万经之王"，他本人被学者尊为"中国哲学之父"。他开创了道家学派，成为道家的创始人。他的道学思想对我国社会科学影响很大，对世界文化也产生过深远影响，"道"是"一切事物存在的理性与基础"①。但我们也要理性地去分析老子学说的缺陷和不足。不能像有些人在评价老子时，往往站在崇尚老子的立场上，图解《道德经》，把老子的"道"解释为适应一切现象的普遍真理，把老子的"无为而治"解释成最有为的统治之道，甚至把老子的"小国寡民"解释为和谐理想的社会等。

二、庄子的新道学

道家的师承关系疏淡。老子虽为道家创始人，但后学者却不像儒家和墨家那样尊孔敬墨。对道学心领神会并发扬光大的是庄子。

庄子的思想和学说集中在《庄子》一书中。《庄子》五十二篇中我们能看到的只有三十三篇，分内篇、外篇和杂篇。

综观《庄子》一书，其把深奥的哲理融于浅近的寓言故事中，将有抽象思维与形象思维相结合，想象丰富，构思奇妙，思想奔放，义理深邃，是鹤立于当时，光照于后世的杰作。其社会科学思想如下。

（一）"道通为一"的宇宙观

庄子继承了老子的道学，认为"道"不可听、不可见、不可言、又无形。这同老子的"道可道，非常'道'；名可名，非常'名'"意思是相同的。他还指出，道的历史久远，"自本自根，未有天地，自古以固存"。天地未生之前，道就存在，道在宇宙空间中无所不在，在太极之上而不为高，在太极之下而不为深。由此可知，道是宇宙万物之祖，

---

① （德）黑格尔著，贺麟、王太庆译：《哲学史演讲录》第一卷，北京：商务印书馆，1959年。

是超越时空的独立存在。

庄子认为"道"有一个巨大作用就是道可以齐万物，即"道通为一"。庄子说："物固有所然，物固有所可。无物不然，无物不可。故为是举莛与楹，厉与西施，恢恑憰怪，道通为一。其分也，成也；其成也，毁也。凡物无成与毁，复通为一。"①意思是说，"道"凌驾于天地万物之上，是最高的一个形而上的概念，宇宙万物的差异和分类，"道"都可以把它们化解，杂草与大柱，丑妇与西施，纷繁复杂的万事万物，在"道"的化解下，变成齐一的东西。经验世界，物质有成有毁，而"道"则可以化解这种毁，使其"复通为一"。这就是"道通为一"的功用。

庄子的"道通为一"论，既有唯心的成分，也有唯物的表述。当庄子把"道"与天神秘化以后，提出用"道"齐万物、齐一人的不同理论和观点时，其哲学唯心主义就表现得活灵活现。但统观庄子的思想整体，也不抹杀他对物质存在的肯定，而且他对万事万物细致观察，大到天地日月，小到草木鱼虫，无不对其特征进行描述。他的"道"是形而上的，而万物具有生死是唯物主义的。

（二）"无为"与大自由的人生观

庄子在人生问题上，提出了"至乐无乐"的人生观。他对人生快乐的一般看法是："夫天下之所尊者，富贵寿善也；所乐者，身安厚味美服好色音声也。所下者，贫贱夭恶也；所苦者，身不得安逸，口不得厚味，形不得美服，目不得好色，耳不得音声。"②庄子对这种至乐观进行了剖析，指出富者"苦身疾作"，积财甚多而不得尽用，又把自己的身形忘之度外。贵者则夜以继日，思虑善否，对自己的身形也不善于保护。人一出生，忧患同时报到。那些长寿者浑浑噩噩，久忧不死，十分痛苦，那些为国为民而献身的烈士，天下人称誉，但都不能使身形活下去。可见，争贵、争富、争烈士都毫无价值。那么，什么是最大的快乐呢？那

---

① 陈鼓应注译：《庄子今注今译·齐物论》，北京：中华书局，1983 年。
② 陈鼓应注译：《庄子今注今译·至乐》，北京：中华书局，1983 年。

就是"吾以无为诚乐矣，又俗之所大苦也。故曰：'至乐无乐，至誉无誉'"①。庄子还说，"无为可以定是非""唯无为几存""天无为以之清，地无为以之宁"。他认为人做到无为而存身就是最大的快乐。

庄子的人生观还表现在他的精神大自由观上。老子重视人在宇宙中的地位，他在谈到"大"时认为："故'道'大，天大，地大，人亦大。域中有四大，而人居其一焉。"②而庄子更突出个人的价值，倡导人的精神解放和精神大自由。老子向往的是"小国寡民""鸡犬之声相闻，民至老死，不相往来"的社会。庄子则走得更远，要人类社会退到更原始的本真状态，即"民知其母，不知其父，与麋鹿共处，耕而食，织而衣，无有相害之心"③。

庄子的精神大自由，在理想上讲绝对的"出世"，脱离人间烟火，离开凡尘俗世的"逍遥游"，对世间的是非善恶全无牵挂。庄子认为理想的出世者，是真正无己、无功、无名的人，庄子称这种精神大自由者为至人、神人、圣人。

庄子将人生的一切看得淡如水，自然对死后厚葬不屑一顾，他的"道通为一"的世界观和齐生死的人生观，自然引出他对自己死后埋葬的态度是"以天地为棺椁，万物为陪葬"。庄子对自然本真和精神自由的追求，以及他的大自由人生哲学，影响了后世的魏晋玄学、明末士风和清代、近代文人学士的自由精神。

第三节　韩非法家的法、术、势一体的政治学思想

法家是春秋战国时期诸子学派的重要一支。儒家讲伦理道德，道家倡导超凡脱俗，而法家则以法、术、势主张为人君图治世谋略。法家既

---

① 陈鼓应注译：《庄子今注今译·至乐》，北京：中华书局，1983年。
② 陈鼓应：《老子注译及评介·二十五章》，北京：中华书局，1984年。
③ 陈鼓应注译：《庄子今注今译·盗跖》，北京：中华书局，1983年。

是正视现实的理性学派，也是冷酷无情的专制学派。

法家的形成有一个很长的历史过程，从春秋末年到战国时期，其代表人物有管子、李悝、商鞅等人，成就最高的当属韩非。他的思想极为深邃广阔，不仅汇集了法家人物的思想精华，而且取舍了非法家学派的研究成果，其学说一度称雄战国与秦汉，而且影响于后世。

管子主张改良旧礼，创立新法，以法统治，礼法并用。李悝所创《法经》，为法学的萌芽、法制的宝典。商鞅是秦国变法的理论家，也是一位法制的推行者、实践者，他兴于法，亡于法，以法终其一生。

韩非出生于战国时期的韩国，是一位爱国者。韩非的主要社会科学成就反映在《韩非子》这部著作中。他的学术观点主要是法、术、势一体的政治学。

韩非认为法、术、势三者兼备是治国的良方。他在《定法》篇中说：

> 人不食，十日则死；大寒之隆，不衣亦死。谓之衣食孰急于人，则是不可一无也，皆养生之具也。今申不害言术，而公孙鞅为法。术者，因任而授官司，循名而责实，操杀生之柄，课群臣之能者也，此人主之所执也。法者，宪令著于官府，刑罚必于民心，赏存乎慎法，而罚加乎奸令者也，此臣之所师也。君无术则弊于上，臣无法则乱于下，此不可一无，皆帝王之具也。

意思是说，人不吃饭，十天就会饿死；在极寒冷情况下，不穿衣服也会冻死。若问衣食哪个更重要，应该是二者缺一不可，都是维持生命所必需的东西。现在申不害提倡运用术而商鞅主张实行法。所谓术，就是依据才能授予官职，依照名位责求实际功效，掌握生杀大权，考核群臣的能力。这是君主应该掌握的。所谓法，就是由官府明文公布，赏罚制度深入人心，对于谨慎守法的人给予奖赏，对触犯法令的人进行惩罚。这是臣下应该遵循的。君主没有术，就会在上面受蒙蔽；臣下没有法，就会在下面闹乱子。所以术和法缺一不可，都是称王天下的必备。关于"势"，韩非在《难势》篇中明确指出："抱法处势则治，背法去势则乱"。他认为法和势都是治国之法定，二者兼备，国家则治；二者背离其一，国家则乱。这就是韩非把法、术、势融为一体的政治学说。

第四节　墨子的兼爱非攻思想

墨子是战国时期重要的思想家。墨子早年修习儒道，但在其后的学习中，越来越对儒家宣扬的一套理论和礼仪规范产生强烈不满，终于同儒学分道扬镳。墨子认为儒家的厚葬、守孝三年的孝制，贵族上层可以做到，平民是难以做到的，真乃劳民伤财，如果子女三年不从事生产劳动，就只有一条出路——饿死在父母墓前。于是墨子提出了一系列与儒家不同的理论和主张。儒家主张"爱人"是由亲及远的有差别的爱，墨子主张平等的"兼爱"。

墨子的"兼爱"是让整个社会做到"爱人若爱其身""视父兄与君若其身""视弟子与臣若其身""视人之室若其室""视人身若其身""视人家若其家""视人国若其国"。只有这样，就不会有国与国相攻，家与家相乱。君臣父子和平相处，盗贼无法横行，天下就可得到大治。墨子主张平等的爱，反对以大压小，以强凌弱。

儒家有"仁者爱人"之说，是早期的人道主义。但儒家的爱受宗法礼制的影响，是有等级的爱。墨子的爱则对这种等级予以突破，是古代人道主义的进一步发展。兼爱具有永久的人道主义生命力，今天我们提倡的爱国爱民，实际上是对传统兼爱思想的继承和发扬。

墨子在讲"兼爱"时，还主张"交互利"，要求在人际交往中，对人对己都要互利。互利就是"天下之大利"。利不仅要利人，还要覆盖天下，"上利天，中利鬼，下利人"。墨子讲利，是低层次的功利，是人们基本生活条件的满足，而不是富丽与豪华。

墨子反对战争，主张"非攻"。和平主义的"非攻"说是墨子思想的又一大贡献。墨子对大国攻伐小国十分痛恨，指责齐、晋、楚、越以战争并吞了许多国家，不以为耻，反以为攻伐有利，这好比"医之药万有余人，而四人愈也，则不可为良医矣"。他对大国和小国处理关系提出了"以义名立于天下"的方略，要大国扶持小国，帮助小国抵御大国的侵扰，以使小国乐于顺从大国，对大国心悦诚服，大国也以"人劳我逸"的方式，立于不败之地，臣服天下。"非攻"的和平主义，是大部分人所需要的。今天我们提出用和平、发展、合作以及大国小国一律平等的原则构建和谐社会，反对穷兵黩武，主张用和平手段解决国际争端，这不能不说是对墨子"非攻"和平主义思想的继承和发扬。

第五节 中国最早的社会科学机构——稷下学宫

战国时期，中国成立了最早的思想库和智囊性的社会科学机构——稷下学宫。稷下学宫创建于齐威王时期，是齐威王变法改革的产物。齐威王不以珠玉为宝，而以人才为宝。稷下学宫到鼎盛时期规模宏大，以致稷下先生多达上千人。稷下学宫曾容纳了当时"诸子百家"中的几乎各个学派，其中主要的学派有道、儒、法、名、兵、农、阴阳、轻重诸家。汇集了天下贤士如孟子（孟轲）、淳于髡、邹子（邹衍）、田骈、慎子（慎到）、申子（申不害）、接子、季真、涓子（环渊）、彭蒙、尹文子（尹文）、田巴、儿说、鲁连子（鲁仲连）、驺子（驺奭）、荀子（荀况）等人。尤其是荀子，曾经三次担任过学宫的"祭酒"（学宫之长）。当时，凡到稷下学宫的文人学者，无论其学术派别、思想观点、政治倾向，以及国别、年龄、资历等如何，都可以自由发表自己的学术见解。

这些学者们互相争辩、诘难、吸收，成为真正体现战国"百家争鸣"的典型。更为可贵的是，当时齐国统治者采取了十分优礼的态度，册封了不少著名学者为"上大夫"，并"受上大夫之禄"，即拥有相应的爵位和俸养，允许他们"不治而议论"[1]和"不任职而论国事"[2]。因

① 《史记·田敬仲完传》，北京：中华书局，1959年。
② 王利器校注：《盐铁论校注·论儒》，北京：中华书局，1992年。

此，稷下学宫具有学术和政治的双重性质，它既是一个官办的学术机构，又是一个官办的政治顾问团体。

稷下学宫的学术博大精深，包含了当时各家各派的思想。黄老之学是继儒、墨、杨、法之后兴起于齐国的学派，因其有田齐政权的支持，它在齐国的势力相当大。稷下学宫黄老道家代表人物是文子、列子、范蠡、彭蒙、慎到、田骈、宋钘、尹文等人，其代表作除了已经佚失的《田子》《宋子》等之外，还有留存至今的《慎子》《尹文子》，以及与黄老道家关系密切的鸿篇巨制——《管子》。齐国也基本上按照黄老道家思想治国，成了战国七雄中最富强的国家之一。

稷下学宫是齐国君主咨询问政及稷下学者议论国事的场所。齐国执政者不惜财力、物力创办稷下学宫，实行各种优惠政策，招揽天下有识之士，其根本目的就是利用天下贤士的谋略智慧，为其完成富国强兵、争雄天下的政治目标服务。

齐王向稷下学者咨询国事，使得稷下学者发挥了智囊团的作用，稷下学宫也因此成为一个政治咨询中心。

稷下学者总是针对当时的热点问题阐述政见。他们学识渊博，长于分析问题，在表述上旁征博引，穷尽事理，具有一定的理论性和学术性。同时，由于稷下学者学派不同，看问题的角度不同，解决问题的方案有异，而会竞长论短，争论不已。最终促进了稷下学宫在学术上百家争鸣局面的形成，使稷下成为当时发展学术、繁荣学术的中心。

稷下学宫是战国时期诸子百家荟萃的中心。除了官学道家外，儒家、墨家、法家、名家、阴阳五行家、纵横家、兵家等各种学术流派，都曾活跃在稷下学宫。稷下学者因政治倾向、地域文化、思维方式、价值观念的差异，均有自己的思想体系，从而使稷下学宫形成了思想多元化的格局。在这种形势下，稷下各家为了求得自身的存在与发展，相互之间展开论争，使稷下学宫出现了中国历史上前所未有的学术繁荣。在论争中，学者们不仅充分展示了各自的理论优势，而且也认识到各自的理论弱点，不断吸收新思想，修正、完善、发展自己的学说，促进了不同学术见解的思想渗透和融合。

稷下学宫的创建与发展，在中国文化发展史上树起了一座丰碑，开创了百家争鸣的一代新风，促成了中国历史上第一次思想大解放、学术文化大繁荣的到来。同时，稷下学宫也开启了秦汉文化发展之源，对秦汉以后文化的发展与繁荣产生了深远影响。

稷下学者取得了丰硕的学术研究成果。仅就稷下学者的著作来看，其思想内容博大精深，广泛涉及政治、经济、军事、哲学、历史、教育、道德伦理、文学艺术以及天文、地理、历、数、医、农等多学科的知识。这些著作的问世，不仅极大地丰富了先秦时期的思想理论宝库，促进了战国时代思想文化的繁荣，也深刻地影响了中国古代学术思想的发展。

到了战国晚期，齐愍王穷兵黩武，好大喜功，稷下学宫衰落，稷下黄老学派的传人也逐渐散去。不久，时任秦相的吕不韦大力召集门客，他们便纷纷投奔吕不韦，成为吕不韦的谋士和助手，并在编撰《吕氏春秋》过程中发挥了非常重要的作用。吕不韦也在法家思想占统治地位的秦国推行黄老政治，使得秦国的经济和文化出现了短暂的繁荣景象。

第四章　秦朝社会科学的劫难与汉朝思想文化的重振

春秋战国时期，诸子百家的争鸣和学术自由，使中国的学术进入繁荣发展时代。秦朝把分裂的中国统一为集权的封建帝国。集权统治者为了巩固自己的政治，就在思想文化领域采取了消除异己的办法，如秦朝的"焚书坑儒"就是典型。秦朝为统一中国大业做出了重大贡献，但"焚书坑儒"给社会科学带来的却是劫难。不过，消灭文化乃至学术并不容易，先秦学者的思想，上古三代的学术文献，仍然以各种形式被传承、被活化。因政治需要而出现的一些新的思想和流派在不断显示其成长发育的强大生命力，如秦国的《吕氏春秋》、汉朝的黄老思想等。

第一节　《吕氏春秋》的学术思想

秦始皇横扫六国，于公元前 221 年攻入齐国临淄，消灭了最后一个要打击的对象齐国，完成了统一大业，建立了中国历史上第一个专制集权的封建王朝。

秦始皇是靠暴力消灭六国的，他对儒家的"仁义"、道家的"无为"、墨家的"非攻"自然是不屑一顾。先秦诸子，早就各持一端，有消除异己的门户之见。孟子有"正人心，息邪说，距诐行，放淫辞"的主张，荀子明言禁止"邪说辟言之离正道而擅作者"，管仲则提出禁"私言""私学"，要求"官无私论，士无私议，民无私说"。这些思想家因为在政治上未得志，所以消灭异己之说的目的都没有达到。而荀子的学生李斯则在秦始皇身上基本实现了消灭诸子学说的目的。

公元前213年，身为丞相的李斯给秦始皇上书禁止私学和百家之言。奏言曰：

> 今陛下创大业，建万世之功，固非愚儒所知。且越（指淳于越）言乃三代之事，何足法也？异时诸侯并争，厚招游学。今天下已定，法令出一，百姓当家则力农工，士则学习法令辟禁。今诸生不师今而学古，以非当世，惑乱黔首。丞相李斯昧死言：古者天下散乱，莫之能一，是以诸侯并作，语皆道古以害今，饰虚言以乱实，人善其所私学，以非上之所建立。今皇帝并有天下，别黑白而定一尊。私学而相与非法教，人闻令下，则各以其学议之，入则心非，出则巷议，夸主以为名，异取以为高，率群下以造谤。如此弗禁，则主势降乎上，党与成乎下。禁之便。臣请史官非《秦记》皆烧之。非博士官所职，天下敢有藏《诗》、《书》、百家语者，悉诣守、尉杂烧之。有敢偶语《诗》、《书》者弃市。以古非今者族。吏见知不举者与同罪。令下三十日不烧，黥为城旦。①

李斯的奏言充满着禁止言论，消灭文化的杀机。他称言古者淳于越等谏臣为"愚儒"，认为天下散乱的根源在"语皆道古"，人善"私学""入则心非""出则巷议"。因此他请求秦始皇"非《秦记》皆烧之"，"《诗》、《书》、百家语"皆烧之，"以古非今者族"。秦始皇断然接受了李斯的意见，在全国开展烧书运动，中国文化遭受了一次严

---

① 《史记·秦始皇本纪》，北京：中华书局，1959年。

重浩劫，社会科学研究出现严重倒退。

秦始皇的"焚书坑儒"，使先秦学术著作毁失殆尽，诸子学人也陷入灭顶之灾。秦朝的学术史就是消灭学术的历史。而秦朝统一中国前由丞相吕不韦主持编纂的《吕氏春秋》是一部学术价值很高的传世著作。

春秋战国时期的诸子学派有"各持一端"、相互攻讦的学术习气。在吕不韦看来，诸子学说各有所长，各有所短，应采取取其长、避其短的方式，创建一套包容诸子各派学术观点的博大精深的理论著作，为秦国的政治服务。但《吕氏春秋》所取众家之长，并不是简单地接受各派的意见，而是要形成一种综合的、统一的理论体系。吕不韦反对"众议治国"，主张思想行动的统一。《吕氏春秋》指出：

> 有金鼓所以一耳也。必同法令所以一心也。智者不得巧，愚者不得拙，所以一众也。勇者不得先，惧者不得后，所以一力也。故一则治，异则乱；一则安，异则危。夫能齐万不同，愚智工拙皆尽力竭勇，如出乎一穴者，其唯圣人矣乎！[1]

这些言论充分表达了"只一不二"的大统一思想，不要以众议为治国准则，而要做到"一耳""一心""一众""一力""一穴"，其结论是"一则治，异则乱；一则安，异则危。"由此可见，形成和创造一套统一的理论来治理天下，是吕不韦主编《吕氏春秋》的真正意图。

《吕氏春秋》是一部出自众人，"不名一家"的杂学著作，吕不韦被称为杂家。《吕氏春秋》全书二十六卷，分为十二纪、八览、六论，共一百六十篇，其内容囊括了老子、庄子、孔子、孟子、墨家、阴阳家、法家、兵家、小说家的各类观点，汇集了先秦各派的学说和夏商周三代重要的典籍精华，是对先秦社会科学思想真正的整合和弘扬，是我国最早的百科全书式的理论著作。

《吕氏春秋》在社会科学方面的贡献主要体现在其宇宙论、政治

---

① 许维遹撰，梁运华整理：《吕氏春秋集释·审分览·不二》，北京：中华书局，2009 年。

论、人生论等方面。

一、宇宙论

在宇宙的本质及天地万物的生成和运动方面，《吕氏春秋》沿袭了道家和阴阳家的观点。此书在论述音乐生成时，提出了"太一"为万物本源的观点："太一出两仪，两仪出阴阳。阴阳变化，一上一下，合而成章。混混沌沌，离则复合，合则复离，是谓天常。天地车轮，终则复始，极在复反，莫不咸当。日月星辰，或疾或徐。日月不同，以尽其行。四时代兴，或暑或寒，或短或长，或柔或刚。万物所出，造于太一，化于阴阳。"①这里的"太一"和"道"实为同一意思，《吕氏春秋》正是以道学解释天地万物的运动根源和运动方式。

《吕氏春秋》还用天、地、物、人合一与"天人感应"的阴阳家的学说，构建出一幅宇宙和谐的图景。此书把宇宙运行的时间分为十二纪：孟春纪、仲春纪、季春纪、孟夏纪、仲夏纪、季夏纪、孟秋纪、仲秋纪、季秋纪、孟冬纪、仲冬纪、季冬纪。这实际上是把春夏秋冬四季又做了细分，每季分为三纪，全年共十二个月，共十二纪。然后论证在四季中天、地、物、人以循环更替为主线，阐述和总结了人类在不同季节遵循天道行事的经验，表明了天人同道、天人和谐的思想。

《吕氏春秋》的宇宙观，是太一生万物的宇宙观，而万物中"天"又具有至上的特性，具有万物"始生"的本领，人受"太一"（或"道"）的创生和支配，但人有责任保护万物而不损害万物。君主是保全万物的第一人，又有了君权天授的观念。但君位并不是永恒的，如果君主逆天行事，朝政必亡，只有顺从天意，按四季十二个月的"天常"运动规律去行事，才能出现天人和谐的盛事。

---

① 许维遹撰，梁运华整理：《吕氏春秋集释·仲夏纪·大乐》，北京：中华书局，2009年。

二、政治论

《吕氏春秋》编写的目的是为秦国寻找统治的理论支撑和政治谋略，其政治思想和理论多采纳儒家的政治说教兼收法家和墨家等学派的政治观点。

《吕氏春秋》主张建立"仁政"的政治统治秩序。儒家的仁政重视"义"，《吕氏春秋》也不例外，指出君子议政必先讲义，即"凡君子之说非苟辨也；士之议也非苟语也，必中理然后说，必当义然后议。故说义而王公大人益好理矣，士民黔首益行义矣。义理之道彰，则暴虐奸诈侵夺之术息也"①。这里指出君子和士人议政必须中理合义。通过义的宣说之后，上层的王公大臣就越来越重视理，下层的士人和民众就行义事，义理之道通行，暴虐奸诈侵夺行为就会终止。

《吕氏春秋》对先秦的民本思想有所传承和弘扬。指出只有顺民心才能立功名，并提出了天下共有的政治观。

《吕氏春秋》还提出了"爱人"的政治观。孔子对"仁"的解释是"仁者爱人"，吕不韦则反复讲"恻隐之心"，要求君主有爱人的善心，以此才能得到名号和国土。这些主张都有"爱民兴国"的政治观念。

《吕氏春秋》也受墨子"兼爱""非攻"的影响，主张不要轻易动武和侵略别国，但不主张完全偃兵息武，认为以有道伐无道、以义战不义还是需要的。

《吕氏春秋》还提出了君要民主，臣要忠诚的君臣关系理论。《吕氏春秋·至忠篇》说："至忠逆于耳，倒于心，非贤主其孰能听之？""夫恶闻忠言，乃自伐之精者也。"吕氏认为做臣子只要有利于君主和国家就不要逃避杀身之祸，而要以身殉国。"国有士若此，则可谓有人矣。若此人者固难得，其患虽得之有不智。"②

---

① 许维遹撰，梁运华整理：《吕氏春秋集释·孟秋纪·怀宠》，北京：中华书局，2009年。
② 许维遹撰，梁运华整理：《吕氏春秋集释·仲冬纪·忠廉》，北京：中华书局，2009年。

《吕氏春秋》的许多言论都是为君主治国而寻求理论根据,在《吕氏春秋·勿躬篇》中,主张君主要有"无为而治"思想,不应该事必躬亲。君主热衷于臣子所做的事,那就等于君主自己蒙蔽自己,如果臣子蒙蔽君主,其他人还可以纠正,如果君主自己蒙蔽自己那就会出现无人制止的局面。

在建立统一的思想理论方面,吕不韦同儒、法、墨家有共同的目标,都认为有统一法令和统一的思想,国家才能平安和强大。只有统一法令、统一思想,纷繁复杂的事情方可有序开展,才能使灵巧笨拙的人各尽其才。

三、人生论

《吕氏春秋》所表达的人生观也是吸收了儒、道、墨多家学派的观点,形成人生价值体系。

《吕氏春秋》在人和万物的关系上提出了人对万物要尽"全生"的责任。"全生"的观点表明人对万物要关爱,只有保全万物生命的人,才能当好天子和官吏。《吕氏春秋》在提出"全生"观念的同时,还提出了"全性"的观点。所谓"全性"就是要选择有利于自己生命的声色滋味,"利于性则取之,害于性则舍之,此全性之道也。"[①]

《吕氏春秋》特别提出"贵生"的人生观,所谓"贵生"就是以生命为贵,珍惜生命。这本是道家的观点,在这里被吕不韦充分发挥,提出"圣人深虑天下,莫贵于生。夫耳目鼻口,生之役也。耳虽欲声,目虽欲色,鼻虽欲芬香,口虽欲滋味,害于生则止。在四官者不欲,利于生者则弗为。由此观之,耳目鼻口不得擅行,必有所制。譬之若官职不得擅为,必有所制。此贵生之术也。"[②]这就是说宇宙中没有比生命更重要的东西,耳朵、眼睛、鼻子、嘴巴都是为生命服务的。这四种器官不能接收对生命有害的外部反应,外界的声音、颜色、芳香、美味如果

---

① 许维遹撰,梁运华整理:《吕氏春秋集释·孟春纪·本生》,北京:中华书局,2009年。
② 许维遹撰,梁运华整理:《吕氏春秋集释·仲春纪·贵生》,北京:中华书局,2009年。

对生命有害，这四个器官就拒绝接收。为了保护自己的生命，任何高官厚禄都是可以拒绝的。为了珍惜生命，《吕氏春秋》还提出了"情欲"之说，就是人天生有情有欲，但要作为一个圣人，则要做到"欲有情，情有节"，对于有害生命的"五声、五色、五味"要予以节制，要做到"耳不可以听，目不可以视，口不可以食"。

《吕氏春秋》还提出了道德至上的观点，认为治理天下和国家要依靠道德，推行仁义。指出高尚的道德是一种巨大的精神力量，四海和江河的水都不能抗衡，高耸的华山也不能阻拦。如果以德治国，不用刑罚也可以得到人心归顺的效果。《吕氏春秋》明确说："以德以议，不赏而民劝，不罚而邪止，此神农、黄帝之政也"。

《吕氏春秋》还提出了以孝为本的人生价值观。孝本是儒家极力推行的伦理道德行为，吕不韦则完全接受了儒家的孝文化，把孝抬高到治国安民、修身养家的高度。《吕氏春秋·孝行览·孝行》说："人主孝则名章荣，下服听，天下誉。人臣孝则事君忠，处官廉，临难死。士民孝则耕芸疾，守战固，不罢北。夫孝，三皇五帝之本务，而万事之纪也。"这就是说孝是一个跨越各阶层人士的普遍的道德标准，孝对任何人都有用。国君遵守孝道就会名声显赫，臣下和百姓就会拥护；臣下遵守孝道就会忠心事君，行政清廉，临危不惧；百姓遵守孝道就会努力耕作，保家卫国。所以吕不韦认为孝为三皇五帝之本务，万事之纪。

《吕氏春秋》是一部理论著作，也是一部政治著作，许多篇章都在论国家、君主、治术。这部著作的主要服务对象是君主。其十二纪论证的就是天人合一、君臣相辅、万物和谐的宇宙运行图谱，是用道论和阴阳五行说改造出的天下大一统理论。可惜，秦始皇没能从《吕氏春秋》中吸取营养，反而听信李斯之言，在全国"焚书"，而后又出现"坑儒"之事。随着吕不韦的倒台和自杀，《吕氏春秋》也退出了秦国的政治文化舞台。

第二节　变革的诸子学与黄老之学的兴起

秦朝，中国社会科学遭遇了一场大灾难。汉朝，中国学术又进入了火热的时代。秦朝在思想文化领域实行了严酷的专制政策，尤其是"焚书坑儒"使学术文化几近毁灭。这种文化专制政策没有给秦朝带来兴旺，却加速了秦朝的灭亡。到了汉朝，儒、道、墨、法、阴阳、名等学派都有所"复活"。为国家休养生息的需要，以道学为本的黄老之学曾风靡一时。

一、变革的诸子学

汉初诸子各派的"复活"并不是对先秦诸子百家的"克隆"，而是根据现实需要对某一学派加以引申和改造，赋予其新思想、新内容，或者把某几个学派的观点加以糅合，变成兼容各派的"合家"之说。汉初的学者不同于春秋战国时期的诸子百家，不是远离政治进行纯学理的论争，而是依附于政治，为王朝的巩固和发展提供理论根据。其代表人物有陆贾、贾谊、晁错、司马谈等人。

（一）陆贾的思想

陆贾主张治理国家要以仁义道德为根本原则，他指出："治以道德为上，行以仁义为本"。这是儒家的主要学术思想。陆贾对道学更是心领神会，他的学术思想受道家的影响最大，尤其是把黄老之学看成至宝而极力推崇。他主张无为而治，要以"无为而无不为"作为治理国家的理论纲领。他认为秦朝灭亡的原因是"有为多欲"，结果是"事逾烦天下乱，法逾滋而奸逾炽，兵马益设而敌人逾多。秦非不欲治也，然失之者，乃举措太众、刑罚太极故也。"①陆贾认为朝廷应减少对社会的干预，轻徭薄赋，减少对外用兵，使人民安居乐业，国家财用充足，这看

---

① 王利器：《新语校注·无为》，北京：中华书局，1986 年。

起来是无为，实则是有为的作法，"故无为者，乃有为也"。他又明确指出："是以君子之为治也，块然若无事，寂然若无声，官府若无吏，亭落若无民，闾里不讼于巷，老幼不愁于庭……耆老甘味于堂，丁男耕耘于野。"①陆贾勾画了一幅"无为"而治的理想图景，同庄子的"至德"之世有相似之处，同老子"小国寡民"的社会也有雷同。陆贾幻想一个"无声""无吏""无民""无讼"，老幼不愁、丁壮耕耘的和谐社会。这些思想正好与汉初一些人的清静无为愿望相适应，对黄老之学的推行起到了开路先锋的作用。

（二）贾谊的思想

贾谊的学说以儒家为主，又吸收了其他学派的思想。他的著作称为《新书》。贾谊传承了先秦的民本思想，他认为："闻之于政也，民无不为本也。国以为本，君以为本，吏以为本。故国以民为安危，君以民为威侮，吏以民为贵贱。此之谓民无不为本也。"②贾谊认为民本体现在一切方面，国家的安危，君主的尊严，官吏的贵贱，都体现在重民上，所以说国家、君主、官吏都要以民为本。

贾谊倡导德治，认为儒家的《诗》《书》《易》《礼》《乐》《春秋》都讲德。这就为儒家典籍的统一性找到了理论根基，即德的伦理观。

贾谊也充分表达了道家的一些基本思想。贾谊在《道德说》中指出："物所道始谓之道，所得以生谓之德。德之有也，以道为本。故曰：'道者，德之本也。'"可见道具有创生万物的本源作用，而德也是道之所生，道为"德之本"。

（三）晁错的思想

晁错倾向于法家，但同法家极端派的观点不同。晁错指出："其立法也，非以苦民伤众而为之机陷也，以之兴利除害，尊主安民而救暴乱也。……其行罚也，非以忿怒妄诛而从暴心也，以禁天下不忠不孝而害

---

① 王利器：《新语校注·至德》，北京：中华书局，1986年。
② （汉）贾谊撰，阎振益、钟夏校注：《新书校注·大政上》，北京：中华书局，2000年。

国者也。"

晁错在《言兵事疏》中进言汉文帝，论述了抗击匈奴的战略和策略："臣闻汉兴以来，胡虏数入边地，小入则小利，大入则大利……故兵法曰：'有必胜之将，无必胜之民。'由此观之，安边境，立功名，在于良将，不可不择也。"[1]由此晁错得出结论：武器装备不精良，等于把士兵断送给敌人；士兵不会作战，等于把将领断送给敌人；将领不懂用兵，等于把君主断送给敌人；君主不善于选择良将，等于把国家断送给敌人。这四项是军事之要。

晁错在《论贵粟疏》中提出了移民于边、寓兵于农的观点。他指出："胡人衣食之业不著于地，其势易以扰乱边境。何以明之？胡人食肉饮酪，衣皮毛，非有城郭田宅之归居，如飞鸟走兽于广袤，美草甘水则止，草尽水竭则移。"这些建议不仅起到了抵御匈奴的作用，还在我国历史上开了屯田之先河。他的"移民实边"对后世影响很大。

晁错在《举贤良对策》中提出了明大体、通人事、求安定等思想，成为西汉最有名的政治论文之一。关于"明于国家大体"问题，晁错指出，古代五帝十分贤明，亲理政事，每天在正殿处理政务，在明堂颁布政令，各项措施上符天意，下顺地利，深得民心。关于"通于人情终始"问题，晁错以三王为例，提出君主与臣子都很贤明，所以共同商议政事，决定天下安定的大计，事事处处以人情为据。他说："人情莫不欲寿，三王生而不伤也；人情莫不欲富，三王厚而不困也；人情莫不欲安，三王扶而不危也；人情莫不欲逸，三王节其力而不尽也。"[2]同时，制定法令，要合乎民情；动用民力，要根据民众情况；要求别人要像要求自己一样，宽恕别人要像宽恕自己一样。人情所憎恶的不要强加于人；人情所向往的不要强令禁止。如此，百姓和睦相亲，国家太平安宁，君王地位巩固，恩德传延后代。关于"吏之不平，政之不宣，民之不宁"问题，晁错以秦朝为教训，认为秦朝"吏之不平""政之不宣""民之不宁"的根源是任用了不肖之徒，听信了谗言，大造宫殿，强征赋税，独断

① 《汉书·晁错传》，北京：中华书局，1962年。
② 《汉书·晁错传》，北京：中华书局，1962年。

中国社会科学论纲

专行，祸害百姓，草菅人命。又以汉文帝即位以来为天下兴利除害，变法易故，以安海内的诸多惠政作为对比，称赞这是"上世之所难及"。

晁错在《削藩策》中强烈主张削藩，加强中央集权。晁错主张对有过错的诸侯王，削取他们的支郡，只保留一个郡的封地。但他提出削地的办法，却有人为激化矛盾的因素存在。这个《削藩策》一提出来，立刻在朝廷引起震动。

（四）司马谈的《论六家要旨》

司马谈是司马迁的父亲，是汉代学识渊博的史学家，其《论六家要旨》对先秦诸子学说的得失做出了评论，表达了对先秦诸子学派的立场和自己的深刻见解。他把诸子学派分为六家，在六家学派中，司马谈对阴阳、儒、法、墨、名五家既有肯定也有否定，唯独对道家则给予了全面的肯定和推崇，认为道家采五家之要，动合无形，使人精神专一。他说："道家无为，又曰无不为，其实易行，其辞难知，其术以虚无为本，以因循为用。无成势，无常形，故能穷万物之情。不为物先，不为物后，故能为万物主。有法无法，因时为业；有度无度，因物兴舍。故曰：'圣人不朽，时变是守。虚者，道之常也；因者，君之纲也'。群臣并至，使各自明也。"①从这段话可知，司马谈认为道的"无为而无不为"思想，实行起来简明易行，可为治国的根本。他认为道使事物在不断地运动变化，所以能顺应万物的变化规律。掌握了道就能通晓万物的成因。不管有法无法，有度无度，只要以虚静为"常"，以道的循环往复为"纲"，就能够使群臣明职分，竭尽全力，报效国家。

二、黄老之学

黄老之学是指黄帝和老子的学说。先秦并没有把黄帝和老子并称，汉朝开始风行。汉朝一些学派为了扩大自己的影响，把中华人文始祖黄帝抬出来，作为自己学派的创始人。黄老学派实为假托黄帝，以老子、

---

① 《史记·太史公自序》，北京：中华书局，1959年。

84

庄子道家学说为主的一种学术思潮。

黄老之学的兴起，既有学术背景，也有政治背景。从学术背景看，儒家学说有完整的理论体系和师承关系，而且儒家是"有为"的学说，主张积极参政。然而，儒家思想在春秋战国时期被诸侯当政者冷落，儒学在政治上没有取得成功。战国时期得势的法家学派帮助秦始皇统一了六国，而秦把法家学说推向极端，加速了秦朝灭亡，使法家策略威信扫地。在儒家不能取胜，法家导致秦朝速亡的学术结局面前，学者和统治者开始寻找容纳各种思想和各种学派的新学术思想。黄老思想正符合这一时代发展的要求。从政治背景看，诸侯混战，楚汉相争，连年战事使新的统治者出现了厌战情绪，人民也不希望战争，休养生息成了大家的共识。黄老的清静无为思想正好适合社会的需要，统治者也希望通过黄老之学的推行，使社会矛盾得到缓解，人民有耕耘环境。在这种政治背景下，黄老之学作为一种思潮，在汉初兴起，不少书籍也以黄帝命名，最有名的就是《黄帝四经》。

（一）《黄帝四经》的黄老之学

《黄帝四经》包括《经法》《十大经》《称》《道原》，它以老子的道学为核心，杂以儒、墨、名、法、阴阳家的思想。

《黄帝四经》观察天地万物的哲学思想，完全继承了老子的阴阳对立转化论。在《经法·四度》中讲："极而反，盛而衰，天地之道也，人之李（理）也。"[1]说明物极必反，胜到顶就走向衰退。在《经法·名理》中讲了老庄以柔克刚的辩证思想："以刚为柔者栝（活），以柔为刚者伐；重柔者吉，重刚者灭。"[2]老子讲的柔弱胜刚强，阴胜阳是绝对的，而《黄帝四经》讲阴阳、刚柔转化是有条件的，不是绝对的无条件。《十大经·姓争》分析了静与作的关系："静作得时，天地与之。静作失时，天地夺之。"在争与不争上也与老子强调的绝对"不争"不同，是文又提出："作争者凶，不争亦毋（无）以成功。"[3]从这

① 马王堆汉墓帛书整理小组编：《经法·四度》，北京：文物出版社，1975年。
② 马王堆汉墓帛书整理小组编：《经法·名理》，北京：文物出版社，1975年。
③ 马王堆汉墓帛书整理小组编：《经法·十大经·姓争》，北京：文物出版社，1975年。

些表述上看，《黄帝四经》既强调遵道行事，又强调发挥人的主观能动性，就是把"无为"和"有为"很好地统一起来。

《黄帝四经》还把道与法结合起来，以道入法。另外，《道原》中还强调"刑名"。这明显是吸收了法家和名家的一些思想，是对老子道学的改造。

（二）《淮南子》的黄老之学

《淮南子》是汉高祖刘邦的孙子淮南王刘安所主编的一部著作。因《淮南子》是集体之作，有些观点有自相矛盾之处，但其基调是道家的无为思想。

《淮南子》有其唯物的宇宙观。书中用道的演化来解释宇宙万物的生成。《淮南子·天文训》指出："天坠未形，冯冯翼翼，洞洞灟灟，故曰太昭。道始于虚霩，虚霩生宇宙，宇宙生气，气有涯垠。清阳者薄靡而为天，重浊者凝滞而为地。清妙之合专易，重浊之凝竭难。故天先成而地后定。天地之袭精为阴阳，阴阳之专精为四时，四时之散精万物。"在这幅宇宙图中，把宇宙生成前的阶段称为"太昭"。道居虚空中，道的运动生出时空，而时空有一种气，轻微之气上扬变成天，重浊之气下沉变为地，天先成而地后成。天地的精气重合为阴阳，阴与阳的精气团聚产生四季，四季的精气分散产生万物。《淮南子》的宇宙生成说，虽与现代科学解释的宇宙生成有很大差距，但至少是排除了神造万物的唯心论，是接近唯物主义的观点。

《淮南子》有其矛盾的天人论。关于天与人的关系，儒家坚持"天人合一"，荀子则主张"天人相分"。《淮南子·原道训》则给出了自相矛盾的天人观。《淮南子·原道训》一方面提出天人对立："所谓天者，纯粹朴素，质直皓白，未始有与杂糅者也。所谓人者，偶睫智故，曲巧伪诈，所以俯仰于世人而与俗交者也。故牛岐蹄而戴角，马被髦而全足者，天也；络马之口，穿牛之鼻者，人也。循天者，与道游者也；随人者，与俗交者也。"[①]这一段话认为天是纯洁、朴素的，人则是邪

---

① 何宁：《淮南子集释·原道训》，北京：中华书局，1998年。

曲不正，巧诈虚伪。牛蹄分岔，头上有角，马蹄完整，颈上被髦，本是自然，人却要给马嘴戴上络物，给牛鼻穿上木棍。从天人的对立中，反映了其道法自然的思想。此外，《淮南子》强调天人对立，是要求人虚无、守静，无为而治，有为者，下场不好："夫善游者溺，善骑者堕"。另一方面又提出天人对应。"天有九重，人亦有九窍。天有四时以制十二月，人亦有四肢以使十二节。天有十二月以制三百六十日，人亦有十二肢以使三百六十节。故举事而不顺天者，逆其生者也。"①这里又讲天是大宇宙，人是小宇宙，天有九重，人有九窍，天运行四季十二月，人身体四肢十二节，天和人完全是相通的。《淮南子》进而还讲天人感应，认为圣人怀天下，能动化天下，从其"故精诚感于内，形气动于天"。可见，人事与天象息息相关。

《淮南子》也讲"无为而无不为"：一方面，《淮南子》从自然主义的立场出发，反对人对自然的改造，主张"无为"，反对"络马口，穿牛鼻"；另一方面，在认识论和政治观上，《淮南子》也有"有为"的一面，认为人的知识是一种巨大的力量，人因为有知识和智慧而能战胜动物，人的认知能力可以"苏援世事，分黑白利害，筹策得失，以观祸福"。人间需要礼义、法度，"设仪立度，可以为法则；穷道本末，究事之情；立是废非，明示后人"。

因《淮南子》为许多人共同所著，虽以道学为主，但儒、法、墨、阴阳、名、兵家各派思想皆有杂陈。但纵观全书，则以道家为主线，是汉初黄老之学的大发展。

第三节　董仲舒的天人合一思想

虽然汉初提倡"自然无为"的黄老思想占了上风，但儒家思想并未泯灭，即便是黄老之学的代表人物陆贾、贾谊、司马谈等人，也有浓厚

---

① 何宁：《淮南子集释·天文训》，北京：中华书局，1998年。

的儒家倾向，反映黄老思想的著作《黄帝四经》《淮南子》中，儒家观点处处可见。汉景帝时，在黄老"无为"思想的影响下，地方势力开始坐大，边疆少数民族入侵，吴楚七国之乱，都表明黄老"无为而治"的思想陷入了死胡同。汉武帝继位后，在政治上想有所作为，对清静无为的黄老之学非常厌倦，开始重视"人治"的儒学思想，采取了尊儒治国方略，儒学随之再次登上政治舞台。这时儒家大师董仲舒脱颖而出，提出了"天人三策"的见解，建议罢黜百家，独尊儒术。他说："《春秋》大一统者，天地之常经，古今之通谊也。今师异道，人异论，百家殊方，指意不同，是以上亡以持一统；法制数变，下不知所守。臣愚以为诸不在六艺之科孔子之术者，皆绝其道，勿使并进。邪辟之说灭息，然后统纪可一而法度可明，民知所从矣。"[1]汉武帝非常赞赏董仲舒的谏言，任命董仲舒为江都王国相，辅助易王。董仲舒还向汉武帝建议兴太学，行礼义，汉武帝采纳了他的意见，在全国设立《诗》《书》《礼》《春秋》《易》五经博士。到西汉末年，出现了"四海之内，学校如林"的局面。

董仲舒是汉代最杰出的儒学大师，其著作《春秋繁露》以儒学为中心，兼收道家、阴阳家、墨家等学派的学术思想，成为一个包容性大、现实性强和政治倾向鲜明的儒学新体系。

一、"天人合一"的宇宙观

道家认为宇宙的本源是道，而董仲舒则认为宇宙的本源是天。他认为天是宇宙中的最高"神"，是万物之始祖，"天者，百神之大君也"[2]，"天者万物之祖，万物非天不生"[3]。他认为人也由天而生，"天亦人之曾祖父也"。[4]这是典型的天人合一思想。

董仲舒认为，君主是天与民的中介："唯天子受命于天，天下受命

① 《汉书·董仲舒传》，北京：中华书局，1962年。
② （汉）董仲舒撰，（清）凌曙注：《春秋繁露·郊语》，北京：中华书局，1975年。
③ （汉）董仲舒撰，（清）凌曙注：《春秋繁露·顺命》，北京：中华书局，1975年。
④ （汉）董仲舒撰，（清）凌曙注：《春秋繁露·为人者天》，北京：中华书局，1975年。

于天子。"①君主上为天的骄子，下为民的父母。王权是"天"授的，君主是代表天的意志来管理人世间。他对"王"字有自己的见解："古之造文者，三画而连其中，谓之王。三画者，天地与人也。……取天地与人之中以为贯而参通之，非王者孰能当是。"②这里充分表达了董仲舒的"君权神授"思想，把君主放在天地人的连线位置，是贯通天地人的唯一力量。这是王权即神权、王权高于人权的封建集权思想。

董仲舒的天有两层意思：一是主宰宇宙的大天。二是与地对应的小天。于是他提出了构成宇宙的"十端"体系："天、地、阴、阳、木、火、土、金、水，九，与人而十者，天之数毕也。"③他把天地人与阴阳、五行安排在一起，要构建一个大统一的宇宙图谱。他还用元气的概念来进一步说明阴阳、四时、五行相配的宇宙图式。"天地之气，合而为一，分为阴阳，判为四时，列为五行"。他把阴阳与四时相配，认为天有阴阳二气，四时也有，春夏为阳，秋冬为阴。天有喜怒哀乐，四时也有，春夏秋冬就是"天"喜怒哀乐的表现。这就是董仲舒的"天人合一"思想。

二、天人感应说

董仲舒在讲"天人合一""君权神授"的同时，又设想到王权滥用问题，提出了"天谴"说，指出君主如不按天意行事，天是会以各种方式谴责的："天出灾异以谴告之。谴告之而不知变，乃见怪异以惊骇之。惊骇之尚不知畏恐，其殃乃至。"④这是典型的用天人感应说来制约王权，君主顺天而行，天就降祥瑞来庇护；不然，天将降灾殃来警告君主，甚至毁灭其位。

董仲舒在讲"天人感应"时有一段文字是这样讲的："为人者天也。人之人本于天，天亦人之曾祖父也。此人之所以上类天也。人之形体，化

---

① （汉）董仲舒撰，（清）凌曙注：《春秋繁露·为人者天》，北京：中华书局，1975年。
② （汉）董仲舒撰，（清）凌曙注：《春秋繁露·王道通三》，北京：中华书局，1975年。
③ （汉）董仲舒撰，（清）凌曙注：《春秋繁露·天地阴阳》，北京：中华书局，1975年。
④ （汉）董仲舒撰，（清）凌曙注：《春秋繁露·必仁且智》，北京：中华书局，1975年。

天数而成；人之血气，化天志而仁；人之德行，化天理而义；人之好恶，化天之暖清；人之喜怒，化天之寒暑；人之受命，化天之四时。"①由此推论，人的身体是大天创造的一个小天，人的"仁德"也是天理所化，人的"正义"是天理所为，人的"好恶"是天的暖清所现，人的"喜怒"是天的寒暑化生，人的"行事"是天的四时反映。董仲舒把人变成了天的副身，人的生理结构、心理因素、社会行为都在反映天的特征，这种"天人感应"的幻化思想近似于现代基因技术的"克隆"。

三、神秘主义认识论

董仲舒在认识论上，坚持的是阴阳相分相合的辩证法。他指出"天道之常，一阴一阳"，阴阳分合是万物变化的内在动因。一切事物都由对立的两个方面合而为一，又一分为二。但无论是讲认识论还是方法论，他都把天意引进来，得出事物变化的根源在"天意"，阴阳、四时、五行、君臣、父子、夫妻关系都是在"天意"的背景下，行使自己的职责。总之，董仲舒讲什么都离不开"天"，因而总是充满着神秘主义色彩。

四、人性论与伦理观

儒家在人性论上大有差别。孔子讲"性相近"，未提性之善恶。孟子讲人性善。荀子则认为人性恶，善是后天教化的结果。董仲舒则认为人的自然之性有"善质"，但不完全皆为善。他说："故性比于禾，善比于米。米出禾中，而禾未可全为米也。善出性中，而性未可全为善也。"②其意思是说人性有善质，但不能说人性就是善。

在伦理问题上，董仲舒提出了"三纲五常"的封建等级。董仲舒认为，君臣、父子、夫妇"三纲"是天道所为，"天子受命于天，诸侯受

---

① （汉）董仲舒撰，（清）凌曙注：《春秋繁露·为人者天》，北京：中华书局，1975年。
② （汉）董仲舒撰，（清）凌曙注：《春秋繁露·深察名号》，北京：中华书局，1975年。

命于天子，子受命于父，臣妾受命于君，妻受命于夫。诸所受命者，其尊皆天也，虽谓受命于天亦可"①。就是说，君、父、夫对臣、子、妇享有与天一样的尊严和权威。除"三纲"外，董仲舒还提出了"五常"，也叫"五纪"，是指忠、孝、仁、义、礼五种封建道德规范。他以"金、木、水、火、土"五行为依据，把自然道德化，伦理神圣化，人伦天理化，说明"五常"的永恒性和合理性。董仲舒就此把人伦与天道结合起来，以"阳尊阴卑"为原理，倡导"君为阳，臣为阴；父为阳，子为阴；夫为阳，妻为阴"。董仲舒的这一封建道德体系，后来成为中国封建社会的主流思想，维护中国封建统治两千多年，是我们现在要批判的。

董仲舒的儒学思想，充满着神学色彩。他直接将儒家经学神秘化，又用"天人感应"、灾异比附的理论阿谀君主专制，从而使经学与谶纬合流，以至于使经学谶纬化，把经学引向了神学迷信的邪路。

第四节　王充的唯物论思想

王充是东汉最伟大的无神论者。东汉谶纬之学笼罩朝野，学术堕落到同迷信鬼神相提并论，王充对《春秋繁露》《白虎通义》的儒学体系进行了深刻批判。王充通过揭露"天人感应"的神学目的论和世俗鬼神迷信思想，形成了自己的唯物主义自然观、社会观和真理论。他穷三十年而完成的巨著《论衡》，是其作为一位唯物主义哲学家的不朽之作。

一、核心宇宙观——元气自然说

王充作为我国古代杰出的唯物论者，首先对汉朝的统治意识形态开刀，提出了元气自然说的核心宇宙观。王充认为天并不是主宰宇宙的最

---

① （汉）董仲舒撰，（清）凌曙注：《春秋繁露·顺命》，北京：中华书局，1975 年。

高神，天、地、人和万物都是自然的存在，由元气的运动所形成。他在《论衡·自然》中说："天地合气，万物自生，犹夫妻合气，子自生矣。万物之生，含血之类，知饥知寒。见五谷可食，取而食之；见丝麻可衣，取而衣之。或说以为天生五谷以食人，生丝麻以衣人。此谓天为人作农夫桑女之徒也，不合自然，故其义疑，未可从也。试以道家论之。"王充认为，宇宙中充塞着一种气，叫"元气"，天气和地气相交合，而生出万物，不是天生万物。天、地虽大，由阴阳二气交合而生成，万物也如此。王充指责了天给人衣食的荒谬性，如果"天生五谷以食人，生丝麻以衣人"，那天不就成了人的奴仆，替人做"农夫""桑女"了吗？人作为血肉动物，知饥知寒，见五谷食，见丝麻衣，都是人的自然行为，与天意根本没有关系。

"天地合气，万物自生"的宇宙生成论是用物质要素来解释万物的生成，包括天地生成的唯物主义宇宙观，这就把人们对宇宙万物生成的认识由神学引向了科学。王充还以大量的论据，以层层分析的方法，说明万物的自然性和天的"不为"。如"天无口目，故天不为"，是说天无口目，"于物无所求索"，因而无所作为。王充认为天的运行与人相似，都是元气在起作用，是自然状态。另外，古人将"河出图，洛出书"说成是君权神授，人事在天意，王充认为黄河呈现出的图，洛水出现的书，不是天神以笔墨画成，而是自然形成。

王充以元气说、自然论把"天人感应""天谴人事"的神学目的论批驳得体无完肤，他的唯物主义宇宙观是人类认识世界的一大进步。

二、辩证地看待无为与有为

王充认为元气动而生万物。天不能生万物，是元气在起作用而万物生；不是人有生育的愿望才生子女，而是人体的元气动才可以生子女。所以天与人的本性都是"无为"的，"有为"的是元气。

王充以庄稼生长过程为例，讲"无为"与"有为"的关系。他说："然虽自然，亦须有为辅助。耒耜耕耘，因春播种者，人为之也。及谷入地，日夜长夫（大），人不能为也。或为之者，败之道也。宋人有闵其苗之不长者，就而揠之，明日枯死。夫欲为自然者，宋人之徒也。"①这是说庄稼自然生长是"无为"，但人若不管，庄稼不可能丰收；所以人要通过"有为"，耕耘土地，春天播种。但有为也不能过头，违背自然规律，不能像宋国人那样，希望禾苗长得快，而"揠苗助长"。

王充也看到"无为"并不适应任何人，提出了圣人"无为"，不肖者"有为"的观点。他从天赋上把人分为"圣人"与"不肖者"，认为圣人元气充足，能效法天的无为，而不肖者元气不足，要有为。王充把政治地位低下者、体力劳动者看成是不肖者，需要种田、织布、从军，靠劳作吃饭，要"有为"。不然无为者无人养活，有为者自身也穷困潦倒。这些观点，从辩证的角度看是说清了"无为"与"有为"的关系，但他的局限性是站在了劳动者的对立面。

三、非神非鬼说

王充在认识自然、社会、人生上同经学家的"天人感应"、阴阳家的五行相克，以及充满迷信色彩的谶纬说针锋相对，并在批判神学的过程中建立了自己的认识论。

王充在《论衡·感虚》中批判《白虎通义》将天作为有道德目的的至尊神时说："夫天亦远，使其为气，则与日月同；使其为体，则与金石等。"他又在《论衡·谈天》中说："天地，含气之自然也。"这表明，王充认为天不具备理性和情感愿望，同日月金石相类，是气在变化。这显然是视"天"为物质世界。

王充对经学家和阴阳家的五行相克理论给予了充分揭露，从多方面分析了这一学说的荒谬性。阴阳家用天干地支解释人的属相，得出五行相生相克。王充批驳说："午，马也。子，鼠也。酉，鸡也。卯，兔也。"但"水胜火，鼠何不逐马？金胜木，鸡何不啄兔？亥，豕也。未，羊也。丑，牛也。土胜水，牛羊何不杀豕？"②可见五行相生相克

① 黄晖：《论衡校释·自然》，北京：中华书局，1990年。
② 黄晖：《论衡校释·物势》，北京：中华书局，1990年。

充满着自相矛盾，难以自圆其说。

王充既反对神学，也反对鬼说。他反对神学集中在把"天"当神、天人感应、"天谴"上，反对鬼说集中在他的《论死》《死伪》《订鬼》三篇驳论文中。在《论死》中，王充提出了一个总论题："世谓人〔死〕为鬼，有知，能害人。试以物类验之，人〔死〕不为鬼，无知，不能害人。何以验之？验之以物。"并从六个方面驳斥了人死为鬼的观点：

（1）人是物的一类，物死不能为鬼，人死同样不能为鬼。"人，物也；物，亦物也。物死不为鬼，人死何故独能为鬼？"

（2）人的生命在于有精气，人死精散，哪能为鬼。"人之所以生者，精气也，死而精气灭。能为精气者，血脉也。人死血脉竭，竭而精气灭，灭而形体朽，朽而成灰土，何用为鬼？"

（3）人见鬼如生人一样，人死精散形亡，哪能同活人一样，可见人死为鬼是妄说。"人见鬼若生人之形。以其见若生人之形，故知非死人之精也。何以效之？以囊橐盈粟米。米在囊中，若粟在橐中，满盈坚强，立树可见，人瞻望之，则知其为粟米囊橐。何则？囊橐之形，若其容可察也。如囊穿米出，橐败粟弃，则囊橐委辟，人瞻望之，弗复见矣。人之精神，藏于形体之内，犹粟米在囊橐之中也。死而形体朽，精气散，犹囊橐穿败，粟米弃出也。粟米弃出，囊橐无复有形，精气散亡，何能复有体，而人得见之乎！"

（4）天地间火灭后不能复为火，同样人死后不能复活。"天地之性，能更生火，不能使灭火复燃；能更生人，不能令死人复见。〔不〕能使灭灰更为燃火，吾乃颇疑死人能复为形。案火灭不能复燃以况之，死不能复为鬼，明矣。"

（5）衣服无精神不能转活，人死为鬼，就见到的是裸体之形，为何见到穿衣之鬼。"夫为鬼者，人谓死人之精神。如审鬼者死人之精神，则人见之，宜徒见裸袒之形，无为见衣带被服也。何则？衣服无精神，人死，与形体俱朽，何以得贯穿之乎？精神本以血气为主，血气常附形体。形体虽朽，精神尚在，能为鬼可也。今衣服，丝絮布帛也，生时血气不附着，而亦自无血气，败朽遂已，与形体等，安能自若为衣服之形？由此言之，见鬼衣服象之（人），则形体亦象之（人）矣。象之（人），则知非死人之精神也。"

（6）死者以亿万计，地球上走一步就可能有一鬼，机遇言见鬼者一二，说明见鬼有假。"天地开辟，人皇以来，随寿而死，若中年夭亡，以亿万数。计今人之数，不若死者多。如人死辄为鬼，则道路之上，一步一鬼也。人且死见鬼，宜见数百千万，满堂盈廷，填塞巷路，不宜徒见一两人也。"①

从以上论点来看，王充是一个彻底的无神论者。

第五节　王符《潜夫论》的民本观念

王符出生在今甘肃镇原，毕生所著《潜夫论》，是博大精深的理论著作。

《潜夫论》的主要内容大多为讨论时政的政论性文章。从东汉和帝起的百余年，汉室走入衰败，外戚和宦官轮流操纵政治，为争取权力相互厮杀，徭役并起，农桑失业。在这种历史背景下，王符不与当世同流合污，至死不升官晋爵，愤世嫉俗，长期隐居，奋笔疾书三十六篇，以评论时政得失。为了不显其名，起名《潜夫论》。

从《潜夫论》可以看出，王符的思想吸收了先秦儒、道、墨、兵各家思想，又采纳了经学思想，吸收而不因袭，重在对现实的解剖分析。

一、揭露时弊，选贤任能

王符在《潜夫论·考绩》篇中对当时腐败黑暗的官场面目做了深刻揭露：

> 今则不然，令长守相不思立功，贪残专恣，不奉法令，侵冤小

---

① 黄晖：《论衡校释·论死》，北京：中华书局，1998年。

民。州司不治，令远诣阙上书讼诉。尚书不以责三公，三公不以让州郡，州郡不以讨县邑，是以凶恶狡猾易相冤也。侍中、博士谏议之官，或处位历年，终无进贤嫉恶拾遗补阙之语，而贬黜之忧。群僚举士者，或以顽鲁应茂才，以桀逆应至孝，以贪饕应廉吏，以狡猾应方正，以谀谄应直言，以轻薄应敦厚，以空虚应有道，以罔暗应明经，以残酷应宽博，以怯弱应武猛，以愚顽应治剧，名实不相副，求贡不相称。富者乘其材力，贵者阻其势要，以钱多为贤，以刚强为上。凡在位所以多非其人，而官听所以数乱荒也。①

从这里可以看出，汉末的整个官僚体系腐烂之重，君主身边的公卿大夫"不思立功"，州郡官吏玩忽职守，谏官提不出好建议，官场举士人妖颠倒，愚顽者充茂才，不孝者充孝子，贪利者充廉吏，奸诈者充方正，造成钱多为贤，强悍为上，以空虚为有道，以轻薄为敦厚，整个朝廷道德沦丧，弄虚作假成风。

在揭露汉末官僚体系腐朽的同时，王符提出了自己的治吏方案，其实质就是按儒家的礼制思想，选贤任能，建立等级责任制，使官吏忠于职守，各司其职，名实相符。怎样才能建立廉洁奉公的好吏制呢？王符提出了按官吏的功过大小进行"考绩"的奖罚制度。考绩的标准是"好德""尚贤""有功"，达到这三条，加赏，违背这三条，除爵、除封地。对那些居上位而不能进贤者要驱逐，对那些掌握国家权力"无益于民者"要严加斥责，对那些附下罔上者要处死刑。王符的思想既尊儒又效法，突破了门户之见，但在汉朝末年经济政治危机全面暴发、贪腐枉法盛行的情况下，他的以德治吏和以法治吏是很难实现的。

二、《潜夫论》的务本治国论

汉末不但吏制腐败，而且社会风气的败坏已达极限。王符在《潜夫论·务本》篇中对那些"学问之士""诗赋者""列士者""孝悌者"

---

① （汉）王符著，（清）汪继培笺，彭铎校正：《潜夫论笺校正·考绩》，北京：中华书局，1985年。

"人臣者"的丑恶嘴脸彻底批驳,所谓"学问之士",不是"遂道术而崇德义",而是"好语虚无之事,争著雕丽之文",是在做"伤道德之实"的事。所谓"诗赋者",不是"颂善丑之德""泄哀乐之情",而是"饶辩屈蹇之辞""诬罔无然之事"。所谓"列士",则是一些"交游以结党""偷世盗名"之徒。所谓"孝廉者",平日对父母"违志俭养",等到离世后,则"盛飨宾旅以求名"。所谓"居官者",不是"忠正以事君,信法以理下",而是"奸谀以取媚,挠法以便佞"之徒。

汉末奢侈之风大作,弃本重末成为趋势,甚至欺诈成风,巧伪成灾。在这种现实面前,王符坚持重本抑末,而且把"本"由经济延伸到社会、文化等领域。

王符先提出立国之本,这就是"富民"和"正学"两件大事,用今天的话说就是发展经济和发展教育。《潜夫论·务本》篇曰:"凡为治之大体,莫善于抑末而务本,莫不善于离本而饰末。夫为国者以富民为本,以正学为基。民富乃可教,学正乃得义,民贫则背善,学淫则诈伪,入学则不乱,得义则忠孝。故明君之法,务此二者,以为成太平之基,致休征之祥。"这里的"治之大体",就是国家的大政方针。只要把"富民"和"正学"两件事推行,其他事就可迎刃而解。因为人民富了,才能接受教育,人民如果处于贫困状态,就会背离善事而做坏事;同样人民受到了"正学"教养才知道讲正义,有了正义观念,才能做到忠君孝亲。把"富民""正学"两个国策贯彻好,国家必然太平,人民必然安居乐业。

王符在阐述立国之"本"后,提出了生产领域要以"农"为本、以"游"为末的农本思想。《潜夫论·务本》篇说:"夫富民者,以农桑为本,以游业为末"。这就是以农业,主要是种植业为主,而"游业"是指商品的买卖等末业。末业不是社会不需要,而是要引导大量人从事农桑,少数人从事商业经营。王符也肯定各种手工业者存在的合理性,但"百工"行业中要以制造实用器具为本,而以装饰外表为末。商业的存在也有必要,但也要区分其中的本末。

王符在论证经济的同时,在教育、政治、道德领域也谈"本"。《潜夫论·务本》篇说:"教训者,以道义为本,以巧辩为末;辞语者,以信顺为本,以诡丽为末;列士者,以孝悌为本,以交游为末;孝悌者，以致养为本，以华观为末；人臣者，以忠正为本，以媚爱为末。"这里采取一正一反的辩证分析方法，在非经济领域谈本与末的关系，这些务本抑末的说教，就是要在政治和社会生活领域以儒家礼制来匡正歪门邪道，用儒家仁义道德来治理社会乱象。

王符把"本""末"概念放大，是对先秦农本理论的发展。更难能可贵的是王符对末业并不贬斥，而给末业以生存的环境，表明他看到了社会分工的必要性。

三、《潜夫论》的民本与治民理论

民本是《潜夫论》的中心议题。王符提出了人民是国家存在基础的理论。《潜夫论·爱日》云："国之所以为国者，以有民也；民之所以为民者，以有谷也；谷之所以丰殖者，以有人功也；功之所以能建者，以日力也。"就是国以人民为本，人民以衣食为本，而衣食得于人民的劳作，而劳作，国家要给人民时间和条件。

王符在《潜夫论》中，用天人合一、阴阳变化的儒家思想解释民本观念。他说："凡人君之治，莫大于和阴阳。阴阳者，以天为本。天心顺则阴阳和，天心逆则阴阳乖。天以民为心，民安乐则天心顺，民愁苦则天心逆。民以君为统，君政善则民和治，君政恶则民冤乱。君以恤民为本，臣忠良则君政善，臣奸枉则君政恶。"王符在这里重复了董仲舒的天人感应理论，提出了"天心"与"民心"的高论，认为君主治国要做到阴阳和，而阴阳者以天为本，天又以民为本，也就是"民心"即"天心"，如果君主有逆天行为，民心不顺，天会降灾难警告君主。因而君主要做到"民安乐则天心顺"。君与民的关系又是统治与被统治的关系，"民以君为统"，但君不能随心所欲地统治臣民，而要以"恤民为本"，行"善政"，不然则天心不顺，君位就岌岌可危。这就正告君主"天心知民心"，君主也一定要知民心，才不失天子之职。

王符在确立"以民为本"的观点时，又提出了君主治民的方略。王符一方面认为没有民的劳作，君主的统治就失去了经济基础，"一夫不耕，天下必受其饥者；一妇不织，天下必受其寒者"。另一方面，他又认为君与民不是平等的，君是治民者，民是被役使者。而民并不是在任何时候都是良民百姓。《潜夫论·浮移》中说："今民奢衣服，侈饮食，事口舌，而习调欺，以相诈绐，比肩是也。"鉴于这种情况，君主必须要治民。治民的主要方式是教诲，"是故明王之养民也，忧之劳之，教之诲之"。通过教诲才能达到"慎微防萌，以断其邪"的目的。王符认为"不伤财，不害民"，但民不能放纵，即"民固不可恣也"。对民一定要有禁、有度，"无禁则淫，无度则失，纵欲则败"。

第六节　《史记》《汉书》的史学价值及影响

中国古代经史不分，春秋战国诸子百家学说产生后有了学术的分化。汉朝特别重视总结历史经验，曾委托一些儒生编写历史著作，有名的如陆贾的《楚汉春秋》、贾谊的《过秦论》。司马迁的《史记》和班固的《汉书》开创了纪传体书写历史的先河，前者以纪传体写通史，后者以纪传体写断代史。这两部著作不仅是汉朝史学发展的翘楚，而且是我国史学史上最有学术价值的经典之一。

一、司马迁的《史记》

司马迁（前 145—？ ）的祖上为史官世家，因春秋战国时期的社会大变动，失去了世袭的史官位职。到他父亲司马谈时，又重新成为朝廷史官，被任命为太史令。司马谈精通天文、易理和黄老之学，对古代的历史及各学派的学术思想有很深厚的研究，其《论六家要旨》对诸子百家学说进行了较为准确的分类，并且对各家的长处和不足都有经典性评论。后来司马谈到长安学习古代经典，跟大学者孔安国治《尚书》，从董仲舒学习《春秋》，还向著名天文学家唐都、易学家杨何、黄老学家黄生求学，学问大增，为日后司马迁著《史记》（原名《太史公书》）

打下了坚实的基础。

司马谈死后三年，司马迁继承了太史令的职务，开始系统阅读和整理皇家图书、史料。司马迁任太史令后，李陵在攻打匈奴时战败投降，汉武帝不考虑李陵的战功和寡不敌众的处境，对李陵定灭族之罪，朝廷文武百官随声附和，唯独司马迁为李陵辩护，触怒汉武帝，被判处腐刑。为了完成《太史公书》，他只得接受宫刑。处在极度屈辱与痛苦中。但他述往思来，以周文王、孔子为榜样，列举了一大批先贤在困境中著书立说的事迹鼓励自己："昔西伯拘羑里演《周易》；孔子厄陈蔡，作《春秋》；屈原放逐，著《离骚》；左丘失明，厥有《国语》；孙子膑脚，而论兵法；不韦迁蜀，世传《吕览》；韩非囚秦，《说难》、《孤愤》；《诗》三百篇，大抵圣贤发愤之所为作也。"①司马迁以坚忍不拔的毅力，坚持完成了《太史公书》的撰写，就是我们现在看到的《史记》。

《史记》是"究天人之际，通古今之变，成一家之言"的史学著作，著述跨度上自轩辕黄帝，下迄汉武帝时止，纵贯上下数千年，横及诸国各阶层，按纪、表、书、世家、列传五类分目，共著十二"本纪"、作十"表"、八"书"、三十"世家"、七十"列传"，凡"百三十篇，五十二万六千五百字"，是汉武帝之前中国历史上规模最为浩大的史学巨制。司马迁在中国史学上的成就如巍巍五岳，横空出世，千秋之功，光照万世。说他前无古人，一点也不过分。其最大的成就包括：

一是建立了中华文明史上最可靠、最权威的文献资料库。司马迁的《史记》是一个巨大的文献馆和史料库，而且其可靠性、准确性为后人惊叹。自班固写《汉书》起，我国之后的史学著作、文学著作和科学著作，关于汉武帝以前的史料，无不从《史记》中寻找和引证。司马迁的《史记》可以说是对汉武帝之前中国各类历史资料、文献典籍的综合利用之作。历史学家从《史记》引用的文献资料分析，认为司马迁采用了《诗经》《尚书》《春秋》《左传》《国语》《中庸》《王言》《论语》《秦记》《世本》《战国策》《楚汉春秋》等历史文献的大量史料，并对各类史料进行了剖析梳理，去伪存真，鉴别品评，使《史记》

① 《史记·太史公自序》，北京：中华书局，1959 年。

的史料具有一定的准确性和可靠性。

二是完成了中华文明史上的第一部通史。《史记》之前记述历史的文献不少，但没有一部综合性很强且完整的通史。先秦以前，我国也产生了不同形式的史学著作，如按编年记事的《春秋》，分国记言记事的《国语》《战国策》，也有专门记言的《尚书》，采各家之言的《吕氏春秋》。但这些史书，都是从一个侧面反映一国、一个时期的历史风貌，而没有一部贯穿上下数千年，兼容各个朝代，涵盖各个领域，记言、记事、记人为一体的通史。司马迁的《史记》正是一部"究天下之际，通古今之变，成一家之言"的通史。《史记》从黄帝起到汉武帝止，共记述了中华民族三千年的历史。司马迁不仅写上层人物，也写下层人物；不仅写男子，还记载了很多女性人物；不仅写汉族，还写了众多少数民族；不仅写中国，还写了外国的一些情况。所以说《史记》是中国第一部优秀的通史。

三是创造了史学史上的完整体例。司马迁是我国纪传体史书的鼻祖，《史记》是我国第一部纪传体的史书，全书按照纪、表、书、世家、列传五种分类而编纂。"本纪"是记载帝王兴衰的著作，它以时间为纲，有年份可考者分年，没年份可考者则分代，共有十二本纪。"表"记载侯王历代大事，共有十表。"书"记载国家的大政大法、文化典章制度，共有八书。"世家"采取编年和纪传的形式记载诸侯、贵族、圣贤及各类精英人物及其家族的历史，共有三十世家。"列传"主要记载杰出人物、周边民族及外国历史，体量最大，共有七十列传。司马迁创造的体例成为我国史学家写史的基本准则。

《史记》是一部史学著作，其内容充分表达了司马迁对天人关系、社会人生、历史规律、王朝兴衰的深刻见解和论断，反映了司马迁的宇宙观、人生观、历史观和价值观。司马迁写《史记》既重视史料、知识，又十分重视思想、价值判断和认知的科学性。因此，说《史记》是一部学术思想深邃的历史哲学巨著一点也不过分。司马迁不仅是中国史学之父，而且是世界古代最伟大的史学家之一。《史记》不仅是中华民族的宝贵文化遗产，而且是世界性的文化典籍。

二、班固的《汉书》

班固是汉代的著名史学家，同司马迁齐名。如果说司马迁是中国纪传体通史之父的话，则可称班固为中国纪传体断代史之王。

班固的先祖为汉代名门望族，汉成帝时，班氏家族有女子入选皇宫，其家族成为皇亲国戚。班氏家族重文化修养，多为著名学者。班固的父亲班彪是汉代的著名学者，曾补写司马迁的《史记》。班固自幼受家庭学术影响和熏陶，有文采，长诗赋，16岁便博览群书，穷究九流百家之言。建武三十年（54年），其父班彪去世，他决心继承父业，开始编写《汉书》。编纂中有人告他私改国史而入狱，其弟班超上书汉明帝为他辩冤。汉明帝看了班固的书稿，非常赏识他的才学，就命班固为兰台令史，随后又升为郎、点校秘书。他除了编写《汉书》外，还参与编撰东汉的历史，《东观汉记》其中有一些篇章出自班固之手，他还综述白虎观会议儒生研讨的成果，形成《白虎通义》一书，他还与陈宗等人共撰《世祖本纪》。班固也是辞赋大家，其《两都赋》也名扬天下。

班固撰写《汉书》，历时20余年。他死后，八表和《天文志》尚未完成。汉和帝又下诏由班固的妹妹班昭继写未成部分。班昭"博学高才"，终于完成了其兄的未竟之业，《汉书》最终由马续定稿，全书共有十二本纪、八表、十志、七十列传。

《汉书》为中国第一部纪传体断代史，《汉书》的记载，上起刘邦被封为汉王元年（前206年），下终王莽地皇四年（23年），以西汉一朝为主，同时亦囊括了四年楚汉之争、十五年王莽改制，共二百三十年的史事。《汉书》中所载汉武帝以前之纪、传，多用《史记》旧文，汉武帝以后之史事，则为新撰。汉书虽沿用史记旧文，却补充了大量新的资料，并非完全抄袭。如纪，大量增补了当时的诏令等文献，因此比《史记》更显得有史料价值。

《汉书》中的"纪"是从汉高帝至汉平帝的编年大事记。虽写法上与《史记》略同，但不称本纪，如《高帝纪》《武帝纪》《平帝纪》等。由于《汉书》始记汉高祖立国元年，故将本在《史记》本纪中的人物如项羽等人改置入传中。

《汉书》中的"表"多依《史记》旧表而新增汉武帝之后之沿革。前六篇记载包括汉初同姓诸侯之《诸侯王表》,异姓诸王之《异姓诸侯王表》,高祖至成帝之《功臣表》等。后两篇为《汉书》所增,包括《百官公卿表》和《古今人表》,其中《古今人表》一门,班固把历史的著名人物,以儒家思想为标准,分为四类九等表列出来;《百官公卿表》则详细介绍了秦汉之官制。

《汉书》中的"志"专记典章制度的兴废治革。由于《汉书》已用"书"为大题,为免混淆,故改"书"为"志"。《汉书》十"志"是在《史记》八"书"的基础上加以发展而形成的。

《汉书》中的"列传"仍依《史记》之法,以公卿将相为列传,以时代顺序先专传,后次类传,再次为边疆各族传和外国传,最后以乱臣贼子王莽传居末,体统分明。

《汉书》开创了断代为书的先河,体例亦为后世所效仿。自秦汉以来,本朝人往往不敢直评本朝政治,忌讳甚多。而断代史编写,因前朝已亡,评述起来,危疑较少,较易发挥。自《汉书》一出,此后正史均以断代为史。

班固的《汉书》不只是一部为汉王朝歌功颂德的史书,也是一部千古不朽的历史文献。同《史记》一样,注重从史实出发,探索历史上王朝兴亡的教训和客观发展规律。《汉书》所做的贡献在于:一是开创了正史体例,其断代史的叙史方法,体例为后世沿袭。二是继承了纪传体优点,此后正史均沿用纪传体。三是扩大了历史研究的领域,《食货志》为经济制度和社会生产状况提供了丰富的史料;《沟洫志》系统地叙述了水利建设;《地理志》是中国第一部以疆域政区为主体的地理著作,开创了后代正史《地理志》及地理学史的研究。四是开创了目录学,在《艺文志》中,将古代的学术著作区分为六大类三十八小类,是中国现存最早的图书目录及学术文化史。五是保存了珍贵的史料,西汉一朝有价值的文章,《汉书》几乎搜罗殆尽。六是开创了断代为史的编纂体例,受到后来史学家的赞誉,并成为历代正史编纂的依据。七是保存了许多重要的历史文献,《汉书》80万字,除帝纪部分增加了不少重要诏令外,还在人物传记中收入大量政治、经济、军事和文化方面的奏疏、对策、著述和书信。

第五章　魏晋南北朝的社会动荡
与社会科学的自由发展

如果从 196 年曹操挟天子以令诸侯算起到 581 年隋朝建立为止，共 386 年，在历史上称为魏晋南北朝时期。这是中国历史上大分裂大混乱时期，而社会科学则显示了与政治动荡的极不相符性，出现了社会科学繁荣发展的新局面。以玄学为核心的学术新风，把中国的学术与文化推到了一个新的高度。

第一节　魏晋南北朝的玄学

玄学是魏晋时期的主流学术。玄学家以原始经典《周易》《老子》《庄子》为依据开展纵深研究，又称为"三玄"之学。玄学的含义是玄远、玄妙，源于《老子》的"玄之又玄，众妙之门"。

一、清谈与玄学

魏晋玄学起源于"清谈"。"清谈"首先从名法入手。三国时期，曹操、诸葛亮这类政治家，出于政治统治的需要，推行名法之术，在选用人才方面"循名责实""用人唯才"，在政治军事方面"修明法治"，赏罚分明。在这种政治背景下，名士阶层竞谈名法，曹魏政权谈名法更是蔚然成风。《后汉书·郑太传》曰："孔公绪，清谈高论，嘘枯吹生。"说这位清谈高论的孔公绪，是一个吹牛吹得天花乱坠的人，就好像轻吹一口气能使枯木复活，讲清谈中充满玄机。魏晋时"清谈"的一个主题是谈抽象的人的"才性"，有言才与性同，有言才与性异，有言才与性合，有言才与性离。谈才性者多为朝廷要官，尚书傅嘏认为才与性相同，中书令李丰认为才与性相异，侍郎钟会认为才与性相合，屯骑校卫王广认为才与性相离。魏晋名理家在品鉴人物上，由探讨人才的名实、德才问题，进入谈论人物的特质及人物的性情这些普遍抽象的问题，并由人物本性的抽象谈论延伸到探讨天地万物的本源问题。这就涉及后来玄学谈论的一些主题，包括本末、有无、言意之辩。到魏晋中期，谈名理与谈老庄合流，谈名理变为谈玄，那些谈玄的名士成为知识分子阶层的理想人物。到正始年间，玄学正式形成。研究玄学兴起的缘由，一是政治动乱，逼使一些名士退隐谈玄。二是经学衰退，学者不得不另辟路径。

二、正始玄学

"正始"是三国时期曹魏政权第三位皇帝曹芳的年号，魏晋玄学在这一时期正式形成，所以把这一时期的玄学又称为"正始之音"，其代表人物是何晏和王弼。

（一）何晏的玄学

何晏父早卒，曹操纳其母为夫人，被曹操收为养子。史称何晏幼而明惠若神，深受曹操喜爱。曹爽执政时任吏部尚书。正始十年（249年），因辅曹爽秉政，事败后同曹爽一起被司马懿杀害。何晏一生著述颇丰，有《孝经注》1 卷、《论语集解》10 卷、《官族志》14 卷、《魏明帝谥议》2 卷、《老子道德论》2 卷、《何晏集》11 卷，现留存只有《论语集解》。

何晏针对儒道对立而又各自陷入学术危机的局面，采取援道入儒的方式，力图使儒道两家学说由异而同。何晏从"道"入手，认为儒家和老子都讲"道"，并从"无名"开始论证，以调和孔、老。他认为，老子、孔子都认为道本无名，而名是勉强给予的一个空虚的符号。无名者，往往得普天下之大名。他还指出圣人因无名而有名，因无誉而有誉，名与无名，誉与无誉皆由道之所然，这就是"无名为道，无誉为大。"何晏的论证，中心意思是说道本无为，无是万物的根据，世界的本体是无，有是无的衍生，有包含在无之中。

何晏把儒道两家的差异，用"无"来加以消除，中心思想是说明万物的本体为无。学派之间的差异，似乎是各派的错觉，一旦体悟到宇宙万物的根本，差异就变成了相通。

何晏虽善清谈，但这种清谈已不是闲谈，也不限于品鉴人物，而是由道入儒，儒道融合，把谈论的目标放在"究天人之际"，最终形成以无为本的玄学本体论。何晏的清谈与说玄，不是追求人生的清静无为，而是在追求真理，在他看来，这是无，无为道之本，也是万物之本。

（二）王弼的玄学

王弼是汉末著名学者王粲的侄孙，其父做过曹魏的尚书郎。王弼年轻时受到名士何晏、裴徽、傅嘏等人的重视。王弼也是悲剧人物，司马氏灭曹爽，何晏被灭三族，王弼因株连被免官，同年因病而亡，年仅二十四岁。王弼著有《老子道德经注》《老子指略》《周易注》《周易略例》《论语释疑》等书。

王弼的哲学观同何晏一样是以无为本，他在《老子指略》中说："无形无名者，万物之宗也。"这显然是指老子的道，而道的本质属性是无，由此可说无是万物之宗。王弼对有和无的关系在论述中认为，世界上的万事万物，表现为有，但它们都以无为根据，无为本，有为末，是一种母子关系，无为母，有为子。他进一步论证，无为体，有为用，不能合体而为用；无与有的关系又是一与多的关系，万事万物，"其归一也"。由万物为一，导无为一，一可谓无。

三、竹林玄学

竹林玄学与正始玄学相距不远，但在玄学思想内容上却有差异。所谓竹林玄学，是以嵇康、阮籍、刘伶、向秀、山涛等"竹林之游"的学者而得名，反映的主要是这些学者的玄学思想。竹林玄学产生于司马氏黑暗的统治时期。司马氏于公元265年篡夺权位建立晋朝，他提倡儒学名教，标榜以孝治天下，而实则推行的是暴政，何晏被杀，王弼遭贬病亡，正始玄学学者相继被杀害，形成一片恐怖局面。面对这种现实，多数有识之士产生失意、恐惧、悲观的精神状态，为全身避祸，采取隐匿遁世的态度，以对抗这种黑暗的现实。"竹林七贤"正是当时知识分子的代表。

（一）嵇康的玄学

嵇康做过曹魏政权的"中散大夫"，司马氏当政后，他隐居不仕，与阮籍等人游山玩水，评议时政。嵇康对司马氏诛杀异己、倡导虚伪"名教"的行径深恶痛绝，给予无情揭露与鞭挞，最终为司马氏所杀害。收入《嵇康集》的有《声无哀乐论》《太师箴》等。

嵇康在宇宙观上主张元气自然说，认为元气的运动形成了天地和人类。元气陶化天地万物，是自然的变化，非人力所为。不仅宇宙要依自然规律变化，君主的统治秩序，也为自然规律左右。在嵇康的视野里，天地万物都是无为而自然的，"天地合德，万物贵生，寒暑代往，五行以成。"

在认识论上，嵇康坚持"心物为二"的观点。他在《声无哀乐论》中，对那种"治世之音安以乐，亡国之音哀以思"予以否认，指出自然的声同人的情是两回事，更不是主观的情决定于客观的声。这是嵇康的自然本体论。

嵇康玄论的革命性表现为"越名教而任自然"，强调了个性、人格的独立和对自由的追求。

（二）阮籍的玄学

阮籍出身世族儒门，同嵇康为密友，其学术思想与嵇康相同，其代表作有《达庄论》《大人先生传》，著作汇为《阮嗣宗集》。

阮籍坚持自然宇宙论，他在《达庄论》中指出："天地生于自然，万物生于天地。自然者无外，故天地名焉。天地者有内，故万物生焉。"阮籍认为天地万物与自然本为一体，处于一种和谐状态。不仅天地万物与自然同体，而人也一样。因而人生应当与万物并行，过一种不受外在规范制约的自由、恬静的生活。

阮籍对名教礼法的虚伪和反自然性予以尖锐批判，同嵇康一样坚持"越名教而任自然"。他在《大人先生传》中对远古自然的社会和后世的礼法社会做了对比，高度赞赏自然社会，深刻讽刺礼法社会。阮籍的理想社会既有原始共产主义的特征，也有老子"小国寡民"的色彩，更多的是庄子的齐生死，无君无臣的超现实社会。在这个社会中，"害无所避，利无所争。"无利害所争的社会就是人直接以自然物为衣食的远古群居社会。

嵇康、阮籍的自然本体论和反名教的精神，带来了学术思想的解放，但追求独立人格、个人自由的做法给当时的知识分子阶层带来了灭顶之灾。

四、中朝玄学

中朝玄学又称元康玄学，历史上为西晋中后期的晋惠帝时代。继嵇康、阮籍之后，玄学以另一种面貌再度出现。嵇康、阮籍"越名教而任自然"的主张，促进了社会思想的解放，推动了魏晋学术的发展，但他们蔑视社会规范，放纵个人行为的态度，给社会带来了消极影响，名士官僚"口谈浮虚，不遵礼法"的不良习气，造成社会丑态百出。面对这种现实，玄学家另辟蹊径，再创新说。裴颛、郭象、向秀则成为这一时期玄学的代表人。

（一）裴颛的崇有论

裴颛针对"贵无论"，著有《崇有论》。裴颛认为，"贵无论"对人生的静守说教是违背人的生存需求的。"贵无论"的玄学家，都认为宇宙的本体是无，无生阴阳，无生天地，无生万物。裴颛看出了其中存在的矛盾，认为如果以无制有，以无为制有为，万物的本体仍然是无，无什么都不是，它怎么生有，有从无生就难以明理。

裴颛由此提出了"万物自生论"，他在《崇有论》中说："夫至无者，无以能生，故始生者，自生也。自生而必体有，则有遗而生亏矣。生以有为已分，则虚无是有之所遗者也。故养既化之有，非无用之所能全也；理既有之众，非无为之所能循也。"裴颛的万物自生论有一个逻辑关系链：无不可能有生的功能，而万物所以生生不息者，都是自生的结果，然而，自生必有实体，就是自体，自体受损，生命则亏；对已生化的万物进行滋养，不是无为所能保全的，必须是有为才能达到目的；治理民众，不是无为所能实现的，还得靠有为；治事先治心，不能把心称为无。这一层层论证，最终达到以有为的态度对待人生。

（二）郭象的新玄学

郭象是元康玄学最著名的人物，著有《庄子注》《论语体略》《论语隐》《郭象集》。

郭象也反对"贵无论"，他在《庄子注》中提出了自生独化的思想："无既无也，则不能生有。有之未生，又不能为生。然则生生者谁哉？块然而自生耳。自生耳，非我生也。我既不能生物，物亦不能生我，则我自然矣。"在郭象看来，那种绝对的无是不能生有的，而那种尚未生成的有，也不能生成万物，万物没有一个超然的造物主，所以万事万物都是自己生成的。

郭象还认为万物都处在运动变化的过程中，而这种变化是不可抗拒的。万物的运动不是无秩序、无规律的，都存在一种"理"，这里的

"理"是指必然性。郭象把这种自身存在的必然性又称"自性""天性""真性"。

郭象看出了"越名教而任自然"的片面性以及其在实践中的恶果，提出了自然与名教的相通性和一致性，力图把自然与名教协调起来。他告诉人们，讲求仁义道德，遵守礼乐刑政，是合乎自然的。因此，社会中的等级秩序、道德规范、行为准则，这些属于名教的东西是合理的。

五、东晋玄学

东晋时期，魏晋玄学走向衰落。东晋时的玄学代表人物有张湛、支遁等人。张湛的理论庞大驳杂，为魏晋玄学集大成者。支遁本是一个和尚，是援佛入玄的人物，反映了玄学与佛学合流的新特征。

（一）张湛的玄学

张湛生活在东晋中期，他博采以前各玄学家的思想，并吸收儒、佛两派的一些见解，对玄学进行改造，形成了自己的玄论。其主要著作有《列子注》。

张湛是"贵虚论"者，他在引证《列子》书时说："大略明群有以至虚为宗"。"群有以至虚"并非列子的基本思想，实为张湛的思想。虚是什么？张湛认为："今有无两忘，万异冥一，故谓之虚。"原来"虚"既非有，也非无，而是有无两忘，差别消解，万物归一。一是虚，可见虚也是道。他还认为虚不在心表、骸外，而在内心求得，故"夫虚静之理，非心虑之表，形骸之外，求而得之，即我之性。"

张湛承认事物的运动变化。动者、生者、有者为现象世界，不是永恒的存在，只有"不生不形"的那个"至宗"，才具有永恒性，这个东西就是"无"，所以"至无者，故能为万变之宗主也。"他承认物的自生，不能自生的就是无，所以宇宙是以无为本。这既解释了万物的自生独化，又解释了无为宇宙之本。

（二）支遁的玄学

支遁是东晋著名佛学家，是六家七宗中色宗的主要代表。支遁生活的元康时代，佛学的传播依赖于玄学，译出的佛学经典都是玄学用语，最后发展到以佛入玄，以佛解玄。支遁的《逍遥论》就是以佛解玄的典型。

支遁站在佛学的立场上，对庄子的逍遥进行重新界定，认为逍遥不是物质欲望的满足，而是精神上的自由。因为欲望是无止境的，要永远满足欲望是不可能的，而且人难以达到逍遥的境界。支遁所赞同的是"明至人之心"的逍遥观。这种逍遥观的根本是无欲，是追求超越一切物欲的绝对精神自由。这种无欲的至人之心是："乘天正而高兴，游无穷于放浪。物物而不物于物，则遥然不我得；玄感不为，不疾而速，则逍然靡不适"。支遁还对佛家的重要理论"色空"学说进行过玄学式的解释。佛家讲："色不异空，空不异色，色即是空，空即是色。"这里说的色是有形的现象世界，空是无形的涅槃世界，前者是捉摸不定的可视世界，后者是释迦摩尼所体悟的根本世界。支遁既是佛教六家七宗中的色论派，他的色空观是"色即为空，色复异空"。意思是色的本性是不自有，不自有自然是空，但色空并不是说色永远是空。色是事物的现象，也可以称假名，空是事物的本质，假名与自性并不是分离的，所以说色并非完全是空，这就是"色复异空"。支遁的色空观类似于玄学家有与无的概念。可见色空观念同玄学的有无观念又合而为一。这就是玄学佛学化和佛学玄学化的时代。

第二节　魏晋南北朝的经学

经学是指研究儒家经典的学问或学说。主要是指研究《诗》《书》《礼》《易》《乐》《春秋》。《乐》在汉代已佚失，所以经学主要是研究《五经》。经学在汉代成为主流学术，魏晋时期经学并未泯灭，仍以各种形式活跃于学术舞台。因统治者提倡经学，设立注经、讲经机构，使官方经学有所发展，民间注经、讲经者更是不计其数。据统计，魏晋南北朝时期的有关经学著作有 627 部、5371 卷。

一、魏晋经学

汉代郑玄将经学推到极盛，汉末走向衰落。魏明帝时开始推崇儒学，并针对宿儒年老而经学后继无人的问题，下诏征召懂儒学能解经的人才，后来太学人数由百而千，但不少人是奔着官位来的，真正有学识见解的人不多，太学诸生和官吏更是"是时郎官及司徒领吏二万余人""而应书与议者略无几人""朝堂公卿以下四百人""其能操笔者未有十人"。可见当时学术衰落的程度。在经学衰微之际，魏晋时期又出现改造经学和复兴经学的学术气氛，其代表人物首推王肃。

王肃出生在经学世家，遍考诸经，并吸收汉代贾逵、马融的学说和荆州宋忠的学说，自成一家之言。著述有《孔安国尚书传》《孔子家语》等书。

王肃的经学是与郑玄经学针锋相对的。王肃在学习郑玄经学时发现"义理不安"和"违错者多"，从而便自兴王学而反郑学。

王肃解经同郑玄有相似的方法，兼采古今文，但王肃处处与郑玄相异。郑玄采用古文解经时，王肃则用今文；郑玄用今文解经时，王肃则用古文。王肃注经不仅重视文献的解析，而且还注意吸收地下发掘的新资料。

王肃经学虽反对郑玄经学，但二者的共同之处都属于训诂经学，两家的争论主要在章句的不同解释上。而这时能摆脱章句训诂，重在对经典的微言大义用玄学理论加以发挥，形成注释儒家经典的所谓"新学"，就是前面提到的何晏和王弼。

何晏的《论语集解》是以玄学解经的主要著作。何晏在注释《论语》中充分表现了他的玄学色彩，尤其以道德为导向。在解释孔子"志于道，据于德，依于仁，游于艺"的四条立身原则时，何晏注："志，慕也。道不可体，故志之而已。据，杖也。德有形成，故可据。依，倚也。仁者功施于人，故可依。艺，六艺也。不足据依，故曰游。"①何晏以道不可体，而德可依解释"道德"，又指出德、仁可依，意指德、仁为无而可本，六艺为有而不足，实际是用贵无论解经。他在解释"子绝四，毋意，毋必，毋固，毋我"时，注为"以道为度，故不任意也。用之则行，舍之则藏，故无专必也。无可无不可，故无固行也。述古而不自作，处群萃而不自异，惟道是从，故不有其身。"②何晏把孔子的"四毋"引入道学，认为只有达到道的境界，才能实现立身行事的"四毋"，充分反映了何晏的老庄思想，玄味十足。

王弼的经学著作有《周易注》《周易略例》《论语释疑》。王弼援引《老子》来解经，表现出《易》《老》合流倾向，认为解《易》不能沉醉于卦象和卦爻辞，而要掌握其中的义理。他还把《易》中的"一爻为主"引向"无"的哲学境界。他说："众不能治众"，治众靠"一"。那么"一"从何来，他指出："万物万形，其归一也。何由致一？由于无也。"③王弼注《易》独具一格，破除了汉儒专对章句碎解之传统，开创了从义理上解《易》的新风尚，不能不说这是对中国经学注疏的贡献。

二、北朝经学

自北魏统一北方后，中国南北方形成了对峙局面，从而形成了南北学术的差异。经学在发展中，形成玄学经学与训诂经学并存的局面。到南北朝时期，经学就依玄学经学和训诂经学两种形态而分立，南朝重魏晋传统，玄学影响很深，北朝重汉儒传统，训诂倾向明显。

北朝经学比南朝经学发达，这与统治者积极倡导经学有关。入主北方的少数民族统治者为了笼络汉族儒士，多推崇经学。就连石虎这样的昏暴君主，也倡导儒术经学，史称他"虽昏虐无道，而颇慕经学"。北

① 程树德撰，程俊英、蒋见元点校：《论语集释》第二册，北京：中华书局，1990年。
② 程树德撰，程俊英、蒋见元点校：《论语集释》第二册，北京：中华书局，1990年。
③ （魏）王弼注，楼宇烈校释：《老子道德经校释·四十二章》，北京：中华书局，2008年。

魏道武帝初定中原，就以经术为先，立太学，置五经博士生员千余人。天兴二年（399年）春，增国子太学生员三千人。孝文帝迁都洛阳后，继续发展官方经学，出现儒学大盛，"比隆周汉"的局面。北齐、北周经学盛况不减，有"周文受命，雅重经典"之说。

北朝经学人才济济，经学著作多如丘山。经学大师有常爽、刘献之、刘兰、李谧、张吾贵、徐遵明、卢景裕、李业兴、郭茂、李铉、熊安生等人，著作有《三礼大义》《三传略例》《毛诗序义》《春秋义章》，以及《三传义同》《周易义例》《周礼义疏》《礼记义疏》《孝经义疏》等书。

三、南朝经学

佛教在北朝多遇障碍，在南朝则畅通无阻。佛风隆盛对南朝儒家经学自然是威胁，故南朝的儒学不及北朝兴盛。然而南朝的一些统治者也对儒学有较浓的兴趣，例如刘宋元嘉年间朝廷立儒学、玄学、文学、史学"四学"，儒学为首，由雷次宗、朱膺之、庚蔚之等人主持讲授儒家经典。偏好佛教的梁武帝也崇尚儒学，他针对公卿不通经术、大儒不传经学的现状，在天监四年（505年）诏开五馆，建立国学，以《五经》教授生员，置《五经》博士各一人，并以明山宾、陆琏、沈峻、严植之、贺玚等各主持一馆，招生授业。还规定，生员年未三十，不通一经者，不能解衣睡觉。

南朝虽不大兴儒学，但无毁儒之举，也出现了如崔灵恩、沈文阿、张讥等著名的儒学大师，经学著作有《三礼义宗》《左氏经传义传》《左氏条例》《集注毛诗》《集注周礼》《论语义疏》《礼记义疏》《春秋经传解》《礼记义》《孝经义》《经典大义》《周易义》《尚书义》《论语义》等。

南朝经学受玄学和佛教的影响很大，有些儒学大师如雷次宗就是佛教领袖慧远的僧徒。经学内部，重玄崇佛、守道者都合法存在，其学术融通和学术民主之风颇盛。

第三节　魏晋南北朝时期的佛学

佛教到魏晋南北朝时期有了很大的发展。佛教是外来宗教，佛教学术也是外来学术，但它与中国本土学术文化相结合，形成了中国化的佛教学术，成为中国学术文化的重要组成部分。东晋之后，佛教融入中国主流学术文化，对中国学术文化的发展产生了变革。

汉魏时期，佛教在思想学术领域地位不高，人们对佛教的理解也十分浅薄，把它作为一种方术，一些人把佛教与老子学说混为一谈。到了两晋南北朝时期，佛教真正在中国兴盛起来，与当时的历史背景有很大关系。汉末三国时期，社会动荡，军阀混战，人的生命朝不保夕，西晋末年又发生了“八王之乱”，随后中国北方又发生各民族之间的混战与仇杀。北方的汉族，一部分随晋王室南迁，一部分滞留北方受到少数民族统治者统治。在这种混乱而性命不保的情况下，人们从佛教和佛学中寻找精神寄托与安慰，士人也从讥讽现实转向个人生命的关怀。佛教的生死轮回对人的生死问题提供了一种解脱，很能适应士大夫阶层的心理需求，加之大乘般若学与玄学有相似之处，更容易为士人所接受。十六国时期，不仅百姓易于皈依佛教，很多少数民族统治者也尊崇佛学。后赵的佛图澄，后秦的鸠摩罗什，北凉的昙无谶，都得到传佛的地位。鸠摩罗什主持译经，译文精确达意，开创了译经新气象。

经过比较可以发现，南朝佛学偏重义理，相互辩难；北朝佛学崇尚修行，修寺造像，大同、洛阳、敦煌等地石窟最有说服力。佛教与反佛教的斗争，在南方表现为口诛笔伐，士大夫就佛说与儒说发起争论；在北方表现为灭佛行动，因寺院扩张太快，损害了封建王朝的利益，引发了北魏太武帝和北周周武帝的大规模灭佛，寺庙遭毁，僧人被杀。

魏晋南北朝时期，外来沙门和本土成长的僧人在译经、注经、论经方面都有进展。三国时期佛经翻译家有支谦，共译大乘、小乘佛经88

部、118卷。西晋时期著名的佛经译注家有竺法护，共译出经典154部、309卷。东晋时期鸠摩罗什是中国佛教发展史上具有划时代意义的人物，他在西域各国学习佛经，造诣很深，既通佛经，又懂汉语、梵文和西域各国文字，他带领大批佛教徒译经十余年，共译经74部、384卷。

三国魏晋南北朝时期，不仅大量佛教经典由梵文译成汉文，或由西域文字译成汉文，而且开展了对佛家经典的注疏，产生了一些佛学思想的著作，如《性空论》《实相论》等，表明佛教学术研究在中国进入了新的发展时期。

第四节　魏晋南北朝时期道教与道学的兴起

道教是中国本土宗教，东汉时期就在下层群众中流传。"太平道""五斗米道"（天师道）均从下层百姓兴起。因为农村文化落后，缺医少药，人们常以符水治病，驱妖降鬼，祈福禳罪，这些与民间巫术、占卜、星相、图谶相结合，就形成类似道教的宗教信仰。

魏晋时期，因道教与农民起义牵连，受统治者压抑未能有大的发展，反而佛教有了长足的发展。南北朝时期道教又有崛起之势。北朝道教经过寇谦之的改造和传播，南朝道教通过葛洪、陆修静、陶弘景的改造，得到朝廷的支持，都有很大的发展。尤其针对上层长寿永生的需求，道教予以迎合，推行养生、服食、炼丹、房中等教术，更引得上层贵族的支持与参与，从而使道教进一步兴盛起来，大有与佛教并座之势。道教经典《抱朴子》《三洞经》《灵宝经》《真诰》等相继被创作和整理，道家学术也有了很大的发展，道教与道学同步向前推进。

道教在传播过程中有很多神仙思想，叫"学可成仙"，唯心成分十足。葛洪认为神仙是存在的，是可以学到手的，他把神仙分为上、中、下三种，叫天仙、地仙、尸解仙。葛洪把成仙理论同儒家伦理思想相融通，认为成仙必须积善积德，成天仙者，需积一千二百善，成地仙者，需积三百善。而且积善比儒家更严格，如你积一千善，其后有一恶事，这些善完全作废。

但道教也有唯物的成分，葛洪是晋代著名的学者和道教大师，他和王充在气生宇宙上有相同的观点，近似于唯物论。他提出的"气生万物"的宇宙观认为，万物由一气化生，但万物处在不断变化之中。他指出天地万物，秉形造化，虽有一定格式和规则，但其变化是不可禁止的。葛洪关于万物的可变性，引出了人的主观性和修炼成仙的可能性。

葛洪在宇宙学上讲义，认为元气为万物之本。但在仙学论上又提出了"玄道"为万物之始的本体论。玄道论来自老庄，葛洪加以改造，为自己的神仙论作基础。

葛洪调和儒道的思想和他的神仙思想，在道教界影响巨大，至今道教把他看成是真神仙，并当作珍贵的遗产来研究。然而道教虽有理论，但缺乏政治权威性和具有导向性的经典。寇谦之的出现，弥补了道教的不足。

寇谦之生活在北魏时期，是道教的改革家。他一出现就自称在老君受命时，就要他辅佐当朝皇帝，因此他对积极入世的儒家名教体系采取吸收的姿态。寇谦之对当时道教的乱象非常不满，揭露和批判当时一些人利用鬼神之说惑乱民心。他认为要改造这种不良风气，就必须依靠儒家道德伦常，要消除"父不慈，子不孝，臣不忠"的叛逆行为，以忠孝仁爱教化百姓，做到"奉道不可不勤，事师不可不敬，事亲不可不孝，事君不可不忠"。寇谦之对各宗教学派持"合和"态度，他对佛教持宽容态度，倡导积善去恶，并以佛教的教义、戒规改造道教，形成道家的教义、戒规。他说："道以冲和为德，以不和相克。是以天地合和，万物萌生，华英熟成；国家合和，天下太平，百姓安宁；室家合和，父慈子孝，天垂福庆。"①

寇谦之改革后的道教称为"新天师道"，北魏太延六年（440年），太武帝亲自到道场接受道箓，自称"太平真君"，年号改为太平真君。天师道一度成为北魏的国教。

---

① 《正统道藏》第30册，台北：艺文印书馆，1977年。

寇谦之的新天师道在北魏称雄一时，但后来在佛教大兴之际衰落了。而此时南朝的道教在陆修静的推动下又勃然兴起。

陆修静的最大贡献是云游四方，收集道家典籍，在整理和编纂道典上功盖江南，为几代皇帝所尊崇。陆修静没有明确的师承，而是在继承中整理典籍，改革道教。陆修静创造性地把道家典籍按"三洞"分类。"三洞"之"洞"在《太平经》内谓之"太极洞天"，意指明其道德善恶，洞洽天地阴阳，表里六方。陆修静以洞真、洞玄、洞神归类道典，洞真部收录《上清经》，洞玄部收录《灵宝经》，洞神部收录《三皇经》。一直到他去世，陆修静修成《三洞经书目录》及所著录的 1228 卷经书，这是整理道教经典的最大成果。到了宋代，有人说陆修静在"三洞"经典之外还有"四辅"经典，即《太清经》《太平经》《太玄经》《正一法文》，"四辅"是对"三洞"的补充。

道教的斋戒仪规一直落后于佛教，陆修静把儒家的"人道"与道家的"神道"以及佛家戒规相结合，整理出道家的戒斋仪规。陆修静身体力行"以苦节为功"，以苦为乐，苦修苦炼，立德寻真，以求达到得道成仙的效果。陆修静认为，斋戒的作用是很大的，可遍益于社会、民众、国家、君主。陆修静把道、德、经三者合一，认为道讲"至理"，德讲"顺理而行"，经讲"通经"，并认为道、德、仁三者合一就是完整的道，这些都需要苦修，所以斋戒是必由之路。

陶弘景是南朝道教的另一位著名人物。他出身南朝世族，萧齐时任左卫中将军。陶弘景把道教与儒家、佛教的思想融合起来，主张三家合一的道教。陶弘景曾遍历名山，寻访仙药，他在修持的茅山道观里，既设道堂，又设佛堂，隔日轮番礼拜。陶弘景还是一位博学的医学家，他对历算、地理、医学都有很深的造诣。他曾整理《神农本草》，写成《本草集注》七卷，书中记载药物七百多种。他把药物分为玉石、草木虫兽、果、菜、米、有名无实七类，对中药分类学有开创性的贡献。陶弘景编纂的《补阙肘后百一方》，是中国历史上有名的医学著作，这部书继承和增补葛洪的《肘后备急方》，"上自通人，下达众庶"，广为人用。

第五节　范缜的无神论思想

范缜生活在南北朝佛教国教化时代，道教也一度兴旺，而范缜不仅没有接受任何宗教思想，反而竭尽全力批判和否定宗教神学，并系统宣传了他的无神论思想。范缜是中古时期一位著名的唯物主义哲学家，他的无神论思想在中国思想学术界产生过深远影响，直到现在人们还在借鉴范缜的学说和唯物主义思想体系。

范缜（约450—515年），字子真，南阳郡舞阳县（今河南省泌阳县西北）人。他的父亲曾经在朝廷做官，但不久死去，从此范缜陷入孤贫之中。他早年随著名学者刘瓛学习儒学，刘瓛的门下多有骑马乘车的贵族子弟，而范缜则草鞋布衣，徒步行走，并不感到羞愧。刘瓛对范缜的人品十分赞赏。范缜后来入仕齐朝，在齐高帝建元元年（479年），升任殿中尚书郎，经常与萧衍、沈约、谢朓、王融、萧琛、范云、任昉、陆倕八人论学。范缜在南朝曾进行过两次有神和无神的大辩论，他力排众议，坚持无神论思想，著有《神灭论》一书。

在范缜所处的时代，有些人并不相信鬼神的存在，当时就有人认为"人死神灭，无有三世"，而范缜是这一时期所有反对神学最著名的代表人物，他所撰著的《神灭论》，从物质和精神不可分割的相互关系上深刻论证了精神不能独立存在，进而说明鬼神也不能独立存在的神灭论思想。

范缜从形神关系上确认形神相依，形谢神亡。范缜从人与物的关系上，阐明精神是人的特有功能，离开人的肉体，人的精神则不可能存在。他在《神灭论》中说："今人之质，质有知也。木之质，质无知也。人之质，非木之质也。木之质，非人之质也。"

范缜从生与死的关系来论证精神与物质的关系。他指出，只有活着的人才有精神，人一旦死亡，不可能有精神存在。他在《神灭论》中说："死者有如木之质，而无异木之知。生者有异木之知，而无如木之质也……生形之非死形，死形之非生形，区已革矣。"

范缜从感觉与思想的关系上指出人的思想产生于"心器"。这里的"心器"是指人的大脑活动，手有感觉的功能，大脑有思考的功能。他在《神灭论》中说："手等有痛痒之知，而无是非之虑。……是非之虑，心器所主。"

范缜的这些观点是典型的唯物论者，在精神与物质关系上，他始终坚持物质第一性，意识第二性，这是范缜世界观的基本点。

范缜还是一个彻底反佛论者，尤其对佛教因果报应持反对态度。他在同竟陵王子良作因果关系辩论时有一段对话，充分反映了他的无佛思想："子良精信释教，而缜盛称无佛。子良问曰：'君不信因果，世间何得有富贵，何得有贫贱？'缜答曰：'人之生譬如一树花，同发一枝，俱开一蒂，随风而堕。自有拂帘幌堕于茵席之上，自有关篱墙落于粪溷之侧。堕茵席者，殿下是也，落粪溷者，下官是也。贵贱虽复殊途，因果竟在何处？'"[①]从这段话看，范缜是完全否定人的富贵贫贱是由因果报应决定的观点，他认为人的富贵贫贱完全是由偶然的机遇所形成的，就像树花同发，有的落在茵席之上，有的落入粪溷之中，而神意决定的因果关系根本就不存在。

在范缜的《神灭论》中还体现了关于物质转化的辩证观念。他指出，人只是一个物质，但人活着的质和死去的质是不一样的。人生前和死后虽为同一肉体，但死后的肉体已经有了质的变化，就是由"有知之质"变为"无知之质"。而这种变化也可认为是由"人质"转化为"非人质"。其他生命体也是一样，在他生前为"荣体"，死后为"枯体"。范缜认为物质"质"的变化是由事物内在原因引起的，而不是外加力量所促成的。范缜在《神灭论》中还指出，事物具有质的差别性，如果没有质的差别就难以区别事物的差异，所以说质的差异就是不同事物的标志。范缜还指出，每一事物由于质的不同就必然有不同的变化规律，生长快的死亡也快，生长慢的死亡也慢。

---

① 《梁书·范缜传》，北京：中华书局，1973 年。

范缜死后，在南北朝都出现了一些类似范缜观点的神灭论思想，如北朝的反佛代表人物樊逊，反神学的斗士邢邵，其思想实质和反佛的论证方式，同范缜类同。

第六节　文学艺术与文论的成就

魏晋南北朝时期，中国文学形成了新的思潮和风格。文学从史学、经学中脱离出来，表现特征逐渐明显，文学的主要文体基本确定。文学理论的探索空前兴盛，《典论》《文赋》《文心雕龙》《诗品》这些名留千古的文学艺术理论就出现在这个社会大动乱时期，为中华民族创造了前所未有的文学艺术和文学理论。

一、魏晋时期的诗歌

魏晋时期玄学和佛、道理论对文学的渗透很深，在小说中反映很突出。但魏晋时期作者不以真名出现，小说、杂记、内传都是假托名人，如《十洲记》《神异经》就是托名东方朔，《汉武帝故事》《汉武帝内传》就是托名班固，还有托名郭宪的《汉武洞冥记》，托名刘歆的《西京杂记》等。

以前传说中的西王母，在《山海经》里是一个人面兽身的怪物，到了魏晋时期则加以修造，变得人性化，慈目善面，灵性美丽，在《汉武帝故事》里描写成了人见人爱的仙姑美女。

诗歌在魏晋南北朝时呈繁荣态势，从建安、正始、太康、永嘉到晋末，诗歌表现了不同的内容与风格。

建安年间，在曹操及其子曹丕、曹植的带动下，出现了一批诗歌大家，诗歌创作空前兴盛，形成所谓的"建安风骨"。建安风骨是指亲历战乱、饱经忧患的一批志士文人，出于对国家民生的关切，愿为国家建功立业，扬名后世的风骨诗歌，其诗其文，语言鲜明，风格刚健。

五言诗成为建安诗人的主要载体。如曹操的《蒿里行》云："关东有义士，兴兵讨群凶。初期会盟津，乃心在咸阳。军合力不齐，踌躇而雁行。势利使人争，嗣还自相戕。淮南弟称号，刻玺于北方。铠甲生虮虱，万姓以死亡。白骨露于野，千里无鸡鸣。生民百遗一，念之断人肠。"就是一首诗史，记述讨伐董卓的将领争权夺利，互相残杀，造成百姓大量死难的悲惨景象。

曹操之子曹丕既是帝王，又是诗人，其五言《杂诗》："漫漫秋夜长，烈烈北风凉。展转不能寐，披衣起彷徨。彷徨忽已久，白露沾我裳。俯视清水波，仰看明月光。天汉回西流，三五正纵横。草虫鸣何悲，孤雁独南翔。郁郁多悲思，绵绵思故乡。愿飞安得翼，欲济河无梁。向风长叹息，断绝我中肠。"此诗充满着悲凉孤独之感，语浅意深，情景交融，为古典五言诗的佳作。曹操的另一子曹植也是一位诗作才子，其诗对后世影响很大。其五言诗《送应氏》云："步登北邙阪，遥望洛阳山。洛阳何寂寞，宫室尽烧焚。垣墙皆顿擗，荆棘上参天。不见旧耆老，但睹新少年。侧足无行径，荒畴不复田。游子久不归，不识陌与阡。中野何萧条，千里无人烟。念我平常居，气结不能言。"此诗虽笔墨不多，却真实地反映了其随父西征路过洛阳看到战乱带来的残破景象，满目萧条，一派悲凉。

建安诗人，除三曹外，还有所谓"七子"：孔融、陈琳、王粲、徐干、阮瑀、应场、刘桢。这些人的诗作是在曹氏政权支持下写的。他们写诗的环境相对安定，诗歌中充满了对生活的热爱，对前途的信心。他们不但歌颂新生活，也歌颂曹氏父子。"七子"对诗歌的贡献还在于对诗歌体裁由古体向近体的转变上，同时将建安前的写作范围拓展到赠别、公宴、咏物、从军、咏史上。诗人的视野也开始关注日常生活和社会现实。

在魏晋时期诗歌众星中，陶渊明算是最闪亮的诗人之一。他的曾祖陶侃做过大司马，祖父陶茂做过太守，外祖孟嘉做过征西大将军。到陶渊明时，家境已变得贫困。陶渊明为人坦直，想做官就去找官做，不爱做官就退隐归田。在东晋黑暗的政治背景下，他仍能保持高洁的品格，追求道德的自我完善。他以独特的个性和高尚的人格，成为魏晋风骨的典范。他退隐之后，归耕田园，以饱满的热情，将其生活的田园写入诗中，开创了田园诗的先河。陶渊明的《归园田居》成为千古名篇：

（其一）少无适俗韵，性本爱丘山。误落尘网中，一去三十年。羁鸟恋旧林，池鱼思故渊。开荒南野际，守拙归园田。方宅十余亩，草屋八九间。榆柳荫后檐，桃李罗堂前。暧暧远人村，依依墟里烟。狗吠深巷中，鸡鸣桑树颠。户庭无尘杂，虚室有余闲。久在樊笼里，复得返自然。

（其二）野外罕人事，穷巷寡轮鞅。白日掩荆扉，虚室绝尘想。时复墟曲中，披草共来往。相见无杂言，但道桑麻长。桑麻日已长，我土日已广。常恐霜霰至，零落同草莽。

（其三）种豆南山下，草盛豆苗稀。晨兴理荒秽，带月荷锄归。道狭草木长，夕露沾我衣。衣沾不足惜，但使愿无违。

（其四）久去山泽游，浪莽林野娱。试携子侄辈，披榛步荒墟。徘徊丘垄间，依依昔人居。井灶有遗处，桑竹残朽株。借问采薪者，此人皆焉如？薪者向我言，死没无复余。一世异朝市，此语真不虚。人生似幻化，终当归空无。

（其五）怅恨独策还，崎岖历榛曲。山涧清且浅，可以濯吾足。漉我新熟酒，只鸡招近局。日入室中暗，荆薪代明烛。欢来苦夕短，已复至天旭。①

这里不是山水的秀美，而是平淡的田园，但陶渊明发现了田园的真善美。一片农田，八九间草屋，鸡鸣犬吠，淡烟流水，经过诗人的品味和感受，把人们带进了一个与尘世完全不同的安静生活环境之中。

南北朝时期山水诗的奠基人是谢灵运。谢灵运对山水有特别的审美感，能根据山水景物不同时间、地点的形态，用生动传神的语言表达出来。后人称他的山水诗，如初发芙蓉，自然可爱。他的《过始宁墅》云："束发怀耿介，逐物遂推迁。违志似如昨，二纪及兹年。缁磷谢清

---

① 袁行霈：《陶渊明集笺注》，北京：中华书局，2003 年。

旷，疲薾惭贞坚。拙疾相倚薄，还得静者便。剖竹守沧海，枉帆过旧山。山行穷登顿，水涉尽洄沿。岩峭岭稠叠，洲萦渚连绵。白云抱幽石，绿筱媚清涟。葺宇临回江，筑观基曾巅。挥手告乡曲，三载期旋归。且为树枌槚，无令孤愿言。"全诗以大段议论抒清旷幽愤之思起，气势鼓荡，复潜注于精美绝伦的景物描写中，最后又由隐而显，发为誓愿，由显而隐之间，先以"剖竹"二句倒插，由议论挽入记游，复因美景而起营葺旧居之想，扣题"过始宁墅"，自然道入归隐旧山之誓。由此两处顿挫，遂使一气贯注中得曲屈沉健之致，而免轻滑剽急之弊。谢灵运山水诗意象深曲，锤炼谨严，森然中见出逸荡之气。

二、文论的巨大成就

魏晋时期以前，独立的文学意识还未形成。魏晋时期以后，文学创作走向自觉，文学创作出现繁花似锦的局面，从而促使学者探索文学创作的规律、方法和技巧，文学理论随之产生。这一时期著名的文论著作有《典论》《文赋》《文心雕龙》《诗品》等。

（一）曹丕的《典论》

曹丕首先批评了品评文学作品的不良学风，指出由于文人相轻，故品评文学，就难有公平的评论。相轻的偏见就是高己低人，就会出现"夫人善于自见，而文非一体，鲜能备善，是以各以所长，相轻所短。"为了避免这种相轻习气，就要有"审己以度人"的态度。

《典论》对文学的功能给予很高的评价。曹丕指出："盖文章，经国之大业，不朽之盛事。年寿有时而尽，荣乐止乎其身，二者必至之常期，未若文章之无穷。是以古之作者，寄身于翰墨，见意于篇籍，不假良史之辞，不托飞驰之势，而名声自传于后。"这就把文学看成经国、立身、传名的不朽业绩，倡导作者不只是注经谈史，还要独立创作出一些传世的好文章。

在《典论》中，曹丕将文章分为四科，并确定每科文章的特征："夫文，本同而末异，盖奏议宜雅，书论宜理，铭诔尚实，诗赋欲丽，此四科不同，故能之者偏也；唯通才能备其体。"

曹丕在品评建安七子文章的得失时，提出了"文气"说。孟子有"知言养气"说，曹丕则更进一步，提出了以气论文，以气成文。他说："文以气为主，气之清浊有体，不可力强而致，譬诸音乐，曲度虽均，节奏同检，至于引气不齐，巧拙有素，虽在父兄，不在移子弟。"所谓文气，实际是作者的禀赋和气质修养的水平，既指先天的气质，又指后天的修养。

（二）陆机的《文赋》

陆机在西晋时曾任太子洗马、著作郎、尚书中兵郎及殿中郎，是当时著名的文学家和文艺评论家，著有《文赋》。《文赋》是陆机根据自己的创作经验和前人的见解，阐发文学创作的重大理论著作。其中有文学的内容、形式，文学的感兴、想象、独创、体裁等。

《文赋》在曹丕的基础上对文体做了更细的划分，并分析了不同文体的特点。陆机说："诗缘情而绮靡，赋体物而浏亮。碑披文以相质，诔缠绵而凄怆。铭博约而温润，箴顿挫而清壮。颂优游以彬蔚，论精微而朗畅。奏平彻以闲雅，说炜晔而谲诳。"这里把文体分为诗、赋、碑、诔、铭、箴、颂、论、奏、说十种，每一种都有其确切的内涵和特点。论述和分析得非常精当，对各类文体的创作提出了理论原则。

《文赋》还阐述了文学内容与形式的关系。认为内容虽可贵，而形式也不可忽视。陆机说："理扶质以立干，文垂条而结繁。"他又说："辞程才以效伎，意司契而为匠。""其会意也尚巧，其遣言也贵妍。暨音声之迭代，若五色之相宣。"这说明文学的理论固然重要，而修辞也同样重要，其声律也要五色相宣。这就是内容与形式并重的文学观。

《文赋》还主张文学创作要重视感受和想象。陆机主张从客观事物的观察中获得感官刺激和心灵感受："遵四时以叹逝，瞻万物而思纷"和"游文章之林府，嘉丽藻之彬彬。慨投篇而援笔，聊宣之乎斯文。"这里的"四时叹逝"是指体验自然界的不同刺激，"万物思纷"是指体验社会生活的千姿百态，"游文章之林府"是指从前人的浩瀚文章中汲取营养。这些感性的体验充分后，才能投笔成篇。

《文赋》还阐发了文章需要想象的道理。文学创作取材于现实，但必须有想象力的组织和创造。陆机是这样描述想象力在文章中的作用的："其始也，皆收视反听，耽思旁讯。精骛八极，心游万仞。其致也，情瞳昽而弥鲜，物昭晰而互进。""观古今于须臾，抚四海于一瞬。""馨澄心以凝思，眇众虑而为言。笼天地于形内，挫万物于笔端。"可见想象在文学创作中是必不可少的，想象会使文章更有感染力。

《文赋》还提倡独创，反对模仿。在陆机看来，文学创作贵在独创，模拟抄袭毫无价值。陆机说："虽杼轴于予怀，怵他人之我先。苟伤廉而愆义，亦虽爱而必捐。""收百世之阙文，采千载之遗韵。谢朝华于已彼，启夕秀于未振"。这里要作者谢已彼之华，启未振之秀，就是发前人之未发，言前人之未言。

（三）刘勰的《文心雕龙》

刘勰在魏晋南北朝的梁朝任过一些官职，早年家境贫寒，而自己博学广识，笃信佛理，终身不娶，晚年出家，皈依佛教。刘勰受经学、儒家思想影响很深，又精通佛理，对当时的文学作品有精深研究。他会通众家之说，经过深刻的思考和创造，形成了自己完整的思想理论体系，成就《文心雕龙》这部巨著。

《文心雕龙》全书 10 卷，共 50 篇，分上下两编，五个部分。上编25 篇，前 5 篇以儒家思想为宗旨，论"文之枢纽"，为全书总纲，其余20 篇则分析文体，对骚、诗、乐府、赋、颂、史、传、诸子、论说"释名章义""选文定篇"，形成了文体论。下编自述为论析文章的笔目，从《神思》至《总术》19 篇，对创作过程、个性风格、文质关系、写作技巧、文辞声律等做了深入论述，称为文学创作论。另外 5 篇主要对前代和当世的文人、文风进行品评，为文学批评论。还有一篇《序志》是对该书写作意图的说明。

《文心雕龙》第一部分"文之枢纽"，包括《原道》《征圣》《宗经》《正纬》《辨骚》，阐述其基本文学观点，这就是"本乎道，师乎圣，体乎经，酌乎纬，变乎骚"。刘勰所说的道是指宇宙的本源，也叫"太极"，他明确告诫人们"人文之元，肇自太极"。道又被称为"神理"。但道在写文章时不能脱离"圣"，刘勰认为文章与道、圣都息息相关，"道沿圣以垂文，圣因文而明道"。文章要明道，必须"征圣""师乎圣"。由于圣人已去世，留下的是经书，所以写文章，评论文章又必须"宗经""体乎经"。"原道""征圣""宗经"这是刘勰文论体系的根本观点。此外，文章还要正纬，是因为汉代以来谶纬迷信泛滥，纬书繁多，混淆视听，蛊惑人心，所以必须正纬。除此之外，文章还要变骚，是因为屈原的《离骚》已被人滥仿，失去了本色，所以要正视骚赋的优缺点，继承和革新这一文体。

《文心雕龙》还针对骈俪声律兴盛而追求文章形式的刻意雕饰，却忽视文章内容的倾向，提出了文质并重的观点。针对当时"俪采百字之偶，争价一句之奇""窥情风景之上，钻貌草木之中"的风气，刘勰认为追求形式的美是文学技巧进步的表现，有值得肯定的一面，但过度的形式追求则会损害文章的内容。他要求文质统一，内容与形式统一，如果一味追求形式的修饰，语言的离奇，而忽视对内容的要求，就是文与质的分离，内容与形式的脱离，这是以文害质，以言害义。刘勰肯定形式美的追求，又反对形式主义，主张文与质的统一，这是文学思想的新见解。

《文心雕龙》的重大价值是建立了文学批评理论，其布局严谨，体大思精，是中国古代文学史上最著名的文学理论著作，被后代誉为文学批评的开山之祖。

（四）钟嵘的《诗品》

钟嵘生于齐，齐明帝建武初年为南康王侍郎，东昏侯永元末，官司徒行参军，梁武帝天监初，为衡阳王元简的宁朔记室，后又任西中郎晋安王的记室。《诗品》是钟嵘的重要文学理论批评著作，着重对于诗的评论和批评。大约在梁武帝时期，钟嵘与诸弟论古今五言诗，品评其优劣，著成《诗评》，后自隋改为《诗品》。

《诗品》中，钟嵘共列了两汉至梁代122位作者的五言诗作，将李陵、曹植等11人列为上品，陶潜、鲍照等39人列为中品，班固、曹操等72人列为下品，并对这些人的诗作都进行了评论。在评论中对诗歌界的弊端进行了批评，对诗歌创作的重大理论问题提出了自己的看法。

《诗品》就诗歌的理论来说，主要讲了四个问题：一是诗歌的产生和功用。二是阐释了五言诗的发展史。三是提出了诗歌的审美价值。四是对不良诗风提出了严厉批评。

钟嵘从自然观讲诗歌的产生。"气之动物，物之感人"，才会有"摇荡性情，形诸舞咏"。就是说大自然的气导致了四时气候的变化，使万物生长发芽，而自然的变化又触发人们思想感情的摇曳，从而产生了歌舞。他还把物对人感情的触动具体化："春风春鸟，秋月秋蝉，夏云暑雨，冬月祁寒，斯四候之感诸诗者也。"钟嵘对诗歌的功用只用了"动天地，感鬼神"之类的语言加以肯定。

钟嵘把《南风词》《卿云歌》作为五言诗的发端，从汉讲到魏晋南北朝，批评班固的《咏史诗》"质木无文"，高度评价建安诗歌"文章中兴"。从对诗歌史的分析中，钟嵘认为五言诗比四言诗有更多的优点，五言与四言只是一字之增，但容量的扩展是巨大的，在音节韵律、跌宕起伏、抑扬回荡和审美效果上的作用也是巨大的。

钟嵘提出了"滋味说"，实际上是指诗歌的审美价值。钟嵘在《诗品》中从文学作品的审美价值来探讨诗歌的作用，他认为诗歌要显示出自己的"滋味"，要有艺术感染力。钟嵘说："干之以风力，润之以丹彩，使味之者无极，闻之者动心，是诗之至也。"这种审美创造的目标，实质上是一种文学自觉精神。

钟嵘认为论说文引用古典，自然难免，但诗歌主要是抒情，用事用典过多会伤害诗歌的情韵。他对颜延之等人作诗引典连篇的不良习气表示强烈不满。钟嵘认为诗歌创作要用白描手法抒发感情，反对堆砌典故。同时，钟嵘指出声韵是诗歌中的重要因素，诗人应注意诗歌的自然韵律，能达到和谐悦耳就可以了，不能无病呻吟。

钟嵘的《诗品》与刘勰的《文心雕龙》在我国文艺理论发展史上具有重要地位。《诗品》关于诗歌创作的重要观点对后世诗歌的发展有多方面的影响，是中国学术史上的不朽之作。

第六章　隋唐时期经济的繁盛
与社会科学的繁荣发展

　　隋朝的建立，结束了魏晋南北朝时期的分裂局面，中国又一次成为大统一的封建帝国。唐取代隋后，推行了一系列治国安邦的有效政策，使中国封建社会进入鼎盛时期，盛唐文明达到了当时世界文明的高峰。随着疆域的扩大、人口的增长、经济的繁荣和对外交流的频繁，文化与学术也呈现出繁荣局面。这一时期，儒学和经学在新的历史环境中复兴，佛、道、儒从对立走向求同存异，最后达到合一。社会科学出现繁荣发展之势，历史学科在官修史书、私修史书和史学理论方面都取得了耀眼的成就；文学艺术展现出空前的昌盛，尤其是唐诗留下了千古绝唱的篇章，产生了李白、杜甫这样的诗仙、诗圣；雕版印刷术、石刻、雕塑、绘画艺术都开了一代新风。这是一个社会科学辉煌的时代，也是一个社会科学人才辈出的时代。这一时期留下的社会科学遗产是中华文明与人类文明的宝贵财富。

第一节　隋唐时期佛教与佛学的兴盛

　　佛教自汉哀帝元寿元年（前 2 年）传入中国，到隋唐时已有几百年历史。佛教在汉代多为口授心传，魏晋时期出了一些佛教著作，但多是以道解佛、以儒解佛、以玄解佛。虽然魏晋时期特别是梁武帝时把佛教抬到崇高无上的地位，但佛教的鼎盛时期是隋唐时期。隋唐时期因多位皇帝信佛，佛家经典翻译至巨，佛教僧侣成千上万，佛教寺庙遍布全国。

一、皇权与佛教

　　隋唐时期佛教的扩张与皇权的支持、提倡和容忍是分不开的。当朝皇帝有的近似佛教徒，有的佛道儒集于一身，有的轻佛但不反佛，唯一重道反佛的是唐武宗。

　　隋文帝杨坚出身于佛门家庭，其父杨忠营造过栖严寺。杨坚出生在般若尼寺，出生后由尼姑智仙抚养成人。隋朝建立后，隋文帝杨坚就开始较大规模地复兴佛教，度僧、造像、建寺、写经活动兴盛。开皇初年建立僧官制度，昭玄统为全国最高僧官，昭玄都为副手。杨坚命当时的著名僧人僧猛为"隋国大统三藏法师"，委其弘扬佛法。公元 600 年隋文帝下诏，凡毁坏"佛像天尊"者以恶逆罪论处。据不完全统计，从开皇初到仁寿末，隋文帝共建造各种佛像 10 万身，修治故像 150 万身，誊写新经 46 藏 132 800 卷，修治故经 3853 部。

　　隋炀帝杨广在平定江南时，命令众军收集保护佛典，所收佛典藏于慧日、法云两道场和京城各寺院。隋炀帝与天台宗大师智顗关系密切，开皇十一年（591 年），智顗至扬州为杨广授菩萨戒，授予杨广"总持菩萨"称号，杨广授予智顗"智者大师"称号。开皇二十年（600 年）杨广被立为太子，开始在长安建造富丽堂皇的日严寺，使其成为京城的佛教中心。杨广称帝后，在京师长安和东都洛阳建佛寺、招佛僧，长安的西定禅寺、清禅寺、香台寺，洛阳的慧日道场等都是当时建成的。大业二年（606年），杨广敕令在洛阳上林苑设翻译馆，翻译佛经。据统计，在隋炀帝杨广时，就有剃度僧尼1.6万人，铸刻佛像3850身，修治新旧佛经620藏、29 173部、903 580卷。

唐代帝王多数尊佛，20位皇帝中除唐武宗是一个灭佛的皇帝外，其他19位皇帝对佛教支持、利用、整顿、扶持。佛教在唐朝总体上同儒学一样，成为统治者实施统治的精神支柱。

唐高祖李渊早年信奉佛教。大业初年，李渊因二儿子李世民生病而到寺庙祈求佛祖保佑，并造佛像供奉。武德二年（619年），于京师立下十大德，统摄僧尼。后来，太史令上疏罢除佛教，李渊采取了减少佛寺的办法，颁发《沙汰僧道诏》，留一些主要寺院，减除一些不知名的佛寺，以区分玉石，长存妙道，正本清源。

唐太宗刚当上皇帝时，对佛教的政策是整治和限制，曾敕令减僧，并对私度者处以重刑。贞观十年（636年），唐太宗受傅奕上书的影响，认为华夏人应尊儒道，不应把外来的佛教列为首选，就敕令道士、女冠在僧尼之前，对佛教有所抑制。但唐太宗没有采取毁佛的主张，还同佛教僧侣慧林、慧乘、智实等交流学问。唐太宗对佛教的重视是从尊崇玄奘开始的。贞观十九年（645年），玄奘法师从印度取经回来，轰动全国，玄奘成为唐太宗的相知，其译经场也得到了朝廷的支持和赞助。到了晚年，唐太宗对佛教积极支持，曾亲制《圣教序》。

唐太宗之后，唐高宗、中宗、睿宗都信奉佛教。唐高宗为太子时，为给母亲荐福，修建了大慈恩寺，度僧三百人，赞助玄奘译经，并作《述圣记》。唐高宗同时崇尚道教，把佛与道放在了同等地位，改变了唐太宗先道后佛的排位，明确要求佛道平等。唐中宗李显早年就从玄奘处受戒，法名"佛光王"，他即位后，造寺不止，"费财货者数百记"。唐睿宗佛道双尊，景云元年（710年）一次度僧、道三万人，规定每遇法事集会，僧尼、道士"宜齐行并进"。

女皇武则天对佛教情有独钟。其为了篡位，伪造瑞石，并刻铭文"三六年少唱唐唐，次第还唱武媚娘""化佛从空来，摩顶为授纪"，暗示武则天要当皇帝，而且说成是佛的意志。武则天因利用佛教登上宝座，在其篡位后，把佛教推向了鼎盛。她登上皇位后，一改先道后佛和道佛并列的次序，制定了举佛抑道的政策。令释教在道法之上，僧尼在道士、女冠之前。由于武则天的支持，出现佛盛道衰的局面，甚至一些道士弃道为僧。武则天时期，翻译完成了八十卷的《华严经》，华严宗和禅宗两大宗派均在此时形成。武则天统治时期，铸浮屠、立庙塔，仅制作一大佛像，就"倾四海之财，殚万人之力"，所费达之亿万。

唐玄宗对佛教曾积极利用，不空法师为其灌顶，成为菩萨戒弟子，他还著有《御注金刚般若经》颁行天下。开元年间，印度佛僧善无畏和金刚智来华，受到唐玄宗的礼遇，并创立了密宗教派。唐玄宗时，大造佛寺，寺院比唐初增加了一倍之多。

隋唐时期，皇权对佛教的强有力支持，为佛教的发展提供了政策保障和强大的物质支援，佛教在皇权的扶持下迅猛发展，从而使佛教的经典得到进一步翻译和注疏，佛教理论有了进一步的传播。

二、隋唐佛教宗派

魏晋南北朝时期，中国的佛教就出现了一些学派，但尚未形成宗派，主要原因是当时的寺院经济还未独立发展，缺乏经济基础。隋唐时期，由于多数帝王支持佛教，寺院经济得到独立发展，一些教徒为了维护既得利益，则依赖某些高僧和经典创立宗派。此外，随着佛教的中国化，一些高僧对佛经进行注释，发挥自己的思想，表达独立的见解，这样就产生了一些不同类型的理论和修持体系，从而给宗派的形成奠定了思想理论基础。隋唐时期，佛教的宗派主要有天台宗、法相宗、三论宗、华严宗、律宗、禅宗、净土宗、密宗、三阶教等。同时，藏传佛教也形成并发展起来。

天台宗是中国最早创立的佛教宗派。因创始人智颉常住天台山（今浙江省天台县境内）而得名。这一宗派尊印度大乘佛教中观学派创始人龙树为初祖，下启二祖慧文、三祖慧思、四祖智颛、五祖灌顶、六祖智威、七祖慧威、八祖玄朗、九祖湛然，一代传承一代。这一宗派把《法华经》作为主要教义依据，故又称法华宗。

　　法相宗是唐朝的第一佛教宗派，其创始人是玄奘，因其主张万法唯识，又称唯识宗。玄奘西行取经回国后，主要从事佛经翻译，对般若经做了系统编纂。玄奘采取随译随讲的方式授徒，主要传授唯识学，开创唯识一宗。

　　三论宗是以印度大乘佛教的大师龙树的《中论》《十二门论》及其弟子的《百论》为主修经典而得名。这三部经由后秦时期的鸠摩罗什所译，先在甘肃河西讲说传扬，后来吉藏着力弘扬"三论"而形成一大宗派。吉藏到长安日严寺，完成了三论的注疏，吉藏的弟子高丽人慧观，将"三论宗"传入日本。

　　华严宗因主修《华严经》而得名，又因为实际创始人是法藏，被武则天赐号"贤首"，又称贤首宗，又因以"法界缘起"为宗旨而称法界宗。华严宗的传法世家排列为杜顺（一祖）、智俨（二祖）、法藏（三祖）、澄观（四祖）、宗密（五祖）。法藏是华严宗的真正完成者，16岁随智俨学习《华严经》，武则天赐他"贤首国师"之号。法藏阐述华严义旨，创立了华严宗。

　　禅宗是隋唐时期最能体现佛教本土化的宗派，也是中国历史上传播范围最广、流传时间最长的宗派。禅是梵语"禅那"的简称，汉语的意思是"思维修""静虑""禅定"等。禅宗是指菩提达摩来到中国后，把释迦的心法传给慧可（二祖），慧可传给僧璨（三祖），僧璨传给道信（四祖），道信传给弘忍（五祖）。弘忍的两个弟子神秀、慧能分别创立禅宗的北派和南派。

　　净土宗的实际创始者为善导。净土宗主要修习的经典是《无量寿经》《观无量寿经》《阿弥陀经》等。净土宗专为普通人说法，净指心，土指境。净土宗念佛的方式很多，但归于一点，是让众生修成净业，一心不乱，往生西方净土世界。

　　密宗是由印度的善无畏、金刚智和不空传入中国的，此三人被称为密教"三大士"。佛教分显教与密教，密宗就是密教。此宗因念真言修业，又称真言宗。密宗以《大日经》《金刚顶经》为主导经典。密宗尊崇大日佛。佛教将佛分为释迦佛、大日佛、弥陀佛三身，称为一佛之德流出的三体，大日佛是释迦佛的法身，释迦佛是大日佛的化身。华严宗、天台宗以理为本，密宗则以事为本。密宗以大乘佛教中观派和瑜伽行派的理论为基础，在实践上以组织化、系统化的咒术、礼仪为特征，宣传口诵真言咒语（口密），手结契印（身密），心作观想（心密），三密查印，可以即身成佛。其他宗以"真如"为宇宙本体，密宗以"六大"为本体：地大、水大、火大、风大、空大、识大。前五大为理，属胎藏界，后一大为智，属金刚界。其他宗派都是中国僧人根据自己对佛经及其教义的理解而创立的本土宗教。

隋唐佛教宗派的形成和发展，对中国宗教文化和社会科学的发展有一定的促进作用，尤其是对哲学、逻辑学和宗教语言学的发展有一定推动作用。

藏传佛教在中国西藏的传播和发展大体经历了两个时期，前弘期和后弘期。前弘期，从约7世纪佛教传入到9世纪中叶。松赞干布建立吐蕃王朝后，派人到印度和尼泊尔的交界处请来观音像供奉。他还先后娶尼泊尔尺尊公主、唐朝文成公主为妻，两位公主都带来了佛教思想和佛像。他在拉萨建立大昭寺和小昭寺，在拉萨周围也建立了许多寺院，还组织人翻译佛教经典。松赞干布去世后，佛教在西藏没有什么发展，直到公元710年，赤德祖赞从唐朝迎娶金城公主到藏后，佛教才继续得到弘扬。赤德祖赞去世后，西藏的佛教又开始衰落，许多佛寺被毁。金城公主的儿子赤松德赞长大后，才恢复佛教。他派人去印度请来莲花生大师，去尼泊尔请来寂护大师。莲花生大师到西藏后，主持新建了西藏第一个剃度僧人出家的桑耶寺，并请来了印度的12个比丘（和尚），开始度西藏人出家。他培养了一批译经人才，先后译出了大乘、小乘、显教、密教的各类经典，把佛教在西藏的传播推到极盛。到了赤热巴巾时期，西藏对藏文进行了规范化运动，制定了标准译名。赤热巴巾极力弘扬佛教，大力支持译经，用玉石修建佛寺，还规定七户人供养一个僧人制度，对怠慢佛、法、僧的人要判刑，甚至割目砍手，这些措施引起了一些人的极力反感，赤热巴巾最后被谋杀。赤热巴巾被杀后，朗达玛接替西藏的赞布职位。他从公元 814 年开始，进行了灭佛活动，西藏地区的佛教寺院被毁。朗达玛灭佛后，西藏佛教中断了 100 多年。之后，赞布王室的后裔意希坚赞开始恢复佛教，他派人到西康地区学习佛教，并在卫藏和西康地区建立了一批寺院，佛教势力又很快兴盛起来。到了古格王朝时期，当时的国王柯日竭力提倡佛教，以出家僧人自命，后来他把王位让给弟弟，自己全力弘扬佛教。他派人到印度学习显宗、密宗的教义，并迎请许多佛教大德翻译佛经，这个时期佛教在西藏又有了新的发展。

藏传佛教在其传播和发展过程中，形成了一些各具特色的教派，主要有宁玛派、噶当派、萨迦派、噶举派、格鲁派。

三、隋唐时期的灭佛与反佛

隋唐时期虽尊佛之风日盛，但也有一些帝王和学者因政治需要或认知的不同，出现了帝王的灭佛和学者的反佛风潮。

唐武宗时，佛教势力在全国已突起，寺院经济扩张很快，形成同世俗地主经济和国家财政收入相矛盾的局面。当时，朝政日衰，唐王朝与佛教的矛盾日益加剧。在这种形势下，唐武宗发起了灭佛运动。会昌二年（842年），唐武宗下令佛界僧众犯罪违戒者还俗，并没收其财产。会昌四年（844年）七月，唐武宗下严令，对没有敕额的一切山房、佛堂、斋堂等一律拆毁，僧尼全部还俗。十月废佛活动进一步扩展，唐武宗下令拆毁全国小寺庙，佛经佛像移入大寺庙，佛钟送道观，所属僧尼，不依戒行者，不分老少都还俗。会昌五年（845 年），灭佛活动升级，三月下令全国寺院都不能建置庄园，八月宣布拆毁大小佛寺4600多所，小寺庙 40 000 余处，还俗僧尼 26 万人，没收良田数千万顷，解放奴婢 15 万人。唐武宗灭佛对佛教的打击沉重。虽然以后的几代皇帝都信佛，但由于战乱，佛教的繁荣时期已经终结。

当时社会科学界否定佛学的思潮也不时出现。唐初，傅奕曾上书非佛："佛在西域，言妖路远，汉泽胡书，恣其假托，使其不忠不孝，削发而揖君亲，游手游食易服以逃租赋。"①

反佛立场最坚决者是大文学家韩愈，他写了《原道》《原性》《原人》《原鬼》等散文，倡导建立与佛道相对立的理论体系，其文充满了对儒学的崇奉和对宗教的蔑视。他的《谏佛骨表》言：

> 佛本夷狄之人，与中国言语不通，衣服殊制，口不道先王之法言，身不服先王之法服，不知君臣之义，父子之情。假如其身至今尚在，奉其国命，来朝京师，陛下容不接之，不过宣政一见，礼宾一设，赐衣一袭，卫而出之于境，不令惑众也。况其身死已久，枯朽之骨，凶秽之余，岂宜令入宫禁？……乞以此骨，付之有司，投诸水火，永绝根本，断天下之疑，绝后代之惑。②

韩愈反对迎佛骨的理由跃然纸上，一是认为佛教的说教是"夷狄"之法，与中国的先王之道背离。二是从佛教传入中国的实效看，传入前百姓安居乐业，传入后国家乱亡相继。三是迎佛骨有违唐高祖之意，伤风败俗。四是佛骨是凶秽之物，无灵性可言，应投之水火。

第二节　隋唐儒学思想

隋唐时期，佛教和佛学是文化的中心和学术的重点，儒学与经学已失去汉时的风采。但隋唐王朝并不反对儒学，而且多数皇帝尊儒，一些学者也一直坚守儒学阵地，从而使儒学也有微弱的复兴之势。

一、隋唐皇帝的倡儒

隋文帝统一中国后，为了巩固政权，建立新的社会秩序，就多次下诏提倡儒学。开皇九年（589年），隋文帝指责儒家礼制破坏的乱

① 转引自侯外庐主编：《中国思想通史》第四卷上册，北京：人民出版社，1957年。
② 转引自杨东莼：《中国学术史讲话》，长沙：岳麓书社，1986年。

象："丧乱以来，缅将十载，君无君德，臣失臣道，父有不慈，子有不孝，兄弟之情或薄，夫妇之义或违，长幼失序，尊卑错乱。"①表现出一副儒道丧失的悲情景象。随后下旨，以"儒学之道，训教生人""开进士之路，伫贤隽之人"。随后又指令杨素等人修整"五礼"，设立学校，开展儒学教育，建立科举考试，以广聚贤良人才。隋炀帝对隋文帝的尊儒政策继续延用，一些史学家称赞隋朝出现"儒雅之盛"的局面。

唐朝更重儒学。建国之初，李渊就下旨在国子学立周公、孔子庙各一所，"创设礼经，尤明典宪"。唐太宗李世民也看到儒学对守业的作用，即位前，在秦王府开文学馆，选太儒虞世南、褚亮、姚思廉等朝内官员兼学士，"听朝之暇，引入内殿，讲论经义"。唐太宗还令颜师古考定《五经》，统一版本，又命孔颖达撰《五经正义》。

科举考试提升了儒学的地位。隋朝废除了九品中正制，推行科举考试，打破世族门阀垄断官职的恶习，官吏的选拔趋向平等，有利于人才的脱颖而出。唐朝发展了科举考试，据《新唐书》记载："唐制，取士之科，多因隋旧，然其大要有三。由学馆者曰生徒，由州县者曰乡贡，皆升于有司而进退之。其科之目，有秀才，有明经，有俊士，有进士，有明法，有明字，有明算，有一史，有三史，有开元礼，有道举，有童子。而明经之别，有五经，有三经，有二经，有学究一经，有三礼，有三传，有史科。此岁举之常选也。其天子自诏者曰制举，所以待非常之才焉。"在唐朝，考试的内容很多，但基本内容是儒家的学说和典籍。科举考试提高了儒学的地位，为复兴儒学起到了关键作用。

二、王通的儒学思想

王通生活在隋文帝时期，又名文中子。唐初的几大重臣杜如晦、房玄龄、魏征、薛收都是他的弟子。王通对孔子极为崇尚。他主张尊王道，重礼乐，以治天下。他主张按儒家仁、义、礼、智、信"五常"来

---

① 《隋书·高祖纪下》，北京：中华书局，1973年。

规范社会人伦关系，以达齐家治国目的。他在《文中子·王道》中说："子游孔子庙，出而歌曰：'大哉乎！君君臣臣、父父子子、兄兄弟弟、夫夫妇妇、夫子之力也，其与太极合德、神道并行乎！'"

王通所处的时代儒风大变，当时的注经训诂者"学不心解"，不少儒者，不博通经典，多找文字简短的《礼记》入手，而那些经典《三礼》《三传》《毛诗》《尚书》《周易》却无人问津，出现"四经殆绝"的状况。针对这种情况，王通力图恢复儒家经世致用的传统，但也主张佛、道、儒之间"通其变"，合三教为一观。他认为儒、道、佛都不危及社会和朝政，他指出："诗书盛而秦世灭，非仲尼之罪也；虚玄长而晋室乱，非老庄之罪也；斋戒修而梁亡，非释迦之罪也。"所以，王通的学术思想中吸收了儒道佛的思想观点。

王通的学术观点创新不多，但在佛教占主流，道教兴盛的当时，他举起了儒家的旗帜，且又采取学术开放的态度，寻找儒道佛合流的路径，不能不说是对儒学的延续。

三、韩愈的尊儒思想

韩愈是中唐伟大的文学家、思想家、政治家和教育家，代表一代社会科学成就的杰出人物。

韩愈是一位坚定的儒学信徒，一生坚持排佛尊儒，因反对皇帝迎佛骨而被贬为潮州刺史。他的散文《师说》《进学解》《祭十二郎文》脍炙人口。他的儒学代表作有《原道》《原性》《原人》《原鬼》《原毁》，史称"五原"。

韩愈认为历史的正道不是佛学，而是儒学。他讲道："尧以是传舜，舜以是传之禹，禹以是传之汤，汤以是传之文武周公，文武周公传之孔子，孔子传之孟轲，轲之死，不得其传焉。"韩愈认为，儒家从尧传到孟子，正统就失传了，现今儒学走样，佛老满天下，思想一片混乱。他说，自汉室以来，儒学修修补补，已是千疮百孔，而佛教唱行其中，"鼓天下之众而从之"。面对这种情况，韩愈有力挽儒道于将倾之志。他说："释老之害，过于杨墨，韩愈之贤不及孟子，孟子不能救之于未亡之前，而韩愈乃欲全之于已坏之后。呜呼，其亦不量其力且见其身之危，莫之救以死也！虽然，使其道由愈而粗传，虽灭死万万无恨！"①韩愈复兴儒学的努力，可能遭受很多危险，但他是万死不辞的。

韩愈论道，是儒家的道统，是同佛道两家的道统相对立的。他认为道统的核心是"仁"和"义"，仁存于内，义见于行，由仁到义方可实现道统。他完全同意儒家的先修身正心，而后才能齐家、治国、平天下。他说："《传》曰：'古之欲明明德于天下者，先治其国；欲治其国者，先齐其家；欲齐其家者，先修其身；欲修其身者，先正其心；欲正其心者，先诚其意。'然则，古之所谓正心而诚意者，将以有为也。"他批驳佛、道只治其心，却"外天下国家""不父其父""不君其君""不事其事"的"无为"主张。

韩愈的道统是要复兴儒家礼制，建立一个有三纲五常的封建社会秩序。这种礼制社会，实际上是一个有基本伦常关系，丰衣足食的小农社会。

韩愈把人性的层次分为三等，叫"性三品"。一等品性者是贤者、智者，天资聪颖；中等品性者，善恶相当；下等品性者，天生愚顽，主恶无善。他还认为，品性属于上等的，只要具备仁、义、礼、智、信五种美德中的仁德，其他四德就会发扬光大；品性属于中等的，缺仁德，其他四德就会善恶混杂；品性属于下等的，则五德缺失，纯恶无善。

韩愈认为天地人各有其道，他说："形于上者谓之天，形于下者谓之地，命于其两间者谓之人。"他认为人应该充分发挥人道，不要完全屈服于天道和地道，但他又认为，人的力量是有限的，主宰社会和人的还是天道。因韩愈所处时代对人的命运的偶然性和必然性无法解释，他最终回到了天命论那里。

---

① 转引自（唐）韩愈撰，马其昶校注，马茂元整理：《韩昌黎文集校注》第三卷，上海：上海古籍出版社，1986年。

第三节 隋唐时期道教的鼎盛

隋唐时期，佛道儒都迎来了发展的机遇。道教在唐朝近三百年的统治中更是得到朝廷的扶持，道教宫观布满全国，信徒成千上万，道教的理论和修炼的道术都得到了很大发展。

一、隋唐时期皇帝的崇道

隋朝两代皇帝都重视道教。隋文帝"开皇"年号取自道教，隋炀帝曾招数千道士为其炼丹，以求长生不老。

唐取代隋，道教的符命之说起了很大作用。隋末天下大乱时，社会上就流行"杨氏将灭，李氏将兴"的天道之说。李渊太原起兵时，就有"天道将改，将有老君子孙治世"的舆论。老君本姓李，这对李渊上台是一个很大的舆论支持。

唐太宗李世民也信奉道教，为争取人心，曾编造了一个老子降临的神话，说绛州吉善行在羊角山见了一位须发皓白的老翁，老翁对吉善行说："与我语大唐天子李某，今得圣治，社稷延长，宜于长安城东置安化宫而设道像，则天下太平，言讫腾空而去。"后吉善行被授予朝散大夫，并在羊角山建太上老君庙。

李渊和李世民是利用了道教的谶纬之说，达到舆论向李的效果。在唐朝真正信仰道教的皇帝是唐高宗和唐玄宗。唐高宗亲自到亳州拜谒太上老君庙，封老子为"太上玄元皇帝"，封老子母为"先天太后"，命朝廷官员皆修学《老子》。他东封泰山，在洛阳等地大修道观，全国道教活动蔚然而起。唐玄宗崇道有加，在长安、洛阳设立崇玄馆，其是唐朝专门研修道家经典的官方机构，他在此馆招收学徒讲授《老子》《庄子》《文子》《列子》，并在各州设崇玄学，在科举中也设道举一科，在全国各地建立玄元皇帝庙，要求每户人家有一部《老子》。道家的著作被奉为经典后，《老子》就改为《道德真经》，《庄子》改为《南华真经》，《文子》改为《通玄真经》，《列子》改为《冲虚真经》，《庚桑子》改为《洞虚真经》。到唐武宗时，他和宰相李德裕都尊道厌佛，并在全国发起了反佛灭佛运动。"会昌灭佛"使道教的地位再一次提升。

二、道教的重玄学

所谓重玄学，其理论渊源出自《老子》的"玄之又玄，众妙之门"，也可称"二玄学"。这里的"玄"指无边的深远之意，消除有无的差别，以无制有，达到无的境界，可谓一玄。而用玄消除第一个玄，为第二玄，故为"玄之又玄"，或重玄，达到重玄的境界，就可步入仙境。就是说，为道者，既要排遣其有，也要排遣其无，做到无有双遣，达到第一玄境，这还不够，不能执着于第一玄，而把这一玄也要排遣掉，才能达到"玄之又玄"，实现"重玄"。

同重玄学相似的理论，我们在敦煌《太玄真一本际经》卷四《道性品》中也能看到："道性者，即真实空、非空、不空亦不不空；非法非非法，非物非非物，非人非非人，非因非非因，非果非非果，非始非非始，非终非非终，非本非非本，而为一切根本。"这里说的"道性"，是对佛性的借用，指出万法皆空，不要拘泥于有无、物我、因果、始终。要求修道者一要无为，二要自然。所谓"无为"就是"无造无作"，所谓自然就是"不可使然，不可不然"。认为掌握了这种自然无为，就达到了"无上道"的境界。显然，重玄学的出现来自对释、老之学的吸收和传承。佛教"三论宗"就提出过"有无双遣"的思想。玄学家主张宇宙本体为无，重玄学认为"有无双遣"，这才是一玄，必须连"不滞之滞"也要排遣，达到二玄，即"玄之又玄"。

佛教中观学派常以"非有""非无""非非有""非非无"为追求，以此达到解脱的目的。庄子对宇宙的本源也有"玄之又玄"的见解："有始也者，有未始有始也者，有未始有夫未始有始也者；有有也者，有无也者，有未始有无也者，有未始有夫未始有无也者。"庄子这里所说的"有""有无""未始有无""有未始有无"，力图使人摆脱人世间一切物质的束缚。这就从道教的物质、肉体的单纯追求，进入对精神追求的境界。可见，唐朝道学家开始把重诵经、持戒转向了哲理的思考。

三、《道藏》编纂及道经注疏

隋唐时期道教的盛景还表现在道家经典的注疏、道学家的新著问世与《道藏》的编纂等方面。隋唐时期编纂道家经典成就显著，隋末杨广命令道士撰成《玄门宝海》120 卷，贞观末年玄应著有《一切经音义》，共 25 卷，此后，唐玄宗命人收集道家经典，编辑成《三洞琼纲》。

唐代道家经书，完成了"三洞四辅"的基本模式，"三洞"指洞神、洞玄、洞真，"四辅"指太玄、太清、太平、正一。

唐代道学著作主要是注疏以前道家经典，从注疏中阐发自己的见解。这类注疏有成玄英的《老子义疏》，是以佛学和庄子的思想注《老子》，着重构建重玄学理论。李荣的《老子注》、唐玄宗的《道德真经疏》、李约的《老子新注》重点宣扬《老子》内可修身，外足治国的精神。陆希声的《道德真经传》是以儒解老的杰作。王真的《老子论兵要义述》是谈及兵法的著作。这期间最为突出的是杜光庭，他写成《道德真经广圣义》50 卷，另撰有《道教灵验记》《广成集》等著作数十种。

隋唐时期还出了一些论道的著作，如司马承祯的《坐忘论》《太上升玄消灾护命妙经颂》《上清天地宫府图经》《服气精义论》，吴筠的《玄纲论》《神仙可学论》《形神可固论》《心目论》。这些论著，大多是抬高老庄，修炼成仙，实现"人皆尽死，唯我独活"的目的。

第四节 隋唐经学的复兴

儒学与经学实为一体，儒学是以尊奉六经而形成的学派和学术体系，经学是专门注疏六经的各种见解。

隋朝统一全国后，统治者认为儒家思想有利于巩固政权，就以儒家经典作为教材试图兴邦安国，于是重用儒家学者主持国家礼乐典章，并招天下儒士讲经授学，又在全国建立各种学校，传授儒家经典。

唐代李渊、李世民对儒学更是推崇备至，好儒，行"周礼"，但当时儒家经典注疏繁多，错讹不少，为此，唐太宗就诏令颜师古考订《五经》，令孔颖达对《五经》作疏义，以使儒家经典有统一的典籍疏义进入官学。

一、《五经定本》

《五经定本》是颜师古受命唐太宗考订《五经》之作。唐初统一经学，首先是校刊统一的《五经定本》，颁行全国。贞观四年（630年），唐太宗以"经籍去圣久远，文字多讹谬，诏前中书侍郎颜师古考定《五经》"[1]。《五经》"文字多讹谬"，与南北朝以来国家长期分裂，导致南北经学出现各有师承、各有版本的错综复杂的经学局面有关。唐太宗作为大一统国家的帝王，欲从经学入手统一思想，当然不会对经学这种混乱错杂的现状无动于衷。

由颜师古完成统一《五经》版本的任务，是非常合适的。颜师古少承家业，博览群书，精研训诂，有着极深厚的经学基本功。颜师古利用秘书省的大量藏书，以晋、宋以来流传的古今本为依据，悉心校定，历时两年多，终于完成了《周易》《毛诗》《尚书》《礼记》及《左氏春

---

① 《旧唐书·儒学传上》，北京：中华书局，1975年。

秋》等《五经》的刊定。唐太宗对此非常重视，特请宰相房玄龄召集诸儒"讨论得失"。由于诸儒本来并非同一学派，故一时异端蜂起，众说纷纭。"（颜）师古辄引晋、宋古今本，随言晓答，援据详明，皆出其意表，诸儒莫不叹服。"①贞观七年（633年）十一月，唐太宗"颁其所定书于天下，令学者习焉。"于是，颜师古校定的《五经定本》便以法定方式颁行全国，成为从中央到地方各级学校的标准教科书。

二、《五经正义》

唐太宗为进一步统一《五经》的义疏，从而完成经学的统一，命新任国子祭酒孔颖达主持《五经》疏义工作。孔颖达精通《五经》，对南北经学都有相当的造诣，因此，由他担任主笔，可称知人善任。

唐初，经学依然沿续着南北朝以来的师承关系，大体上北学基本继承汉代章句之学，南学则承袭魏晋以来以玄解儒的学风。各有所师、各有所本的状况，不但造成思想上的混乱和理论上的歧义，而且使国家在科举考试中缺乏统一的标准。"师说多门"的情形显然与唐初统一思想的要求不相适应，统一南北经义和学风，成为政治上、思想上统一的当务之急。由于统一《五经》义疏的工作量远远大于校定《五经》文字，所以，除由孔颖达领衔负责主编外，尚有颜师古、司马才章、王恭、贾公彦、杨士勋等二十余位名儒参加编撰工作。

经过两年的努力，一部长达一百八十卷的《五经义赞》终于于贞观十四年（640年）二月编成。唐太宗对此非常满意，褒奖孔颖达等人。不过，唐太宗以为"义赞"之名不够确切，特下诏改名为《五经正义》，并交付国子监，以为教材。《五经正义》之所以被唐太宗视为不朽之作，主要在于它综合古今，考定异说，定义疏为一尊，并以其意旨迎合了唐初统治的需要，起到了统一思想、维护统治的根本作用。

孔颖达等奉敕编撰的《五经正义》，以《周易》王弼注、《尚书》孔安国传、《左传》杜预注、《毛诗》郑笺、《礼记》郑玄注为其底

---

① 《旧唐书·颜师古传》，北京：中华书局，1975年。

本，其疏解则多据南北朝以来的释文。所以，《五经正义》基本上是综录诸家之旧说，编缀而成。

三、《经典释文》

《经典释文》是唐朝陆德明撰写的古人读经书时所用的字典，全书30卷。《经典释文》既有释义，又有音注。其功在于对十四部经典《周易》《尚书》《毛诗》《周礼》《仪礼》《礼记》《春秋左传》《公羊传》《春秋谷梁传》《孝经》《论语》《老子》《庄子》《尔雅》的注音。对经典的读音，因师承的不同、南北方言的差别，出现了释义和注音的混乱。陆德明有志于改变这一现状，选用注本179种，对文字、音韵、训诂、版本等做了多方面的辨伪，从而形成了这部博古通今的音义学大作。《经典释文》对中国文字学的贡献是巨大的，陆德明被后人称为"古籍之功臣也"，为历代学人推崇。

第五节　《贞观政要》的理论价值

"贞观之治"是指唐太宗统治的时代，是中国历史上少有的开明盛世。《贞观政要》是唐代史学家吴兢撰写的一部名垂千古的政论著作。全书共10卷，40篇，8万余言。

一、《贞观政要》的君道论

《贞观政要》首先记述了唐太宗关于君道的讨论和认识。所谓君道，就是指做一个好皇帝应当遵循的处事原则和道德行为规范。

唐太宗从隋亡的教训中，深刻体会到"为君之道"的第一道是"存百姓""正其身"。他在贞观初年对侍臣说："为君之道，必须先存百姓。若损百姓以奉其身,犹割股以啖腹,腹饱而身毙。"唐太宗把百姓的生死与否看成是政权存亡的根本,他认为那些不顾百姓利益,挥霍百姓血汗的帝王,等于是割自己的大腿的肉来填饱自己的肚子,无疑是一种自杀行为。唐太宗常以"载舟覆舟"的古训教诲自己和臣子,把百姓比作水,君权比作舟,水能载舟,水亦能覆舟,君之命系之于民之手。"存百姓"的最好办法就是"正其身",就是要严于律己,使君主自身有高尚的君德和济世的行为。他说:"若安天下,必须先正其身,未有身正而影曲,上治而下乱者。"

"为君之道"的另一道是戒偏听,立兼听。唐太宗在向魏征询问"明君"与"暗君"的区别时,魏征指出:"君之所以明者,兼听也;其所以暗者,偏信也。"魏征还以先贤先圣向砍樵人问国事,唐尧、虞舜能广开言路,听取各种不同意见,说明开明的君主必须兼听;又以秦二世偏听赵高,天下溃散,梁武帝偏听朱异,信任侯景,后来侯景率叛军攻打宫门而浑然不知,隋炀帝偏信虞世基,遭到"诸贼攻城剽邑"之祸的反面教训,说明偏听偏信的危险性。

二、《贞观政要》的任贤论

选贤任能是自古多数帝王治国的口号,但真正力行者很少。唐太宗可以算是帝王中选贤任能的第一帝,不但选贤有其言,而且有其行。《旧唐书·太宗本纪》称唐太宗"拔人物则不私于党,负志业则咸尽其才"。《贞观政要》记载了很多唐太宗的用贤言论和事例。贞观十三年(639年)太宗谓侍臣曰:"朕闻太平后必有大乱,大乱后必有太平。大乱之后,即是太平之运也。能安天下者,惟在得用贤才。"其晚年总结自己一生的为君经验,写了《帝苑》一书,特置《求贤》一篇,明确指出:"夫国之匡辅,必待忠良。任使得人,天下自治。""黄金累千,岂如多士之隆,一贤之重。"可见唐太宗对人才的重视。魏征对贞观年间唐太宗选贤任能赞曰:"贞观之初,求贤若渴,善人所举,信而任之。"①

贞观之治，人称"任贤"政治。唐太宗一生践行其"为政之要，惟在得人"，他不拘一格、不讲门第、不计前嫌、唯才是举，他所用的"八贤"，有的是出将入相的奇才，有的是秦王府中的旧属，有的是敌对阵营的谋臣，有的是来自隋朝的降将，有的是出生世族大家的俊才，有的是出身低微的能人。凡各类人才，都能得到重用，发挥其才干。

贞观时期，魏征是一位最杰出的直言善谏的诤臣，敢于挑剔唐太宗的一切毛病，曾一度使唐太宗震怒，但唐太宗深思之后，仍觉得魏征是难得的忠臣，其谏言对唐王朝的巩固发展作用甚大，所以魏征一直得到重用。魏征原是皇太子李建成的属下，当他看到太子与李世民不和时，建议太子李建成除掉李世民。但玄武门之变，李建成反被李世民所杀，魏征被俘。唐太宗审问魏征为何离间其兄弟时，魏征慷慨陈言："皇太子若从臣言，必无今日之祸。"唐太宗感其真诚之言，不但不杀魏征，反而厚加礼异，擢拜谏议大夫，还多次引入卧室，探讨治政之术。长孙无忌对唐太宗重用魏征有意见，唐太宗却说："魏征往者实我所仇，但其尽心所事，有足嘉者。朕能擢而用之，何惭古烈？征每犯颜切谏，不许我为非，我所以重之也。"贞观十二年（638年），唐太宗大宴群臣，酒兴中这样评价魏征："贞观以前，从我平定天下，周旋艰险，玄龄之功无所与让。贞观之后，尽心于我，献纳忠说，安国利人，成我今日功业，为天下所称者，惟魏征而已。古之名臣，何以加也。"②魏征死后，唐太宗把魏征比作一面镜子："夫以铜为镜，可以正衣冠；以古为镜，可以知兴替；以人为镜，可以知得失。朕常保此三镜，以防己过。今魏征殂逝，遂亡一镜矣！"③历代王朝因忠言进谏、触犯龙颜、被贬被斩者不计其数，唯有唐太宗时期，没有一个因诤言而受害者，唐太宗实为中国封建社会民主意识至强的帝王。

① （唐）吴兢：《贞观政要》卷十，上海：上海古籍出版社，1978年。
② （唐）吴兢：《贞观政要》卷二，上海：上海古籍出版社，1978年。
③ 《旧唐书·魏征传》卷七十一，北京：中华书局，1975年。

三、《贞观政要》的崇儒论

唐代是学术开放的时代，除少数皇帝有灭佛行动外，多数帝王都允许佛、道、儒并存。总体来看，儒学仍是正统，特别是在贞观年间，儒家思想不仅在民间复兴，而且成为官方的政治学术和政治文化。《贞观政要》崇尚儒学，表明儒学是唐朝主要的意识形态，是唐朝政治学体系的核心思想。

唐太宗鉴于隋朝灭亡的教训，认识到守业之难，而儒家的政治思想和伦理道德体系是维护政治秩序、社会秩序和人际关系的思想武器，所以贞观之治尤其崇尚儒学，而唐太宗的仁义、忠友、孝义、诚信、仁恻、慎言、礼乐等都是儒家思想在唐朝的体现。

《贞观政要》记载了许多唐太宗尊奉儒家，推动儒学兴国的措施和政令。唐太宗登上皇位后，就在正殿之左建立弘文馆，精选天下文儒，给以五品珍膳，引入内殿，讨论文典，商略政事。贞观二年（628年），唐太宗下令停止称周公为先圣，以孔子为先圣，在国子监建立孔庙，以孔子最得意的门徒颜渊为先师，还下诏招收大批儒士，赏赐布帛，供给车马食宿，破格录用。贞观四年（630年），唐太宗认为《诗》《书》《礼》《春秋》《易》文字多讹误，下令前中书郎颜师古在秘书省考定《五经》，赐帛五百匹，加授通直散骑常侍，颁其所定《五经》于天下。又令国子祭酒孔颖达撰写《五经正义》180卷，将其作为全国通用教材。

四、《贞观政要》的君德论

封建帝王，手持生杀大权，朕即国家，"普天之下，莫非王土，率土之滨，莫非王臣"，这种绝对权力，往往使君主把自己放在神圣的祭坛之上，让人顶礼膜拜。这样，君主就不受任何的法律和道德约束，高高在上。唐太宗却不是这样，他把自己从绝对权威上拉下来，与芸芸众生比美。他认为历代君王都自恃很高明，"皆欲配厚德于天地，齐高明于日月，本支百世，传祚无穷"，但结果却适得其反，"败亡相继"。原因是"天子者，有道则人推而为王，无道则人弃而不用。""君，舟也，民，水也。水能载舟，亦能覆舟"①。由此，唐太宗把守君道、修君德放在守天下的第一位。《贞观政要》通篇都有论君德的内容。

一是戒骄纳言立君德。《贞观政要》中，唐太宗把骄矜自断作为君德的一大患，极力主张为君者要心胸开阔，广纳良言，这样，才能吸引臣下为国家献策效力，君臣一心，励精图治。贞观十九年（645年），唐太宗对大臣说："朕观古来帝王，骄矜而取败者，不可胜数。""朕恐怀骄矜，恒自抑折，日昃而食，坐以待晨。每思臣下有谠言直谏，可以施于政教者，当拭目以师友待之。"②这就是唐太宗的君德。

二是以信得众建君德。唐太宗把"信"作为君德之本，坚持以儒家的仁、义、礼、智、信为修身准则。唐太宗认为，君王猜疑臣下和民众，以诈制人，以诡取胜，看似聪明，实则愚不可及。魏征上疏认为"德礼诚信，国之大纲"，他说："夫君能尽礼，臣得竭忠，必在于内外无私，上下相信。上不信，则无以使下，下不信，则无以事上，信之为道大矣。"③唐太宗对魏征劝君诚信的奏议，十分赞赏，并表示："若不遇公，何由得闻此语。"这就是唐太宗以信得众建君德的真实写照。

三是勤勉节俭行君德。唐太宗把奢侈纵欲看成是王朝衰败的主要原因。他一生主张厉行节俭，力戒奢华。在他的带动下，上下形成了节俭的社会风俗，百姓的负担减轻，国家出现昌盛局面。贞观元年（627年），唐太宗对王朝兴建工程提出了"贵顺物情"的原则，实则指顺应民心。他说大禹凿九山，通九江，虽用人力极广，但这项巨大的治水工程，利在"众所共有"，因而民无怨，万众参与，理之当然。而秦始皇建宫殿"为循其私欲"，故招来"人多谤议"。因而自己原来要建的宫殿虽"木材已俱"，却要耗费百姓财富和劳力，就不打算兴建了。唐太宗认为一个帝王如果不顾民意，沉湎于"雕镂器物，珠玉服玩"，恣其骄奢，"则危亡之期可立待也"。他下令，自王公以下，宅第、车服、

① （唐）吴兢：《贞观政要》卷一，上海：上海古籍出版社，1978年。
② （唐）吴兢：《贞观政要》卷一，上海：上海古籍出版社，1978年。
③ （唐）吴兢：《贞观政要》卷五，上海：上海古籍出版社，1978年。

婚嫁、丧葬，如不按规定者，"一切禁断"。从而出现了贞观二十年间的新气象："风俗简朴，衣无锦绣，财帛富饶，无饥寒之弊。"①贞观二年（628年），公卿因"夏暑未退，秋霖方始，宫中卑湿"，建议为唐太宗修建一个阁楼居住。唐太宗再三拒绝了这项建议："朕有气疾，岂宜下湿？若遂来请，靡费良多。昔汉文将起露台，而惜十家之产，朕德不逮于汉帝，而所费过之，岂为人父母之道也？"唐太宗重申以百姓之欲为行事准则："崇饰名宇，游赏池台，帝王之所欲，百姓之所不欲。帝王所欲者放逸，百姓所不欲者劳弊。孔子云：'有一言可能终身行之者，其恕乎！己所不欲，勿施于人。'劳弊之事，诚不可施于百姓。朕尊为帝王，富有四海，每事由己，诚能自节，若百姓不欢，必能顺其情也。"②唐太宗修节俭之德的理论渊源来自儒家的古典人道主义，就是"己所不欲，勿施于人"。唐太宗把这种人道主义又推行到帝王治国的实践中，以百姓之欲限制帝王的为所欲为。由于唐太宗的戒奢倡廉，贞观年间名臣宿将大部分生活简朴，为政清廉。如中书令岑文本，其"宅卑湿，无帷帐之饰"，有人劝他置些家产，他回答说："吾本汉南一布衣耳，竟无汗马之劳，徒以文墨致位中书令，斯亦极矣。荷奉禄之重，为惧已多，更得言产业乎？"户部尚书戴胄，居宅弊陋，死后难以停尸，祭祀无所，只好令有司为他建了个临时停尸的地方。尚书右仆射温彦博，家贫无正寝，死后殡于旁室。诤臣魏征，宅内无正堂，病危时，唐太宗为他造了个小殿，赐给他素色的褥子和布制的被子，表彰他崇尚节俭的志向。

四是灭私循公树君德。贞观元年（627年），唐太宗发现中书省和门下省对诏书有不同看法并互相指责，就提出了以公心处事的原则。有的人好护短，听到别人批评自己的过失就怀恨在心；有的人只要避免私人恩怨，互相照顾颜面，明知诏令有不当之处，也不提意见盲目执行。唐太宗认为这些官员"难违一官之小情，顿为万人之大弊"，要求诸臣都要"灭私循公，坚守直道"。唐太宗也是不徇私情的典范。贞观元年

---

① （唐）吴兢：《贞观政要》卷六，上海：上海古籍出版社，1978年。
② （唐）吴兢：《贞观政要》卷六，上海：上海古籍出版社，1978年。

（627年）分授爵位时，封中书令房玄龄为邗国公，兵部尚书杜如晦为蔡国公，吏部尚书长孙无忌为齐国公，都列第一等功臣，而唐太宗将自己的叔父淮南王李神通所授爵位低于这些一等功臣。李神通不服，上言："义旗初起，臣率兵先至，今玄龄等刀笔之人，功居第一，臣窃不服。"唐太宗从灭私循公的角度做了回答："国家大事，惟赏与罚，赏当其劳，无功者自退。罚当其罪，为恶者咸惧。则知赏罚不可轻行也。今计勋行赏，玄龄等有筹谋帷幄，画定社稷之功，所以汉之萧何，虽无汗马，指踪推毂，故得功居第一。叔父于国至亲，诚无爱惜，但以不可缘私滥与勋臣同赏矣！"①由于唐太宗在封爵行赏时处以公心，大臣们都心服口服。另外，唐高祖时，将自己的兄弟、侄子几十人都按宗室名籍册封为王。唐太宗认为，自汉以来，只有儿子和兄弟可封为王，其他关系疏远的都不能封王。如果亲属都封王，会增加很多劳力仆役，这会加重百姓的负担。于是他把那些宗室中原来封为王而没有功劳的，全部降为县公。

五、《贞观政要》的仁政论

仁政学创立于孔子，仁政学的发展和仁政制度的建设当属唐太宗时期。《贞观政要》对仁政学说有多方面的阐发和记述。

尊尧舜之道，以仁为天下。贞观二年（628年），唐太宗开宗明义要以尧舜为榜样，用仁政治天下。他说尧舜用仁政治天下，民风随之淳厚，桀纣用暴政治天下，民风随之凶悍。他揭露了以暴政和佛、道治天下的荒谬性。梁武帝崇尚佛道，亲自讲经，把军务、法典置之脑后，结果被侯景幽禁而死。梁孝元帝在兵临城下时，还不断地讲《老子》，结果江陵城失守，君臣都做了俘虏。从历史教训中，唐太宗选择了儒家仁政的治国方针。唐太宗说："朕今所好者，惟在尧舜之道、周孔之教，以为如鸟有翼，如鱼依水，失之必死，不可暂无耳。"②由此可知，唐

---

① （唐）吴兢：《贞观政要》卷三，上海：上海古籍出版社，1978年。
② （唐）吴兢：《贞观政要》卷六，上海：上海古籍出版社，1978年。

太宗是一个尊儒行仁的坚定执行者，其认识到儒道有"失之必死"的危险性。

克己奉公，躬行仁德。贞观十六年（642年），唐太宗对魏征说："朕克己为政，仰企前烈。至于积德、累仁、丰功、厚利，四者常以为称首，朕皆庶几自勉。人苦不能自见，不知朕之所行，何等优劣？"魏征对曰："德、仁、功、利，陛下兼而行之。然则内平祸乱，外除戎狄，是陛下之功。安诸黎元，各有生业，是陛下之利。由此言之，功利居多，惟德与仁，愿陛下自强不息，必可致也。"①魏征也认为唐太宗对"德仁功利"能兼而行之，但功利足够，只有德和仁还需要自强不息。于是唐太宗提出君臣要一天比一天谨慎，虽有功德而不能自恃。他主张拆掉那些豪华的建筑，住在简陋的房舍中才心安理得，一切享乐都要再三裁减。他接受魏征的进言，停止了许多建筑工程。唐太宗一生勤奋自律，居安思危，把唐王朝推向了鼎盛时期。

施行仁政，利及百姓。唐太宗不仅在治国宗旨上坚持以仁义为立国之本，还实施了很多惠及百姓的仁政措施。贞观初年，唐太宗提出解放宫女的建议。他说："妇人幽闭深宫，情实可愍。隋氏末年，求采无已，至于离宫别馆，非幸御之所，多聚宫人。此皆竭人财力，朕所不取。且洒扫之余，更何所用？今将出之，任求伉俪，非独以省费，兼以息人，亦各得遂其情性。"唐太宗看出了宫女成群，对百姓的资财造成很大浪费，而且宫女幽闭深宫是对人性的压抑。因此解放宫女，既省资财，又能息人，放她们出去，任求伉俪，各得其所。先后放出了三千余宫女，成为唐太宗实行仁政的一大举措。贞观二年（628年），京城大旱，蝗虫滋生。唐太宗到皇家苑囿察看灾情，他看到蝗虫后抓住几个说："人以谷为命，而汝食之，是害于百姓。百姓有过，在予一人，尔其有灵，但当蚀我心，无害百姓。"说完就把蝗虫吞了下去。《贞观政要》中记载了唐太宗吞蝗的事，虽然是个故事，但唐太宗体察民间疾苦的行为值得赞赏。

---

① （唐）吴兢：《贞观政要》卷三，上海：上海古籍出版社，1978年。

第六节　唐代中国文学的绝盛

　　唐代是一个经济发展与文化繁荣相一致的王朝，除了前面讲的儒学、佛学、道学、经学、政治学外，文学尤其是诗歌开了一代新风，文学理论、语言学、文字学、音韵学和各类艺术，均达到了空前繁荣的局面。

一、中国文学的鼎盛

　　唐朝是中国诗歌的黄金时代，无论是古体绝律，还是五言七言绝句，都十分完备而优美。唐代的诗人有皇帝、贵族、重臣、文士、和尚、尼姑、道士、歌妓等不同身份的人物。《唐诗纪事》记录的诗作者有 1150 人，《全唐诗》所录 2200 多人 48 900 余首诗歌。

　　唐代有好几位皇帝爱好诗歌音乐。唐太宗先后开文学馆、弘文馆，招纳学士，编纂文书，唱和吟咏。唐高宗和武则天，更好乐章，常自制新词，编为乐府。唐中宗时代群臣赋诗宴乐时常出现。唐玄宗时期，皇家赋诗之风更盛，唐玄宗本人是诗人，更喜文艺乐舞，连臣妃、帝后也喜欢诗作。

　　唐代出现了一大批伟大的文学家、诗人。其中有王勃、骆宾王、高适、岑参、宋之问、陈子昂、崔颢、王之涣、王昌龄、孟浩然、李白、杜甫、白居易等人。这些诗人不仅创作出了千古传世的诗作，还在诗的内容和形式上进行了大胆改革和勇于创新，把诗作推向了一个新的发展阶段。

　　唐初多数诗人未脱离宫体诗的余风，显得轻艳奢浮，如杨师道、陈叔达、袁朗、虞世南、李百药等人。后来唐初的四杰：王勃、杨炯、卢照邻、骆宾王，在诗歌上力求创新和解放。但这四杰都命运悲惨。王勃因溺水惊悸而死，年二十八岁；卢照邻因病苦不堪投水而死，年五十余岁；骆宾王因参与徐敬业反武则天，失败后逃亡，年四十多岁；杨炯不得志，四十余岁而亡。王勃是一位才华横溢的年轻诗人，六岁就能写文章，以五言体小诗著称。如《山中》云："长江悲已滞，万里念将归。况属高风晚，山山黄叶飞。"王勃除了诗作，还擅长骈文，其著名的骈文作是《滕王阁序》："滕王高阁临江渚，佩玉鸣鸾罢歌舞。画栋朝飞南浦云，珠帘暮卷西山雨。闲云潭影日悠悠，物换星移几度秋。阁中帝子今何在？槛外长江空自流。"其诗善写真实的心境，比较接近生活，其骈文激情奔放，气势澎湃。骆宾王七岁能诗，他最有名的作品是为徐敬业发兵所撰的《为徐敬业讨武曌檄》云：

伪临朝武氏者，性非和顺，地实寒微。昔充太宗下陈，曾以更衣入侍。洎乎晚节，秽乱春宫。潜隐先帝之私，阴图后庭之嬖。入门见嫉，蛾眉不肯让人；掩袖工谗，狐媚偏能惑主。践元后于翚翟，陷吾君于聚麀。加以虺蜴为心，豺狼成性，近狎邪僻，残害忠良，杀姊屠兄，弑君鸩母。人神之所同嫉，天地之所不容。犹复包藏祸心，窥窃神器。君之爱子，幽之于别宫；贼之宗盟，委之以重任。呜呼！霍子孟之不作，朱虚侯之已亡。燕啄皇孙，知汉祚之将尽；龙漦帝后，识夏庭之遽衰。

敬业皇唐旧臣，公侯冢子。奉先君之成业，荷本朝之厚恩。宋微子之兴悲，良有以也；袁君山之流涕，岂徒然哉！是用气愤风云，志安社稷。因天下之失望，顺宇内之推心。爰举义旗，以清妖孽。南连百越，北尽三河，铁骑成群，玉轴相接。海陵红粟，仓储之积靡穷；江浦黄旗，匡复之功何远！班声动而北风起，剑气冲而南斗平。喑呜则山岳崩颓，叱咤则风云变色。以此制敌，何敌不摧！以此图功，何功不克！

公等或居汉地，或协周亲，或膺重寄于话言，或受顾命于宣室。言犹在耳，忠岂忘心？一抔之土未干，六尺之孤安在？倘能转祸为福，送往事居，共立勤王之勋，无废大君之命，凡诸爵赏，同指山河。若其眷恋穷城，徘徊歧路，坐昧先几之兆，必贻后至之诛。试看今日之域中，竟是谁家之天下？①

这是骆宾王的传世之作，是唐代骈文之典范，有气吞山河之势，对武则天篡弑之罪揭露得淋漓尽致。据说武则天看了这篇讨伐她的檄文，虽恨之入骨，但对骆宾王的才华也佩服得五体投地，责怪宰相未将此人拉入自己的阵营。

唐代的诗在盛唐时达到了高峰，产生了李白、杜甫、岑参、高适、孟浩然、王维等一大批流芳千古的诗人。

李白是盛唐诗作最大的革新者，他批评建安派华艳柔靡的诗风，主张"清水出芙蓉，天然去雕饰"的自然诗风。李白借鉴了六朝一些清新自然的诗作风格，兼采诸家之长，形成了气势磅礴的浪漫主义诗风。李白的五言、七言、长篇、短篇都富有创造性，为唐代诗作的典范。李白的《静夜思》云："床前明月光，疑是地上霜。举头望明月，低头思故乡。"成为历代学子背得滚瓜烂熟的诗句。他的《子夜歌》载："长安一片月，万户捣衣声。秋风吹不尽，总是玉关情。何日平胡虏，良人罢远征。"把长安妇女对戍边丈夫的思念之情写得生动感人。他的《将进酒》载："君不见，黄河之水天上来，奔流到海不复回！君不见，高堂明镜悲白发，朝如青丝暮成雪！人生得意须尽欢，莫使金樽空对月。天生我材必有用，千金散尽还复来。烹羊宰牛且为乐，会须一饮三百杯。岑夫子，丹丘生，将进酒，杯莫停。与君歌一曲，请君为我倾耳听。钟鼓馔玉不足贵，但愿长醉不复醒。古来圣贤皆寂寞，惟有饮者留其名。陈王昔时宴平乐，斗酒十千恣欢谑。主人何为言少钱，径须沽取对君酌。五花马，千金裘，呼儿将出换美酒，与尔同销万古愁。"如此豪迈奔放的诗句，表达了他对自由生活的向往。这首诗对李白飘逸豁达、自由放任的精神气质有充分的显露。特别是诗的艺术性，夸张的手法，有起有伏的对仗句，语极豪纵，情极悲愤的感染力，从思想到形式都是一种创新。李白的长篇也是气势雄壮，在《蜀道难》中，为了表达"蜀道难，难于上青天"的"险象"，从蚕丛和鱼凫开国以来，长期不与内地

---

① 鲍思陶，林开甲：《中国古文精典》，济南：山东大学出版社，2008年。

相通，又用"鸟道""回川""猿猱""愁攀援""抚膺长叹"等天上人间的险峻，来极言"蜀道难"，将天、地、人写得浑然一体，仿佛将人带到了一个神奇而放情的世界，其描写手法和想象力，只有李白这样的诗圣才能达到。无疑，《蜀道难》是我国文学史上浪漫主义流派最具代表性的作品之一。

杜甫是盛唐时与李白齐名的伟大诗人。他的诗风与李白完全不同，是现实主义流派的典范。杜甫一生穷困潦倒，贫病交加。杜甫的诗具有很高的思想性和艺术性，反映的是民间疾苦和社会生活场景，对社会和人生充满着仁爱，对祖国、家室、草木怀有爱怜和同情之心。《洗兵马》中有"安得壮士挽天河，尽洗甲兵长不用"，表达了作者对和平安定生活的祈盼。《解忧》中有"减米散同舟，路难思共济"，要求民众有粮同食，有难同济。《蚕谷行》中有"焉得铸甲作农器，一寸荒田牛得耕"，关怀农业生产。《茅屋为秋风所破歌》中有"安得广厦千万间，大批天下寒士俱欢颜"，希望天下人都有房住。杜甫的爱国诗篇，成为千古绝唱，《春望》中有："国破山河在，城春草木深。感时花溅泪，恨别鸟惊心。烽火连三月，家书抵万金。白头搔更短，浑欲不胜簪。"其《三吏》《三别》《兵车行》《丽人行》成为观察和反映现实生活的史诗。杜甫对社会的动荡、官吏的丑恶、人民的苦难都做了深刻地揭露和批判。他在《兵车行》中写道："车辚辚，马萧萧，行人弓箭各在腰。爷娘妻子走相送，尘埃不见咸阳桥。牵衣顿足拦道哭，哭声直上千云霄。"反映了国家为打仗征召千万农家男儿，出现的"牵衣顿足拦道哭"的送别场面。他在《石壕吏》中用事繁语简的手法，揭露了官吏的暴虐与狠毒，反映了战争和徭役给人民造成的沉重灾难。"暮投石壕村，有吏夜捉人。老翁逾墙走，老妇出门看。吏呼一何怒！妇啼一何苦！听妇前致词：三男邺城戍。一男附书至，二男新战死。存者且偷生，死者长已矣！室中更无人，惟有乳下孙。有孙母未去，出入无完裙。老妪力虽衰，请从吏夜归，急应河阳役，犹得备晨炊。夜久语声绝，如闻泣幽咽。天明登前途，独与老翁别。"通过老妪对吏卒的诉说和哀求，可以看出农民家破人亡的悲惨境况，而官吏又是如此的残暴和狠毒，竟对三男参军二人战死的破败家庭也不放过，逼得垂暮的老妪去服"河阳役"。杜甫的诗开一代现实主义诗作的新风，充满革新与创造精神，每首诗都以现实生活的观察为依据，是活生生的个性化很强的艺术精品。

岑参、高适以描写边塞风情、战争生活取胜。高适在《塞上听吹笛》中如此描写牧马、羌笛、梅花、关山风雪："雪净胡天牧马还，月明羌笛戍楼间。借问梅花何处落，风吹一夜满关山。"岑参的边塞诗对西域雄伟壮丽的自然景观、边塞民风民情和征战将士的英雄气概，都跃然纸上。"北风卷地白草折，胡天八月即飞雪。忽如一夜春风来，千树万树梨花开。""上将拥旄西出征，平明吹笛大军行。四边伐鼓雪海涌，三军大呼阴山动。"这些诗句情景交融，惊天动地，感情真挚，具有很高的艺术技巧，形成新的诗歌流派。

王维、孟浩然则以描写田园山水、退隐生活而取胜。如王维的《终南山》云："太乙近天都，连山接海隅。白云回望合，青霭入看无。分野中峰变，阴晴众壑殊。欲投人处宿，隔水问樵夫。"王维隐居终南山，通过远望近观，把终南山的雄浑大景以及白云、青霭、阴暗变化写得意境开阔，入理传神。而《山居秋暝》则是一幅优美绝伦的风景画，诗中云："空山新雨后，天气晚来秋。明月松间照，清泉石上流。竹喧归浣女，莲动下渔舟。随意春芳歇，王孙自可留。"孟浩然的山水田园诗情感真切，动静和谐，意境清远。《春晓》云："春眠不觉晓，处处闻啼鸟。夜来风雨声，花落知多少。"成为后世儿童的启蒙读物。《宿建德江》云："移舟泊烟渚，日暮客愁新。野旷天低树，江清月近人"，也是脍炙人口的名篇。

晚唐时期在诗作诗论上最有成就的是白居易、元稹和刘禹锡。

白居易忧国忧民，有改革社会的强烈愿望。他主张文学应成为传达民意、抨击黑暗社会的工具，使文学具有社会功能和教育功能，这是现实主义的基本思想。白居易用他的诗歌着力反映社会矛盾、人民疾苦和官吏腐败，是唐代和整个中国历史上伟大的现实主义诗人之一。白居易是唐代诗人中诗作最多的一位，现存的诗作有三千多首。他也是早熟的一位天才诗人，十六岁所做的《赋得古原草送别》云："离离原上草，一岁一枯荣。野火烧不尽，春风吹又生。远芳侵古道，晴翠接荒城。又送王孙去，萋萋满别情。"此诗成为妇孺皆知的名篇。白居易的写景诗，也多为千古绝唱，《村夜》《大寺林桃花》《寒闺怨》《杭州春望》等无不成为脍炙人口的佳篇名作，尤其是《暮江吟》载："一道残阳铺水中，半江瑟瑟半江红。可怜九月初三夜，露似真珠月似弓。"把残阳照大江的壮大景观，勾画得活灵活现，气势宏大，扣人心弦，成为流传千古的写景杰作。白居易的《卖炭翁》对劳动者的苦难生活给予刻骨铭心的同情，而对官府的掠夺行为给予深刻地揭露。那位卖炭翁"满面尘灰烟火色，两鬓苍苍十指黑。""可怜身上衣正单，心忧炭贱愿天寒"。然而卖炭翁在一尺雪的市南门外，站立在"牛困人饥日已高"的时候，来的不是好买主，却是官府的宦官"黄衣使者"，结果这伙宦官拿走了卖炭翁的千余斤炭，给他的只是系向牛头的"半匹红绡一丈绫"。如此的不公，人民的苦难自然深重。白居易站在同情人民的立场上来揭露这种黑暗的社会现实，在封建社会确属难能可贵。白居易的诗展示了唐代社会的各个方面，描述各类人物的机遇和命运。他最杰出的诗篇《长恨歌》《琵琶行》，已成为名垂千古的诗歌典范，展示了作者博大精深的诗才和智慧。《长恨歌》是叙述唐玄宗和杨贵妃爱情悲剧的长诗，白居易用形象生动的语言，描绘人物的情态和心理，运用写景言情为一体的手法，深刻揭示了人物的内心世界，塑造了宛转动人的艺术形象。诗中许多佳句，被后人当作经典传诵，如"天生丽质难自弃，一朝选在君王侧。回眸一笑百媚生，六宫粉黛无颜色"。写女性之美达到了艺术的高峰。《琵琶行》通过诗人江边送客，听一位长安歌女诉说身世的情景，塑造了琵琶女的动人形象，诗人运用一连串的生动比喻，以及音乐节奏的变化，表现琵琶女高超的演奏技艺，通过琵琶女的自诉，反映了社会下层妇女的悲惨命运。诗中也是佳句不断，如"千呼万唤始出来，犹抱琵琶半遮面。""别有幽愁暗恨生，此时无声胜有声。""同是天涯沦落人，相逢何必曾相识"，已成为路人皆知的著名诗句。

元稹同白居易的文学观相一致，他说："世理则词直，世忌则词隐。"这是白居易"诗歌合为事而作"的翻版。元稹的诗有《乐府古题》十九首和《新题乐府》十二首，大多反映民众的疾苦和遭受的剥削，表现出对人民生活的忧虑和同情。如《织妇词》如此反映织妇的极度辛劳和丝税的苛重："织夫何太忙，蚕经三卧行欲老。蚕神女圣早成丝，今年丝税抽征早。早征非是官人恶，去岁官家事戎索。征人战苦束刀疮，主将勋高换罗幕。缲丝织帛犹努力，变缉撩机苦难织。东家头白双女儿，为解挑纹嫁不得。檐前袅袅游丝上，上有蜘蛛巧来往。羡他虫豸解缘天，能向虚空织罗网。"《连昌宫词》是元稹描写战乱的叙事诗，后世将它与《长恨歌》并称。

刘禹锡反对天人感应和因果报应说，作《天论》三篇，创立"天与人交相胜，还相用"的学说。他的诗反映现实生活的所见所闻，抒发真实感情，也针砭时弊。如《聚蚊谣》《飞鸢噪》《贾客词》《插田歌》，指责小人得势，揭露贫富对立，表达愤世嫉俗之感受。刘禹锡在接触下层百姓中，还吸收了民间诗作的长处，写了一些风格淳朴、别开生面的作品，如《竹枝词》云："杨柳青青江水平，闻郎江上唱歌声。东边日出西边雨，道是无晴却有晴。"感受真实，寓意深远，情景交融，特别是"东边日出西边雨，道是无晴还有晴"的双关语成为千古佳句，无人不传。刘禹锡还有一些怀古诗，言简意深，工成史诗，如《蜀先主庙》云："天地英雄气，千秋尚凛然。势分三足鼎，业复五铢钱。得相能开国，生儿不象贤。凄凉蜀故妓，来舞魏宫前。"寥寥数语，仅四十字，就将刘备统一西南，建立蜀国的英雄气概，诸葛亮的开国功业，刘后主的不贤不仁，故妓的悲凉际遇写得活灵活现，艺术手法之高超令人惊叹。

二、唐代文学的理论建树

建安时期，由于陆机、葛洪、钟嵘等人的论辩，中国文学理论取得很大成就。但这一时期的创作倾向，无论诗文辞赋，都追求声律、辞藻和各类形式，从而形成了柔靡浮艳的文风。隋初对写华丽文章发出过禁令，因这种文风经过百余年，已经形成了一种惯性风格，难以用法令来取消。唐朝以韩愈、柳宗元为代表，发起了以六朝骈文为主要内容的古文运动。韩愈极力反对六朝文风，是恢复古文风格的倡导者。他的学术思想是尊儒排佛，他的文学观点是反骈重散。他反对华丽空洞的文风，主张思想要回到古代的儒家，文体要回到质朴写实的散文。

陈子昂是韩愈、柳宗元之前反对六朝艳风的革新派人物，他在《与东方左史虬修竹篇序》指出，自晋、宋以来，"文章道弊五百年矣"。他着重肯定《诗经》的"风雅"和魏晋的"骨风"，主张恢复魏晋"风骨"，把昂扬向上的健康内容与优美的形式结合为一体，而不是以华丽的辞藻淡化诗歌的思想理念。他在诗的创作实践中充分体现了复"风骨"、用"兴寄"的文风，如《感遇》曰："兰若生春夏，芊蔚何青青。幽独空林色，朱蕤冒紫茎。迟迟白日晚，袅袅秋风生。岁华尽摇落，芳意竟何成。"他用"兴寄"手法，以兰草与杜若春夏繁茂，秋冬凋谢，反映自己政治上失意的苦闷。陈子昂还两度出塞，参加战争，对塞北自然风光和战士的处境、百姓的艰辛生活深有体会，写了一些出色的边塞诗。

韩愈不仅提出了文以载道的理论，还写了不少杰出的文道相合的散文。如《原毁》《师说》《画记》《马说》《张中丞传后叙》等都是古代散文的典范。如《师说》载："古之学者必有师。师者，所以传道受业解惑也。人非生而知之者，孰能无惑？惑而不从师，其为惑也，终不解矣。生乎吾前，其闻道也固先乎吾，吾从而师之；生乎吾后，其闻道也亦先乎吾，吾从而师之。吾师道也，夫庸知其年之先后生于吾乎？是故无贵无贱，无长无少，道之所存，师之所存也。"他论及从师的道理，逻辑严密，文句清新，深刻揭示了从师的道理。一是自古大学问家都有老师指引，而老师的最大本领就是"传道、授业、解惑"。二是从知识的认识来源看，人皆非生而知之，而是学而知之，只有好学才能解除疑惑，否则疑惑终不能解。三是不论大于我还是小于我，比我先闻道的，都可以尊拜为师。凡有道的地方必有师的存在。韩愈还批评了一种不耻于求师的社会风气，在《师说》中指出："古之圣人，其出人也远矣，犹且从师而问焉；今之众人，其下圣人也亦远矣，而耻学于师。是故圣益圣，愚益愚。圣人之所以为圣，愚人之所以为愚，其皆出于此乎？"圣人都尊师好学，而那些"众人"离圣人甚远，却不知求师解惑，形成了"圣益圣""愚益愚"的两极分化。韩愈还指出"圣人无常师"，尊一切人为师，学一切人的专长。他十分赞赏孔子的"三人行必有吾师"的格言，认为弟子和老师的关系不是建立在严格的"贤"与"不贤"的标准之上，而是建立在"闻道有先后，术业有专攻"的基础上。所以每个人都可以称比自己有一技之长的人为老师，自己则置于弟子的位置。韩愈的散文，哲理深厚，不亚于哲学论文。这是韩愈除旧革新的一种文风，值得我们学习。

柳宗元是韩愈古文运动的支持者，其与韩愈的不同点是，韩愈过于重道，而柳宗元则重文。韩愈排佛，柳宗元则好佛。柳宗元向儒家经典及诸子百家学习其精要："本之《书》以求其质，本之《诗》以求其恒，本之《礼》以求其宜，本之《春秋》以求其断，本之《易》以求其动，此吾所以取道之原也。参之《谷梁氏》以厉其气，参之《孟》、《荀》以畅其支，参之《庄》、《老》以肆其端，参之《国语》以博其趣，参之《离骚》以致其幽，参之《太史公》以著其洁，此吾所以旁推交通而以为之文也。"①可见，柳宗元的"道"是很开放的，有儒家之道、阴阳家之道、老庄之道、佛家之道，以及屈原、孟子、荀子、司马迁的人文品格及风尚。柳宗元的许多作品都属寓言，多写动物故事，意味深长，讽喻教诲意义很大，如《蝜蝂传》，蝜蝂见物皆负其背，从动物身上发现了一些人的贪得无厌，"日思高其位，大其禄，而贪取滋甚"，最后危坠。还有一些"嗜财者"，"遇货不避，以厚其室，不知为己累也"。认为这些贪财贪权者，"观前之死不知戒"，样子似高大魁梧，而其智慧若小虫蝜蝂一样。柳宗元还有一些散文反映的是农工民众的生活，深刻揭露了人民的苦难和政治的衰败，如《捕蛇者说》中，那位捕蛇者家族为了以蛇代赋役，竟有三代人专为王家捕蛇，深刻揭露了赋税之毒有甚于蛇的社会现实。

唐代在文学改革的风潮中，还出现了一些文学理论研究成果，许多文学理论研究成果见于作者诗文的序跋或散篇论文中，如白居易的《与元九书》就是单篇文学论文，殷璠的《河岳英灵集》每篇前都加按语以评论其诗歌艺术。

有关诗的理论专著要数皎然的《诗式》。此著五卷，第一卷总论诗

---

① 《柳宗元集·答韦中立论师道书》，北京：中华书局，1979年。

法，第一卷尾部和后四卷，分诗为五格，各取汉魏以来的诗句为例，以为法式。皎然强调构思要深思熟虑，苦心孤诣，但又要表现自然，不露斧凿人造的痕迹，使立意取境和遣词造句达到理想水平。他用高、逸、贞、忠、节、志、气、情、思、德、诚、闲、达、悲、怨、意、力、静、远十九字来分辨诗歌的体貌。他主张声律与对偶，但不要受形式束缚。这位僧人，受禅学影响，其诗学理论要求诗要有文外之旨、言外之意。皎然的诗论对诗歌创作有技巧上的双重作用。他认为诗是一桩伟大的事业："夫诗者，众妙之华实，六经之菁英，虽非圣功，妙均于圣。"他在《明势》中表示，写诗要有气势，如登名山观江海，极天高峙，气腾势飞，长江耿耿，万里无波。他还提出，诗歌要有"四声"，"宫商畅于诗体，轻重低昂之节，韵合情高，未损文格。"还提出诗要有"四不"，即气高而不怒，力劲而不露，情多而不暗，才赡而不疏。他又提出诗要有"七德"，即"识理、高古、典丽、风流、精神、质干、体裁"。[①]在继承与创新上，皎然提出了诗风变化的观点。他指出"反古曰复，不滞曰变。若惟复不变，则陷于相似之格"，他强调复古与变通要恰到好处。

三、唐代的语言文字学

语言文字学是从注经中发展起来的。唐代注经不仅是注儒家经典，也注佛家经典。

唐代的音韵学是在六朝音韵学的基础上发展起来的，当时反切的拼音和四声的分辨广泛运用。隋末唐初的陆法言撰有《切韵》。据陆法言《切韵》序言介绍，此书的内容，是陆法言在隋开皇初年，与刘臻、颜之推、卢思道、萧该等著名官僚学者聚在一起，通宵达旦讨论南北音韵，最后由陆法言记录整理而成的书。此书共收 12 000 字左右，按平声上 26 韵、平声下 28 韵、上声 51 韵、去声 56 韵、入声 32 韵、分编为五卷，共 193 个韵部。《切韵》已成为后世韵书的范本。后来唐中宗时，

---

① 郭绍虞主编：《中国历代文论选》，上海：上海古籍出版社，2001 年。

王仁昫有补韵之作《刊谬补缺切韵》，增补了6000字，还纠正了一些错谬。天宝年间有学者孙湎进一步发展了《切韵》的内容，编纂了《唐韵》一书。

唐代正式出现了字母学，它是对声母进行归纳研究的语言学分支。唐代从武则天开始，密教流行，人们学习密宗的悉昙。悉昙是梵文识字发音读本，力图使密宗的咒语能读得准确，以与佛沟通显效。汉字在梵文拼音的启示下，归纳声母系统，在敦煌发现的唐代《归三十字母例》就是当时字母学的重要成果。唐末和尚释守温把这三十个声母字母加以排列，按发音部位分为唇音、舌音、牙音、齿音、喉音五种。可见唐代的语言学已发展到很成熟的地步。隋唐时期创制的切韵语音系统，是我国语言学史上的重大发现。从隋唐时期到清代都沿用这一语音系统，我国的律诗都是按这一语音系统押韵的。

四、各种文学艺术形式的发展

唐代除了诗歌和诗学理论发展较好外，其他各种艺术形式都呈繁荣之势，如变文的成熟、传奇的问世、绘画雕塑和书法乐舞的成就等。

变文是唐代一种新的文学体裁，是在敦煌藏经洞写本中发现的。变文是韵文与散文相夹杂的文体。佛教僧人为了传经，往往采取又说又唱的方式，说的是散文体，唱的是韵文体，合而为一为变文体。最初的变文只用于讲述佛事，后演变成唐代民间文学的新体裁。唐代的变文有很多体现在佛教作品中，如《维摩诘经变文》《大目乾连冥间救母变文》，也有不少涉及历史题材的，如《伍子胥变文》《孟姜女变文》《王昭君变文》《张义潮变文》等。唐代变文对中国文学影响很大，对后世的话本、长篇小说、诗赋都有影响。

传奇是在六朝志怪小说的基础上发展起来的，但在内容上完全脱离以鬼神怪异为题材，侧重于反映社会现实生活。在形式上也突破三言两语的杂记小语，侧重于复杂的故事情节描写、精妙的人物形象的塑造，表明我国古典小说走向成熟。

绘画在唐代达到鼎盛，以佛教题材为中心的绘画成就最大，敦煌莫高窟、天水麦积山、新疆千佛洞、永靖炳灵寺、武威天梯山、山西云冈等都保存有大量的唐代壁画。在敦煌莫高窟壁画中，唐代部分最为辉煌。唐代以历史题材和现实生活为内容的肖像画和仕女画也十分成熟，如《秦府十八学士图》《西域图》《步辇图》等。唐代的山水画也非常出名，李思训在唐代被誉为"国朝山水第一"，他创作出"青绿为质，金碧为纹"的金碧山水画，他把自然山水与人物活动、殿台楼阁有机合为一体，使画面具有恢宏的气势。王维的山水画，打破了诗画界限，突出诗情画意的艺术境界，诗中有画，画中有诗，表现出文人疏放娴雅的艺术风格。

书法艺术在隋代就很驰名，到了唐代，书法艺术在继承南北朝书风的基础上，又有重大创新，形成了刚正遒劲的风骨和潇洒奔放的气势。唐太宗研习王羲之、王献之书体，又主张创新，求其骨力，写出了具有自己风格的书法。唐初虞世南、欧阳询、褚遂良、薛稷四大书法家，皆对二王书体有传承、有创新。尤其在楷书上，融北碑与南贴为一体，创造出了风格刚正遒劲的唐人楷体。唐代草书也独具特色，著名草书家有张旭和怀素。杜甫在《饮中八仙歌》中赞扬张旭的书法是"张旭三杯草圣传，脱帽露顶王公前，挥毫落纸如云烟"。怀素的狂草，具有惊天地、泣鬼神的艺术魅力。窦冀在《怀素上人草书歌》中赞扬"狂僧挥翰狂且逸，独任天机摧格律。龙虎惭因点画生，雷霆却避锋芒疾"。盛唐之后，出现了颜正卿为代表的"颜体"书法和柳公权为代表的"柳体"书法。颜正卿的书法所蕴含的风骨气韵，体现了盛唐气象，其楷书端庄严整又骨相嶙峋，行书酣畅遒劲又姿态奇崛。柳公权虽承"颜体"，但又有所创新，形成筋骨强健、体态劲秀的"柳体"。柳公权主张书法要体现秉性气质，"用笔在心，心正则笔正"。

雕塑艺术在隋唐时期也很发达，大都体现在造佛像的技巧上。隋代虽仅有30年，而造佛像数却达到了106 580尊，修补原有佛像150万尊。皇后独孤氏为其父建赵景公寺造银像600万尊。到了唐代，造佛像的风气更甚，敦煌莫高窟、龙门石窟、麦积山石窟、天龙山石窟等处，都保留有精美的唐代佛像。敦煌石窟的彩塑佛像尤为精美，有佛陀、菩萨、弟子、天王、力士、僧人、天兽等造像，大者有34米高的巨型弥勒佛造像，小的有几厘米高的影塑千佛。菩萨像慈祥和雅，袒胸露臂，身段丰盈而秀丽，表现出婀娜多姿的优美体态。天王和金刚力士，强调夸张男性健壮的体魄，突出力量之美。加之流畅的线条，华丽的色彩，配以完美的壁画，显得光彩夺目。

我国古代乐舞一直有承袭关系。隋朝建立后，以南北朝的乐舞为主，又吸收域内各民族和域外诸国的乐舞精华，创制出隋朝的《燕舞》，把南北朝时期的"七部乐"增为"九部乐"。唐代的乐舞，机构更为庞大和完备。当时有大乐署、鼓吹署、教坊和梨园四个乐舞部门。大乐署和鼓吹署由太常寺管理，机构庞大，各类人员达数万人。教坊和梨园属于宫廷，主要演出歌舞与散乐。音乐制度也在隋代九步乐的基础上新增一部高昌乐，共十部乐。唐代的乐舞技艺精湛，场面宏大，在唐诗中都有反映。杜甫的《赠花卿》中有："锦城丝管日纷纷，半入江风半入云。此曲只应天上有，人间能得几回闻？"李贺的《李凭箜篌引》描摹箜篌音乐的美妙。白居易的《琵琶行》描写琵琶女如泣如诉的弹奏。唐代所创造的大型乐舞《秦王破阵乐》和《霓裳羽衣舞》，气魄宏大，场面壮观。

第七节　隋唐科学技术的发展与走向世界的学术

隋唐时期，农业、手工业、商业以及交通运输业和城市建筑业达到了很高的发展水平，伴随着科学技术的进步，也出现了生产力的发展和整个经济的繁荣。唐代的科学技术同文化一样出现了鼎盛的局面，在中国古代科技史上谱写了继往开来的新篇章。

一、科学技术的发展

雕版印刷始于隋代，到唐代时已有很大发展。雕版印刷是中国对世界的贡献，其发明和推广对文化的传播作用巨大。后传到新罗和日本后，促进了世界文化成果的保存和扩散。

天文历算在唐代也很兴盛。朝廷设有太史局，太史令下有天文博士、历博士、天文观生、历观生，掌管天文，制定历法。算学隶属国子监，设置博士、助教和学生。唐代天文、历算学家有李淳风和僧一行等人。由于北魏造的铁浑仪测量不够准确，李淳风对其加以改造，在古代的六合仪和四游之间加了三辰仪，使浑仪由二重变为三重。三辰仪由黄道环、白道环和赤道环三个环相交构成，黄道环用来量度太阳的位置，白道环用来量度月球的位置，赤道环用来量度恒星的位置。三辰仪还可以绕极轴在六合仪中旋转，四游仪可以在三环仪中旋转，这样就可以直接观测日月星辰在各自轨道上的运动。僧一行是一位在天文历算上有重大贡献的科学家，他主持制造黄道游仪，撰有《大衍历》，其《大衍历》，以刘焯的《皇极历》为基础，形成"七术"结构，即步中朔术、步发敛术、步日晷术、步月离术、步晷漏术、步交会术、步五星术，这一结构对后世编写历法影响很大。僧一行在《大衍历》中，根据实测资料，对太阳运动的规律做了较为实际的描述，其太阳运动表，把太阳在一个回归年内所走的度数平均为二十四等分，太阳每到一个分点就交一个节气。

隋唐的医学有长足的发展。隋朝的医学家巢元方著有《诸病源候论》。唐代著名医学家孙思邈一生不仕，潜心研究医学，著有《急备千金要方》30卷，后又著《千金翼方》30卷，两书合称《千金方》，收有800多种药物。唐代医学上还有一大成就，就是在唐高宗时，国家出资编修了自古以来的第一部药典《唐本草》。中国古代的药典是《神农本草》，收药365种，魏晋时陶弘景又增药365种，唐高宗时苏敬又增药114种，修订为《唐本草》53卷，另有54卷、55卷之说。

地图绘制技术在隋唐时期有了进一步发展。隋炀帝时期完成了一部有丹青绘像、地图、记述的《西域图记》3卷，这是比较完整的地理学著作。隋炀帝还命臣下撰成《区宇图志》1200卷，这是一部图文兼具的地理学著作。此外，隋炀帝曾"普诏天下诸郡，条其风俗物产地图"，汇集了一部《诸郡物产土俗记》151卷，这是一部物产区域分布的地理著作。还编撰《诸州图经集》100卷，这是关于全国各州的地理读物。唐代，为了掌握全国的山川、物产、户口、风俗，也为了国防安全和对外交流，产生了一大批全国性、区域性的地理著作。著名的有贾耽的《古今郡国县道四夷述》和《海内华夷图》、李吉甫的《元和郡县图志》、玄奘的《大唐西域记》。

唐代，由于航海业和海域生产经验的积累，人们对海洋和潮汐的认识有了新的见解，具有代表性的有窦叔蒙的《海涛志》，表明我国在 8 世纪对海洋和潮汐规律的认识达到世界最高水平。

大型工程技术也达到当时世界最高水平。隋代开皇年间开凿广通渠，把渭水由大兴城引至潼关，长达三百里。隋炀帝时期的重大工程——大运河，沟通了海河、黄河、长江、淮河和钱塘江五大水系，全长五千里，是世界水利史上的奇观。这一工程从勘察、设计、施工、计算、管理到河岸道路的建设，需要各方面的人才和知识技术，显示了我国劳动人民高超的工艺技巧和智慧。

桥梁建筑也取得了辉煌成就，建于隋代开皇年间的安济桥（俗称赵州桥），也是桥梁建筑史上的奇观，其设计者李春为我们留下了人类桥梁建筑的重要文化遗产。

隋唐时期在都城建设和宫殿、寺院建筑上都体现了高超的技术和辉煌的成就。长安城和洛阳城的建设就是隋唐时期建筑技术最发达的表现。

唐代的金银器工艺水平很高，造型优美，唐代的纺织品更是精致美观，成为推动丝绸之路商业和国际贸易的主要商品。

二、学术的兼容与辐射

唐代是我国学术的鼎盛时期，也是学术文化大开放时期。

隋代因只有三十年历史，给中国学术留下的成果远不及唐代，但隋代修建的大运河，却为唐代的经济文化交流打通了大动脉，成千上万的文人学士通过这条运河在南北游览播文、传经授道，有无数文化产品通过这条运河在南北展示风采。

唐代以前，在华与夷的文化与学术之间有很深的鸿沟，以华排夷、以夷反华的文化现象都曾存在。而唐代在民族大融合的基础上，实行民族文化交融的政策。唐太宗曾说过："自古皆贵中华，贱夷、狄，朕独爱之如一。"①唐玄宗时，李华在《寿州刺史厅壁记》中说："国朝一家天下，华夷如一。"对汉族与少数民族的政策是"爱之如一""华夷如一"。同样，唐朝对各民族的学术思想、文化领域也"华夷如一"。唐朝与回纥、突厥、契丹、南诏等少数民族交往频繁，相互融合，对各少数民族的文化资源吸收创新，成为唐代文化最亮丽的成果。

唐代在宗教政策上，除了唐武宗推行过灭佛政策外，大多数皇帝都执行三教并存的政策，儒佛道都有发展，儒学在唐代仍占主流地位。唐高祖武德二年（619年），下诏国子监建立周公、孔子庙，四时拜祭。唐太宗下令颜师古于秘书省考订《五经》，后来形成的《五经正义》成为科举考试的教材。唐玄宗追谥孔子为文宣王，对儒家的《孝经》推崇备至，并且亲注《孝经》颁布天下。道教在唐朝畅行，唐朝尊老子为先祖，唐高宗封老子为太上玄元皇帝。佛教在唐代兴盛，并形成了天台宗、华严宗、净土宗、禅宗等宗派。

唐代学术与文化的发达既来自创新，又来自吸收和改造。因此，西方学者称唐代文化是世界文化。唐代的音乐艺术就是典型，唐太宗所设的十部乐，四部来自唐朝境内少数民族，四部来自国外。

丝绸之路的开通和水上交通运输的开辟，使东亚、南亚、中亚同唐朝的联络更加密切。国外有大量的商人、学者、使节源源不断来到中国，开展与中国的经济、政治、文化、艺术方面的互动和交流。

唐代，中国丝绸及丝织品大量输出国外，纺织技术享誉全球。同时大量国外的珍奇异宝进入中国，国际贸易有声有色地展开。

中国的语言体系也注入了很多外来词语，为中华民族所采用，如生老病死、宿命、清凉、昙花一现、聚沙成塔、慧眼等都源于佛典。佛画本来自印度、西域，经过与唐代中原技法整合，变为气魄雄伟的唐画。

盛唐时期，也是中国文化和中国学术最开放的时期，大唐文化以极

---

① 《资治通鉴》卷198，北京：中华书局，1956年。

强的辐射力向全世界播撒并生根、发芽、开花。唐代，中国与亚洲、欧洲各国的文化交流非常频繁。外国的商人、僧侣、学者、艺术家、使节不断来到中国学习，并把中国的学术思想和灿烂文化带到世界各地。当时，中国的长安、洛阳、广州、扬州等大城市，已成为世界文化与经济交流的中心。

唐代，中国学术与文化在朝鲜和日本迅速传播，朝鲜经常派遣留学生学习唐朝文化，有些人还参加中国的科举考试，学成归国，为本国服务。在朝鲜，儒家经典作为考试科目，白居易的诗歌在朝鲜很流行。日本先后向唐朝派出十次遣唐使，多数能通经史，熟悉中国情况。这些遣唐使的随行人员有医师、阴阳师、乐师，他们把中国的书籍、经卷、佛像带到日本，把中国的科学技术介绍给日本。唐朝僧人鉴真远渡日本，把中国学术文化传播到日本，他经过六次东渡，不仅把佛教戒律传到日本，同时把佛寺建筑、佛像雕塑艺术、本草学传到日本。日本现存的唐招提寺就是鉴真及其弟子创建的，现已成为重要世界文化遗产。日本明治维新以前很长的历史时期，教育内容以儒家思想为主体，四书五经是学生的基本教材。

唐代，中国与南亚各国交往甚密，许多中国僧人与学人到天竺等国求经礼佛，交流文化，而其中玄奘和义净在沟通中外文化中做出的贡献最大。中国与中亚、西亚、北非的学术文化交流发展很快。后来我国的造纸术也传入了阿拉伯国家，同时中国的纺织技术、陶瓷制造技术、炼丹技术、制硝技术都先后传入亚洲、欧洲、非洲一些国家。

隋唐时期，特别是唐代，由于我国实行对外开放政策，中国的典章制度、思想文化、科学技术、人文科学、学术流派广泛传播于世界各地，形成了以儒家学术思想为主流，以华夏文明为基础，以汉字为代表的中华文化圈，中华文明成为推动世界文明进步的策源地。

第七章　宋明理学的兴起

唐代以后，中国历史上进入大分裂的"五代十国"时期。960 年，赵匡胤发动了陈桥驿兵变，建立了宋朝，又一次统一了中国。后来在中国北方先后出现了辽、金、西夏、元等少数民族政权。由于受金国政权的侵吞，宋王朝于 1127 年被迫偏安于江南，史称南宋。

宋朝在社会科学领域最大的贡献是理学的产生。理学这一划时代的哲学思想的产生，被国学大师陈寅恪给予高度评价："华夏民族之文化，历数千载之演进，造极于赵宋之世。"[①]元代的学术总体上是乏善可陈，但是明代却出现了一大批思想家、科学家、文学家和留芳于世的社会科学成果，究其本质，这也属于理学的一部分。故本书在这里断开元朝，重点描述宋明理学。

历史上把宋朝南迁临安（今浙江杭州）作为分界，将南迁以前的宋朝称北宋，南迁以后的宋朝称南宋。整个宋朝也是多事之秋，最为头痛的是边境之患。宋朝统治三百多年间，经常周旋于民族纷争，北方辽、金、夏、元与宋长期对峙，金国势力进入中原后将宋廷逐至东南，几百年的时战时和，对国家经济发展和人民生活造成了严重破

---

① 陈寅恪：《邓广铭宋史职官志考证序》，《金明馆丛稿二编》，北京：生活·读书·新知三联书店，2001 年。

坏。最终蒙古势力崛起，吞金灭宋。但宋代也有一些促进文化学术发展的指导理念和政策。宋太祖接受五代重武轻文的教训，提出了"佑文"政策，开始重文重儒，不滥杀士大夫及上书言事者。这一重大的思想解禁和文化自由政策，成为知识阶层敢于独立思考、自由争论的政策保障。

宋代的重教政策也是培养学术文化人才，促进社会科学发展的政治因素。宋代统治者接受历史教训，深刻认识到教育的巨大社会功能。宋太宗说："王者虽以武功克定，终须用文德致治。"①宋代首先完善选拔人才的科举制度，大力发展官学教育和私学教育，在教学内容上注重儒家的伦理教育，在教学方法上推行分科教育，因材施教。范仲淹在发动庆历改革时，就主张兴学，倡导推广胡瑗的教学法。王安石在变法时，对教育也高度重视，出现了"熙宁兴学"的新局面。王安石认为治国利民，必须培养出"为天下国家之用"的人才，主张学以致用，并在太学内部通过积分制把学生成绩由高到低分别编入外舍、内舍、上舍，学习成绩优异者列入上舍，这就是著名的大学三舍考选法。这种通过积分高低入舍的方法，从制度上鼓励人才脱颖而出。

明代由于国家的重儒政策，社会科学继宋以后，理学继续发展，产生了一些新的成果。同时，戏剧、小说等文学形式成就可观，医学、农学、天文、地理也有不错的成就。明代无论学术思想、文学艺术还是科学技术都有很大的发展，主要原因是：明代中期中国的农业、手工业和商品经济有了一定程度的发展，这有利于促进文化的交流和生产技术的改造，特别是城市的发展和市民阶层的扩大，对专业文化的形式和文化生活的多样性都形成了较好的物质基础和精神动力，是社会科学发展的重要物质因素；郑和下西洋促进了海外贸易的开拓和国际文化的交流，对明代的社会科学发展起到了推动作用；明朝的尊儒以及发展起来的程朱理学为社会科学的发展奠定了一定的理论基础。

---

① （清）毕沅：《续资治通鉴》卷十一十月癸亥条，北京：中华书局，1957年。

第一节　宋明对儒学的革新到理学兴起

　　宋明理学产生前，中国一直存在儒、释、道三者的冲突和融通。从隋唐到宋初，儒、释、道出现合流，从而使宋明理学包含了儒释道三者的成分。宋明理学是儒学内部的革新派对儒学章句注经方式的一次大解放，从而使中国哲学重视经验伦理向高度思辨方向发展。

　　汉代，儒学取得了独尊地位，其内部出现了今文经学与古文经学之争。道教有一定发展，佛教也开始传入中国，儒、释、道各行其道，相互排斥和吸收都未成气候。魏晋南北朝时期玄学兴盛，其中有对儒、道、佛的吸收。唐代奉行崇儒、尊道、礼佛的政策，佛、道、儒三家出现融通与整合。

　　在三教相攻相斥的过程中，逐渐出现三教融合的趋势。隋代的儒学大师王通就看出三教相通的必要性，提出"三教于是乎可一矣"的主张，力图用儒学调和佛、道。柳宗元不赞同韩愈的排佛主张，认为佛教学说中有与《易》《论语》这些儒家经典相合之处，不是同孔子的思想完全对立的。刘禹锡主张佛与儒应处平等地位，儒学以中庸之道治民生，极少谈性命，世道衰微时容易被人遗忘，所以儒学适应治世而不适应乱世。佛教以彼岸世界救度众生，在乱世易于被人接受。因此，儒佛俱有相辅相成的社会功用。寒门子弟李翱表面上排佛，但又吸收了佛教法统观念和心理学说，提出道统说和复性说，为宋明理学的产生做了思想准备。

　　佛教对儒学的吸收也显而易见。不少僧人吸收儒家的三纲五常观念，丰富佛教理论。儒家孝道思想被许多僧人接受，出现了孝僧。孝儒与孝僧在儒家的伦理观念中寻找到了统一点。唐代还在佛道的会通上出现新的气氛，如天台宗将道家的长生内丹法纳入佛教的止观学说中，把成佛与成仙放在了同一修炼平台。

　　在唐代，道教也注意吸收儒家与佛教思想。一些道教徒认识到成德的妙训在礼仪，立身的根本在忠孝。礼仪、忠孝完全是儒家思想内涵，而被道家"活学活用"了。唐代后期的钟吕金丹道坚持内修真功，外养忠孝信仁，儒家思想渗入道家修炼实践中。唐代道士成玄英、王玄览、司马承祯等人都援佛入道，其"三世皆空""静除心垢"同佛家的"四大皆空""物我两忘"的涅槃境界在精神实质上是同一的。

宋初，排斥佛、道之风仍盛。宋初儒学大师孙复就说："仁义不行，礼乐不做，儒者之辱也。儒者之辱，始于战国，杨朱、墨翟乱之于前，申不害杂之于后；汉、魏以下又甚焉：佛、老之横行于中国，与儒相并而为三，甚可怪也！彼等破灭人伦，儒者鸣鼓而攻之可也。"①后来的理学家也有不少排斥佛、道之人。其中张载、程颢、朱熹、陆九渊等人都有排斥佛、道的倾向。例如，张载指责老子："有生于无"的宇宙论是"不识所谓有无混一之常"，就是说道家不懂得有无混一的规律。又批评佛家"以山河大地"为虚幻，并以人身的六根去迎合天地，不能穷尽天地的奥秘，反诬天地日月是虚幻的事物，指出这种理论是片面的、不攻自破的②。

但是宋代的理学，实则是以儒学形式出现吸收佛道及其他思想的产物。例如，宋代道士陈抟就是援道入儒的理学先驱。他早年熟读儒家经史，尤精于《易》，后考进士落榜后，隐居山林，吸收老学、《易》学、道学内丹派的理论，著《无极图》《先天图》等阐述理学的著作。他将《无极图》传给种放，种放传给穆修，穆修传给周敦颐，周敦颐又传给程颢、程颐兄弟和李之才，后又传给邵雍。北宋理学家的象数之学就来源于道教学术。宋儒还接受了道家的义理之学，王安石注《老子》，或引儒学以释老学，或引老学以解儒学。宋代的理学家受佛教的影响很明显。理学家周敦颐，曾向鹤林寺的寿涯和尚学过佛学，入仕后，又跟黄龙山慧南、祖心禅师参过禅。他在《爱莲说》中塑造佛家所崇尚的"出淤泥而不染"的莲花形象，不难看出，在他的理学思想中吸收了佛家的心性论。

---

① 杨东莼：《中国学术史讲话》，长沙：岳麓书社，1986年。
② （清）王夫之：《张子正蒙注·太和》，北京：中华书局，1975年。

程颢、程颐兄弟，受佛、老思想熏陶几十年，十五六岁开始研读佛经，又和当时的高僧交往，研究佛法。他们后来研习"六经"，其道学思想中能看出佛的影子，他们的复天理、灭人欲的理论和方法，同佛家的"寂空""不动心"等心性论有渊源关系。朱熹在理论上是反佛的。认为佛家的说教，背弃了人间的伦理纲常。但他在其理论和修习方法上又吸收了佛家思想。朱熹借华严宗"四法界"的思想，提出了"理一分殊"的理论。他还用佛家"月映万川"的比喻，阐述深奥的道理："一月普观一切水，一切水月一月摄。"他的著作《伊洛渊源录》和《近思录》，题材与形式都借助于禅宗的《传灯录》①。明代，大理学家王阳明仍然坚持三教会通的思维方式，他的学术中不乏儒、释、道三教思想的精华。他的弟子王畿精辟地阐述三教融通的必要性。王畿说：

> 三教之说，其来尚矣。老氏曰虚，圣人之学亦曰虚。佛氏曰寂，圣人之学亦曰寂。世之儒者，不揣其本，类以二氏为异端，亦未为通论也。……人受天地之中以生，均有恒性，初未偿以某为儒，某为老，某为佛，而分授之也。良知者，性之灵，以天地万物为一体，范围三教之枢，不循典要，不涉思为。虚实相生，而非无也。寂感相乘，而非灭也。与百姓同其好恶，不离伦物感应，而圣功征焉。学老佛者，苟能以复性为宗，不沦于幻妄，是即道释之儒也。为吾儒者，自私用智，不能普物而明宗，则亦儒之异端而已。②

王畿在这里指出道家讲"虚"，佛家讲"寂"，其实儒家圣人认为"虚""寂"同为异端。人类天生有共同的本性，没有把人区分为儒、道、佛。人的"良知"以天地万物为一体。如能以"复性"为宗，不要沦虚妄，那他就是通道、通释的儒者，如果儒者自私用事，不能普遍适应事物的变化而明宗明理，那他就是儒家的极端派，而不是那种君子儒。理学的理论体系就是建立在对三教的吸收、取舍、融合的基础上的，是中国主要文化派系由对立排斥到吸收融合的结果。

---

① （明）王畿：《龙溪王先生全集》卷十七《三教堂记》，清光绪八年（1882年）刻本。
② （明）王畿：《龙溪王先生全集》卷十七《三教堂记》，清光绪八年（1882年）刻本。

第二节　宋明对经学的反思与革新

孔子创立了儒学，在战国时由孟子和荀子加以传承与发展，形成完整的古代儒学体系。汉代，儒学独尊，经学崛起，章句注经和训诂风靡一时，直到隋唐，一些经学家墨守成规，在解经方式上沿袭旧法，思想上也冥顽不化。正如《汉书·艺文志》所言，"碎义逃难，便辞巧说，破坏形体；说五字之文，至于二三万言。……故幼童而守一文，白首而后能言"。

到宋初，谈儒说经仍然走的是汉代马融、郑玄的路子，谨守章句训诂，儒家学说的义理，则被烦琐的章句训诂所淹没。孙复给范仲淹的信中说："国家以王弼、韩康伯之《易》、左氏、公羊、谷梁、杜预、何休、范宁之《春秋》、毛苌、郑康成之《诗》，孔安国之《尚书》，版藏于太学，颁于天下。又每岁礼闱取士，执为准的。多士校艺之际，有一违戾于注说者，即皆驳放而斥逐之。"①可见，当时国家尊儒政策十分教条和僵化。以那几本注经读物作为"礼闱设科取士"的标准教材，"多士校艺之际"，一旦有违背这些注说者，都要"驳放而斥逐之"。这是多么僵化的文化政策和没落的学术风格！苏轼曾指出，宋兴七十年确曾出现过"民不知兵，富而教之"的盛况，但又指出其学术文化却是一种衰势："而斯文终有愧于古。亦因陋守旧，论卑而气弱。"②当时的文风也很陈旧浮艳，辞藻华丽较多而无关人伦世教。仁宗皇帝指责这种文风是一种"无益治道"的"浮夸靡曼之文"。面对学术与文化的浮泛而僵化，特别是儒学、经学的因循守旧和衰朽，学界发起了革除积弊、儒学再造的呼声。

这时出现了一些敢于突破陈规旧法的注经者和叛道者。刘敞作《公是先生七经先生》，解经或别出新意，或改经就义。如《论语》中孔子批评

① 刘国忠，黄振萍主编：《中国思想史参考资料集·隋唐至清卷》，北京：清华大学出版社，2004年，第110页。
② （宋）苏轼撰，孔凡礼点校：《苏轼文集》卷十《六一居士集叙》，北京：中华书局，1986年。

宰予昼寝一事，刘敞在"寝上"添一"内"字，于是宰予昼寝成为"废法纵欲，昼夜居于内，所谓乱男女之节"，这就消除了"过轻贬重"的不当。对《春秋》的注解，承接唐人啖助、赵匡"疑传从经"的风格，并有发展，不尽从传，也不尽废传，唯善是从。到王安石著《三经义》时，出现了对汉儒注释的全盘蔑视，"视汉儒之学若土梗""先儒传注，一切废不用"。唐代韩愈的古文运动在宋初又被复活，一些经学家，如胡瑗、孙复、石介虽在讲经注经，但学风有大的改变，不再以章句的方式解经，直接要求"得古人之心"，并坚持体与用、道与文、心与言的统一。

宋代庆历改革的推动者范仲淹、欧阳修、苏轼等人更是大刀阔斧，破除旧弊，标新立异。范仲淹以"先天下之忧而忧，后天下之乐而乐"提示儒家的理想人格。欧阳修对《周易·系辞》提出大胆怀疑。通常说法是《周易》的《象传》上下、《象传》上下、《系辞》上下、《文言》、《序卦》、《说卦》、《杂卦》称"十翼"，为孔子所作。欧阳修通过对文本的考证，认为这些篇章"非圣人之作"，而真正的作者是汉代的《易》师。欧阳修和苏轼、苏辙等人对《周礼》也提出新的见解。指出传世的《周礼》是"不完之书"，书中的制度理想与情理相违，"言五等之君，封国之大小，非圣人之制也，战国所增之文也"。这些疑问和见解还是通过拟就策问试题而提出的，这就比较广泛地传播到士人群体之中，影响很大。还有一些人质疑和批评孟子的言论，怀疑孟子在儒学中的地位。苏轼还在其《书传》中指出《尚书》的"康王之诰"篇不合于礼，因为当时成王死，康王志其臣子不应冕服。欧阳修在《诗本文》中对《诗》序提出怀疑和批评。他说："序之所述，乃非诗人作诗之本意，是太师编诗假设之意，毛、郑随执《序》意以解诗，宜其失之远也"①。

庆历改革时期，学者坚持"通经学古""救时行道""犯颜纳说"三原则，表明新学倡导者具有很强的历史使命感和社会责任感。庆历时的思想解放，在各地造就了一批新学流派。全祖望在《宋元儒学案序录》中如此记述兴学之盛况："庆历之际，学统四起。齐、鲁则有士建

---

① 转引自刘国忠、黄振萍主编：《中国思想史参考资料集·随唐至清卷》，北京：清华大学出版社，2004年，第112—133页。

中、刘颜，夹辅泰山而兴。浙东则有明州杨、杜五子，永嘉之儒志、经行二子；浙西则有杭之吴存仁，皆与安定湖学相应。闽中又有章望之、黄晞，亦古灵一辈人也。关中之申、侯二子，实开横渠之先。蜀有宇文止止，实开范正献公之先。毕路蓝缕，用启山林，皆序录者所不当遗。"①庆历年间各地学派四起，为理学的产生和形成起了奠基作用。

庆历改革在政治上虽未取得成功，但在思想解放和学术革新上成就可赞。章句注经的老陈规被打破，儒、道、佛互相排斥被三教融合所取代。汉代、唐代注疏《五经》的传统，变为讲求《四书》的义理，探讨身心修养的传统。把儒家重在构建的伦理道德体系上升到思辨哲学的高度，讨论宇宙论和本体论方面的重大问题，其中涉及虚与气、理与气、道与器、太极阴阳、理一分殊、一两、形上与形下、体与用等高度抽象的问题。在人生与心性论方面，着重探讨性与命、性与情、天命之性与气质之性、未发已发、道心人心、天理人欲等重大问题。在修养论方面，探讨知与行、格物与致知、德性之知与见闻之知、涵养省察、主敬与主静等重大问题。在思维方式上的高度抽象性和思辨性大大提升了中国社会科学的地位。西方人一度轻视中国的儒学，认为思辨性太差。黑格尔认为孔子的《论语》只是一些"道德格言"，孔子的所有言论，不如西塞罗的一句话。且不知中国的儒学发展到宋明理学阶段，其思辨性和学术概念的抽象性、综合性已不亚于黑格尔的"绝对理念"及"有""无""变"等概念。

宋明理学充分利用先秦以来"道""阴阳""太极"等范畴来探讨宇宙的本源、本体及变化，而又创造出"理""气""心"等反映宇宙本体和规律的范畴，建立新的哲学体系。张载以"气"为核心阐述理学，又称为气学。他集中研究"太虚与气""性与诚""天地之性与气质之性"等问题，提出了"性天合一""民胞物与"的理想境界。程颢、程颐和朱熹以"理"为核心阐述理学，其中朱熹是理学集大成者，着重讨论理气关系和心性关系。他认为宇宙间的法则规律先于个别事物，人的类本质先于或高于实际的人，引申出人的道德理性对血肉之躯

---

① （清）全祖望：《宋元儒学案序录》，《黄宗羲全集》第三册，杭州：浙江古籍出版社，1986年。

的制约。明代的王阳明以"心"为核心阐发理学。他的"知行合一"说和"致良知"说最为著名。他肯定知与行之间的相互包含和动态统一。他把孟子的"良知"理论加以发挥，认为"致良知"，一方面要消除心中的自私欲念；另一方面要躬行实践，把心的"良知"表现出来。宋明理学体系内部博大精深，从而分出了理学、气学、心学。而宋明理学又称为"道学"。宋明理学容纳了儒、道、佛、阴阳家等学派观点和宗教理论，但又高于这些理论派别。

宋明理学的一大特征是把道德提高为本体，"重建了人的哲学"。理学家倡导"天人合一"的精神境界，强调人要"开拓胸次""处处表现圣者气象"。王阳明的弟子王畿称"满街都是圣人"，表明理学家不是以常态俗习看人类，而是以圣人的理想价值看人类，从而看出人的崇高价值。理学家张载有做人的豪言壮语："为天地立心，为生民立命，为往圣继绝学，为万世开太平。"①

关于"理"，自古就有多重含义。汉末的刘邵提出"理有四部"，就是道理、事理、义理、情理。这是从语意上言"理"。近代唐君毅从"理"的思想发展上，把理的衍变解释为"六义"，一是先秦思想家的"文理之理"。二是魏晋玄学家所推崇的"玄理"。三是隋唐佛家所说的"空理"。四是宋明理学家所说的"性理"。五是王船山以至清代儒者所理解的"事理"。六是近代学人受西方自然科学影响所形成的"物理"概念。

我们所说的宋明理学，也不是儒学革新时出现的概念。北宋初年把革新后的新儒学多称"道学"。程颐在宋元祐二年（1087 年）四月《又上太皇后书》中说："诚如是，则将见道学日明，至言日进，弊风日革。为益孰大于此？"②这里的"道学"似指革新后的新儒学，不指某一派。程颢请孙叔曼为其兄写墓志铭的信中说："又其功业不得施于时，道学不及传之书，遂将泯没无闻，此尤深可哀也。"这里说的道学是指道术与学问，不是学派。

---

① 冯文达，郭齐勇：《新编中国哲学史》下册，北京：人民出版社，2004 年，第 13 页。
① （宋）张载：《张载集》，北京：中华书局，1978 年，第 376 页。
② （宋）程颢，程颐：《河南程氏文集》卷六，《二程集》，北京：中华书局，1981 年，第 552 页。

南宋时，朱熹提倡道学，实则指理学。他针对反道学的观点，指出"道学不明，无一事是当，更无开眼处，奈何奈何？"就是说人们对道学不明了，任何事都不会做得恰当的，更不能增加人的见识。后来，朱熹在上书中，称"刚毅正直，守道循礼"的人才是"道学之人"。朱熹指的道学面比较窄，大体上指周敦颐、邵雍、程颢、程颐等人，不包括"荆公新学""蜀学""永嘉之学"，及陆九渊的"心学"。

"理学"的概念，朱熹也用过，但是带贬义。他说："理学最难。可惜许多印行文字，其间无道理的甚多，虽伊洛门人亦不免如此。"①这里的理学既指二程及其门人，也指苏轼、苏辙的"蜀学"。而陆九渊则认为理学是圣贤之学，指出"惟本朝理学，远过汉唐，始复有师道"。宋宁宗时，一些学者在上疏中高度评价理学家周敦颐。其中楼观如是说："理学之说，隐然于唐虞三代之躬行，开端于孔门洙泗之设教，推广于子思、孟轲之讲明，驳杂于汉唐诸儒之议论，而复恢于我宋濂溪先生周公敦颐。"②这里把儒家的道统都归之理学，尤其称赞周敦颐恢复了理学的真谛。

南宋时，有了"心学"的概念。袁甫在《象山书院记》中说：因为陆象山"发明本心之学，大有功于业教"，皇帝赐他谥号为"文安"。王守仁在《象山文集序》中指出："圣人之学，心学也。"

南宋道学与心学各有门户之见，相互攻讦，造成一些人只看其异，不识其同，把其作为对立的两派。元末张九韶的《理学类编》中，未辑陆九渊的言论。认为其非理学。明代皇帝朱棣下诏胡广纂修《五经大全》《四书大全》《性理大全》，以性理为中心，把程朱道学和陆九渊的心学编纂在一起，使道学与心学融合。明代理学家王守仁认为陆九渊、朱熹都是"圣人之徒"，主张调和二者，其大概念为"理学"。他说："看得理学不明，人心陷溺。"他认为理学之中包括道学与心学。此后，理学就成了道学与心学的总名。

---

① （宋）黎靖德编，王星贤点校：《朱子语类》卷六十二，北京：中华书局，1986 年。
② 转引自张立文：《宋明理学研究》，北京：人民出版社，2002 年，第 9 页。

第三节 《太极图说》的宇宙观

在理学的形成中，周敦颐起了奠基人的作用。他的主要著作《太极图说》与《通书》等是早期理学思想的代表之作。周敦颐是理学的开山之祖。

周敦颐的理学受易学、道学思想影响很深，也受到佛家的影响。《二程语录》记王拱见周敦颐，坐了一会儿，忽然外间大风起，周敦颐开始对王拱讲"风天小畜卦"，可见他对易学很有研究，且有关于《易》的专门著作。他是崇道的，吕陶说他"常自诵曰：俯仰不怍，用舍惟道，行将退去山林，以全吾思。"他对佛家的思想也颇有情感，嘉祐八年（1063年），他在任虞部员外郎时，曾作《爱莲说》，就有授佛入儒的意向。其文如下：

> 水陆草木之花，可爱者甚蕃。晋陶渊明独爱菊。自李唐来，世人盛爱牡丹。吾独爱莲之出淤泥而不染，濯清涟而不妖，中通外直，不蔓不枝，香远益清，亭亭净植，可远观而不可亵玩焉。

莲花与佛有缘，传说佛祖释迦摩尼出生后，一边走路，一边高呼："天上天下，唯我独尊"。他走了七步，每步脚印上出了一朵莲花。佛与诸菩萨的座垫就是大莲花。莲花是佛教的吉祥物，是佛教徒自性清静的象征，表现了佛家高尚的道德情操。周敦颐的爱莲，同佛家可说是心心相印。他于熙宁二年，即1069年因病辞官回九江。熙宁五年（1072年），定居庐山莲花峰下。熙年六年（1073年）病故。他是一位儒、道、佛三教皆染的大学问家。周敦颐的主要著作有《太极图说》《通书》《养心亭记》《爱莲说》。

周敦颐先设置了《太极图》，而后对《太极图》加以解释，就形成《太极图说》这一宇宙衍化理论。

《太极图说》首先描述了一个宇宙生成与循环运动的图式："无极而太极。太极动而生阳，动极而静，静而生阴，静极复动。一动一静，互为其根；分阴分阳，两仪立焉。阳变阴合而生水火木金土，五气顺布，四时行焉。五行一阴阳也，阴阳一太极也，太极本无极也。五行之生也，各一其性。无极之真，二五之精，妙合而凝。'乾道成男，坤道成女'。二气交感，化生万物，万物生生，而变化无穷焉。"

从这里可以看出，周敦颐所设定的宇宙循环模式是：无极—太极—阴阳—五行—人与万物；而又返回为：人与万物—五行—阴阳—太极—无极。宇宙是在这样一个反复循环的图式中生成和发展的。

这里说"无极"是最本源的状态，它比"太极"还原始，犹如老子所谓的"道"和"一"的早期阶段，而"无极"是绝对无形无象，难以名状的一种宇宙状态。但"无极"本身也是变化的，它由纯无向非纯无变化，就是向"太极"变化，"太极"已经由"无"转化为"有"，如老子所言"恍惚中有物有象"，但这种"有"仍然是"先天地"之"有"，是阴阳欲分而未分的"有"，处于元气混而为一的状态，它没有脱离"无极"这一宇宙初始状态，所以周敦颐又说："无极而太极"，二者还在拉锯，你中有我，我中有你。因而在《太极图》中把"无极"与"太极"列为同一个宇宙圈，并注"无极而太极"。为此，有人就认为"无极而太极"就是说"无极等于太极"。其实"无极"和"太极"是有差别的，在"无极"阶段是"纯无"，在"太极" 阶段无变为"有"，但这种"有"还不是天地万物之"有"，而是处在阴阳将分又未分的状态。

《太极图说》的"阴阳"则是太极运动分化的产物。"太极动而生阳，动极而静；静而生阴，静极复动。一动一静，互为其根，分阴分阳，两仪立焉。"周敦颐同先秦以来的道家、易家和阴阳家一样，都看到宇宙万物存在对立的两极，其分化与合一，成为物质运动的动力，也是物质的存在常态。"太极"的又动又静，生出阴阳，宇宙间的两仪就此形成。阴阳、两仪不能孤立存在而是互相包含、相互转化的。因此，第二太极图圈，阴阳的形象不是对半分立，而是两半交叉、合二而一的。这里提示了宇宙间的一条必然规律，"动极而静""静极复动"，就是"物极必反"的规律。

《太极图说》中的五行是阴阳矛盾变化的结果，即"阴变阳合，而生水、火、木、金、土"。五行的排列顺序是沿用《尚书》而来，是按物质由微而著的表象安排的。孔颖达在《尚书正义·洪范》疏中说："又万物之本，有生于无者；著生于微，及其成形，亦以微著为渐。五行先后，亦以微著为次。五行之体，水最微，为一；火渐著，为二；木形实，为三；金体固，为四；土质大，为五"[①]。《洪范》所强调的水、火、木、金、土顺序，是表明五行相生相克，是在说明一与多的关系。周敦颐说："五行，一阴阳也；阴阳，一太极也；太极，本无极也。"这就是说无极展开，顺变为太极—阴阳—五行；而五行聚合，逆变为五行—阴阳—太极—无极。周敦颐在《周子通书·理性命》中说得更明确："五殊二实，二本则一。是万为一，一实万分"。无极与太极为一，而二仪、五行为多，一的展开、扩张可以为多、为万，而多与万可能聚合为一，一与多是对立的统一。宇宙遵循的是循环发展模式，而不是线性模式，不是只散不聚，而是有散有聚。

从无极到太极再到阴阳、五行，而又从五行开始返回到阴阳、太极、无极，是宇宙生成和运动的形而上学规律，是超脱物质世界的理念形态。而宇宙衍化并没有完成生人、生万物的过程。所以周敦颐又论证了无极、阴阳五行生人、生万物方式。他指出无极、阴阳、五行都有最精微的因素，实际是指"气"，这种"气"有"妙合而凝"的特征。气按乾道运行，成就男人，向坤道运行，成就女人，阴阳二气的相对相合产生了人。同时"二气交感"，就化生万物。万物是生生不息、变化无穷的。任何生成的东西都会有灭亡的时候，人与万物的灭亡，就又出现"无"，回归"无极"。"万物生生，而变化无穷焉"。在周敦颐的太极图式中，人和万物的形成用两个相同的圆来表示，处于太极图的第四、第五图位。人与万物的生成是同时的，"乾道成男，坤道成女"，人出现了。"二气交往，万物化生"。人与万物是生生不息、有死有生的。这就完成了宇宙生成的全部过程。

周敦颐的《太极图说》在阐明了宇宙生成的机理及过程后，转而着

① （汉）孔安国传，（唐）孔颖达正义，黄怀信整理：《尚书正义》，上海：上海古籍出版社，2007年。

重阐发人性、人伦问题，就是他自称的"立人极"的问题。《太极图说》载："惟人也得其秀而最灵。形既生矣，神发知矣，五性感动而善恶分，万事出矣。圣人定之以中正仁义，而主静，立人极焉。"①

在万物产生形成阶段，人虽与万物同时生成，但人上升到万物之上，"惟人得秀而最灵"，人的"秀""灵"主要表现在人有"知"，即"智慧"，人知"善恶""五性感动而善恶分"。更为突出的是，圣人为人制定了"中正仁义"的伦理规范和"无欲故静"的心性修炼方式。周敦颐在"无极""太极"之后所立的"人极"，其核心理念就是"中正仁义""无欲故静"。"中正仁义"显然是重申了儒家的伦理道德思想，而"无欲故静"则吸收了道家的"无为"思想和佛家的"空静"人生观。这就给理学定下了基调，此后的理学家无不涉及"仁义中正"的伦理规则和"无欲故静"的心性修养途径。

周敦颐还指出圣人所言之教、所立之道是与天地相通的。"故圣人与天地合其德，日月合其明，四时合其序，鬼神合其吉凶，君子修之吉，小人悖之凶。"②"中正仁义"和"无欲故静"就是符合天地大道的最高道德规范，凡君子必须修炼它，会得到吉祥之运，而背弃这一规范的小人则会遇到困危。周敦颐还对"天极""地极""人极"的根本问题做了界定，指出"立天之道，曰阴与阳。立地之道，曰柔与刚。立人之道，曰仁与义。"③天道的实质是阴阳对立统一，无极、太极分化出阴阳，从而产生了五行、四时以至万物，而阴阳的凝聚回归又达到"无极而太极"，这是天道，是周而复始的运动规律。而地主道，即有形的万物，都在刚柔相济中存在与发展。包括大地在内的万物，其变化的动力是刚与柔的对立统一，物不能执异端，不能尽刚不柔或尽柔不刚，必须刚柔相济，非刚非柔，实际是指万物只有在刚柔中取中道，才能保持均衡，才能保持存在和发展的状态，刚与柔二者舍其一而图其一，万物会遭到破坏。至于人极，那就是孔子所说的"仁义"。仁义立，整个社会就能井然有序，人与人之间就能和睦相处，人与天地就浑然一体，达

---

① （宋）周敦颐撰，徐洪兴导读：《周子通书》，上海：上海古籍出版社，2000年，第48页。
② （宋）周敦颐撰，徐洪兴导读：《周子通书》，上海：上海古籍出版社，2000年，第48页。
③ （宋）周敦颐撰，徐洪兴导读：《周子通书》，上海：上海古籍出版社，2000年，第48页。

到天人合一的理想境界。

周敦颐的宇宙观、人生观混杂了客观唯心主义和主观唯心主义的思维方式，当他论证宇宙生成时，显然是客观唯心主义者，其宇宙的图示是超人、超万物的客观规律，是先有"无极""太极"这些观念，而后生成万物。但当他讲到"诚""一"这些心性修养概念时，完全运用的是主观唯心主义的思维方法，心即宇宙，万物存心，心要成圣，人就可以成圣。然而，周敦颐的思维方法则充满辩证法。他从阴阳对立统一的观点来分析宇宙的生成和循环运动，又从转化的观点，论述万物的生生不息和人世的变化无穷，是对中国传统辩证思想的发展。他把人的思维提高到极为抽象和思辨的高度，对中国哲学思维方法的发展起了先驱作用。他的宇宙生成论不是用实验科学的方法建立的，而是对历代学者宇宙观的改造和创新。但不能否认他的宇宙论有假说的一面，有其经验观察加想象的一面。他的"无极"和"太极"同19世纪黑格尔的"无"与"有"再到"生成"的辩证思想是很相似的，不过他比黑格尔早600年论证了宇宙的"无"、"有"及"生成"问题。现代粒子物理学和天体物理学所阐述的宇宙生成和物质变化的观点，同《太极图说》中所说的某些观点有吻合之处。大爆炸宇宙论认为宇宙是从一种近乎无的最小微粒中爆炸而产生的。宇宙生成前没有原子及原子核这样的微观粒子，宇宙处在等粒子状态，有质量的任何东西都不存在，它既是无也是有。这同周敦颐的观点有不谋而合之处。可见，周敦颐的宇宙生成论对当代宇宙学的研究有一定的参考价值。

第四节　张载的气学

张载是北宋时期著名的思想家、哲学家，他是理学体系中的"气学"派，因为他曾在陕西眉县横渠镇讲学，人称横渠先生。他在关中地区有一批门生和同行，形成了一个学派，故"气学"又称为关学。关学在理学体系中占有重要地位。

一、"一物二体"的对立统一观点

　　张载认为气可以化为道，可以化为神，可以化为性，可以化为心，其根本原因在于气有两体，存在对立面的一分为二和合二为一。张载认为万物动静的原因不是外力而是内力，是气的内部出现矛盾。"凡圜转之外，动必有机；既谓之机，则动非自外也。"① 那么内力从何而来呢？张载说："一物而两体〔者〕，其太极之谓欤！阴阳天道，象之成也；刚柔地道，法之效也；仁义人道，性之立也；三才两之，莫不有乾坤之道也。"②

　　张载的一物二体，万物有阴阳对立的两面，并非其独创，在《易经》中就有乾坤对立及"一阴一阳谓之道"，道教祖师老子处处讲对立与转化。而张载的独特之处，在于以气来分析一物二体。从上述引语中，可知"一物二体"就是太极含有一物两体，太极就是气的虚空状态。虚空中就存在有无混一、阴阳分立的因素。而当阴阳两极运动时，就产生了天体，也产生了大地，乾象征天，坤象征地。大地也有其特殊的对立两极，这就是刚柔，这是地之道。到人类社会出现，就出现仁义与非仁义的对立面，仁义则为人之道，当指人的正道，反仁义、暴政则指人间的邪道。张载这里只讲正面的道，反道者未曾提及。从而得出天地人都分乾坤二道或阴阳二体，"三才两之，莫不有乾坤之道也"。事物的对立两极是不可分离的，缺少一方另一方就不能成立和存在，即"两不立，则一不可见，一不可见，则两之用息"。

　　对立面如何通过气化而运动的呢？张载对这一矛盾统一过程用对、反、仇、和四阶段来描述。他说："有象斯有对，对必反其为；有反斯有仇，仇必和而解。"③ 这就是说，太极中两两对立的方面，一中存在二，一中的两个对立面相互依存，而又相互对立就是对必有反，故对立的两面在一定阶段发生互相排斥，互相斗争，这就是"有反斯有仇"，

① （宋）张载：《张载集》，北京：中华书局，1978 年，第 11 页。
② （宋）张载：《张载集》，北京：中华书局，1978 年，第 235 页。
③ （清）王夫子：《张子正蒙注·太和篇》，北京：中华书局，1975 年。

两对立面互相排斥和斗争达到一定阶段就会趋于缓和，形成新的统一就是合。张载对两极矛盾相互对立又转化的过程揭示，比较合乎事物真实的运动过程，是用辩证观点来分析矛盾的。张载还由事物矛盾变化引出了"神"与"道"的概念。"神"是包含在对立统一体中"合一不测"的东西，是隐性的动力，是万物变化的根据，"化"则是神的表现，是外部变动的显现过程。张载把"神"比作"天德"，"化"比作"天道"。神是运动的本体，道是运动的效用。他把道与神，作为气化的不同特性来解释。他说："语其推行，故曰'道'，语其不测，故曰'神'；语其生生，故曰'易'；其实一物，指事〔而〕异名尔。"这些都属于气化的不同表现形式。

二、"见闻知"与"德行知"的观点

张载在认识论上近乎唯物主义的认识方法，由感性认识到理性认识，特别是要达到"德性之知"。他首先指出人要获得正确的认知，得到关于事物的知识，就要通过耳目感受外部世界，获得对客观世界的直接认识。他说："人谓己有知，由耳目有受也；人之有受，由内外之合也。"[1]又说："合内外，平物我，自见道之大端。"他认为认识的第一步，要通过耳目等感觉器官，感受外部世界。目接受"天之明"，耳接受"天之声"，心接受"天之不御"，即无限。

但张载也看到世界的无限和见闻的有限存在矛盾。他说："但恐以闻见为心则不足以尽心。人本无心，因物为心，若只以闻见为心，但恐小却心。今盈天地之间者皆物也，如只据己之见闻，所接几何，安能尽天下之物？"[2]他认为天地充满各类物质和现象，耳目所接触的事物实在太少，若只以有限的见闻得到对大世界的认知，那是很困难的，也是非常狭小的心理状态。他主张用"大心"认识世界。他说："圣人尽性，不以见闻梏其心，其视天下无一物非我"，就是要寄存见闻对人心

---

① （清）王夫子：《张子正蒙注·大心篇》，北京：中华书局，1975年。
② （宋）张载：《张载集》，北京：中华书局，1978年，第333页。

的桎梏，要用人的大思维，把所有事物作为自己认识的对象，对宇宙万物进行思考分析，以达到尽心而"穷理"。

张载认为要突破"见闻所知"的局限性，就要用"德性"来体悟万物。他指出："见闻之知，乃物交而知，非德性所知；德性所知，不萌于见闻。"[1]所谓"德性"就是指人具有高尚道德的理性思维形式，也可以称为"大心"。这种"德性"所思考认识的知识是"天德良知""非闻见小知而已"。"德性之知"不是一般思虑所能达到的，是一种神圣的破天机的知识，"大率天之为德，虚而善应，其应非思虑聪明可求，故谓之神"。人的这种认识可称为"神"，也就是人认识到了太极的奥秘。这种"天德良知"，可以"尽天下之物""知性知天"。把感官难以认识到的难题交给人的"天德良知"，从而知天"穷理"，实现认识的最高境界。说明人的道德修养决定人的认识能力和认识的效果，把德与知看成因果关系，高德必能得神知。这是一些理学家所坚持的共同看法。

三、人性与人生的观点

张载认为"气"是万物之本，人同万物一样也是气化的产物。所以他把人性同天地之性联系起来，用"天人合一"的方式作解。

张载对孟子的"人性善"、告子的"生之谓性"和佛家的佛性都提出疑义。他认为孟子一方面讲"人性善"；另一方面又区别人的"性"与"情"，指出"情"有不善的一面，那么人的"性"和"情"就不统一了。他批评告子的"以生谓性"，是不懂阴阳的对立、人与物的差异。佛家宣说的"佛性"，把天下万物之性看成一样的性，同告子一样，对人性大大贬低，即"陷于小人者"。所以，他提出了人的二重性，即"气质之性"和"天地之性"。他说："形而后有气质之性，善反之则天地之性存焉。故气质之性，君子有弗性者焉。"他认为至善的"天地之性"是气所固有的，是根本的，万物共有的；而"气质之性"是气聚成特殊的形体后具有的，每个人的情况不同，就出现个别的"气

---

[1] （清）王夫子：《张子正蒙注·大心篇》，北京：中华书局，1975年。

质之性",气质之性有善有恶。人们学习修炼的目的就在于"自求变化气质",由"气质之性"回归到"天地之性",即至善之性。

张载认为至善的"天地之性"具有永恒性,它不会随个体的生死而存亡。他说:"知死之不亡者,可与言性矣。"① 人排除了"气质之性",恢复了"天地之性",就不为生死寿夭所苦,不为贫贱忧戚所累,就会达到完美的人生境界。他为了表达获得"天地之性"后的人际关系和人生境界,就给自己写了两篇座右铭贴在东、西墙上,东墙上题为《贬愚》,西墙上题为《订顽》。程颐将其改为《东铭》与《西铭》。《西铭》曰:"乾称父,坤称母。予兹藐焉,乃混然中处。故天地之塞,吾其体;天地之帅,吾其性。民,吾同胞;物,吾与也。大君者,吾父母宗子;其大臣,宗子之家相也。尊高年,所以长其长;慈孤弱,所以幼其幼。圣,其合德;贤,其秀也。凡天下疲癃残疾,茕独鳏寡,皆吾兄弟之颠连而无告者也。"

这里,张载吸收了《易》《中庸》《礼记》中的社会理想,绘制了一幅平等、和谐、忠孝、仁义的理想社会图景。他认为作为乾卦的天和作为坤卦的地是人的父母,"人禀气于天,赋形于地",以藐然之身位于天地之中,必须与天地合德。天地之间的气构成人的身体,天地的主帅因素构成人的性。为了践行"天地之性",就要坚持泛爱立场,要把他人看成自己的同胞兄弟,要把万物当成自己的同伴,就是"民胞物与"。把帝王看成亲兄弟,而从"天子"地位上拉下来,表明张载的民主思想。他希望在人之间形成尊老敬老,慈怜孤弱,扶助幼小,善待鳏寡孤独的社会风气。

张载的学说,应是儒家学说的发展和运用,他的仁义、德性、诚明等认识是对儒家学说的再生。他对佛、道两家理论既吸收又批评,指责道家的"无"本思想,他认为把"无"看成宇宙的起源,就割裂了无的关系。其实,"无"和"有"都是万物的存在状态。"有"指事物的有型状态,"无"指事物的无形状态,都是气的变化。纯无不能生有,"有"与"无"都是气的不同存在形式。他批评佛家讲空,"诬世界乾

---

① (清)王夫之:《张子正蒙注·太和篇》,北京:中华书局,1975年。

坤为幻化"。他把气作为万物之本，引导人们在认识上进入物质世界，这对科学的发展有启发性。他的"太虚即气""心统性情""六道神化""民胞物与"等观点，不仅为以后的理学家所采纳，还为其他学派所借鉴，有些思想至今仍有参考价值，如"民胞物与"观，要求人与人之间要当亲人看，人对物要当同伴看，这是人人平等、人天合和的传统思想，是中国人千年不衰的价值观。

张载的"为天地立心，为生民立命、为往圣继绝学，为万世开太平"的想法，展现了儒家的广阔胸怀，意思是为世界确立文化价值，为人民确保生活幸福，传承文明创造的成果，开辟永久和平的社会愿景。

第五节　"二程"的理学与朱熹的朱子学

一、"二程"的理学

程颢和程颐两兄弟，是宋明理学真正的开山之祖。他们在充分吸收儒、释、道学说的基础上，发挥周敦颐、张载、邵雍、胡安国、司马光等人的思想观点，创造了比较完整的理学（又称道学）体系。他们的一些著名论断，是理学家认识宇宙、明辨人生、为仕理政的圭臬。对以后的朱熹等理学大师的思想形成与发展有重大影响。"二程"的理学把中国思辨哲学推向了一个高峰，在中国哲学社会科学史上占有重要地位。南宋初年，胡安国在奏请加封"二程"的奏折中说："然孔、孟之道不传久矣，自颐兄弟始发明之，而后其道可学而至也。"这就是说，在儒学无正宗传人已久的情况下，"二程"的理学是对孔孟一派的接续，是后人学习道统的最好教材。

程颢、程颐有著作《遗书》《外书》《文集》《经说》《易传》《粹言》。其中《遗书》是门人记其问答的著作，后来由朱熹编定共 25卷。《外书》12卷亦为朱熹编定，《文集》12卷，前 4 卷为程颢的诗文，后8卷为程颐的诗文。《经说》8卷，是"二程"的解诗录，程氏《易传》4卷，是程颐对《周易》经文的注解。

"二程"认为理是天地万物存在和变化的根源。客观事物的存在，都是因理而存在的。他们说："凡眼前皆是物，物物皆有理，如火之所以热，水之所以寒。至于君臣父子间皆是理。"不仅眼前看到的事物都存在理中，人们看不到的万物皆存在于"理"中。他们又说："天下物皆可以理照。有物必有则，一物须有一理。""二程"又指出"道""天"同理的概念一样，他们说："'形而上者谓之道'。形而下者谓之器。若如或者以清虚一大为天道，则乃以器言而非道也。"

（一）"二程"的天理说

程颢、程颐的学说体系基本一致，所以人们一般把他们两人的学说合二为一论述。两人的核心理论是"天理"说，程颢自己说："吾学虽有所受，天理二字确是自家体贴出来的。"先秦时期就有学者提出过"理"，周敦颐、邵雍、张载在著作中也提到"理"的概念，但都没有系统地论证。而程氏兄弟则把"天理"作为宇宙的起源与本质，也作为万物产生和存在的根据。天理可以称为天地万物变化和形成的"基因"。

"二程"认为天就是理，"天者，理也"。所以理就是天理，是一种抽象的最高存在。"二程"也认为"理"是一种"至实"的存在。张载把"太虚"理解为气的流散状态，而"二程"指出"太虚"也是"理"，它"似虚而非虚，天理流行，本体真实，何虚之有？"又说："理者，实也，本也"，"天下无实于理者"。

"二程"还认为"理"就是"道"。他们说："夫天，专言之则道也。""此理，天命也，顺而循之，则道也"。可见，天理就是道，是道的循环往复。这显然又把老子"道"的概念引进天理，由道生万物到理生万物。

那么，用我们今天的术语来解释，天理究竟是什么呢？纵观"二程"之言，天理大约是指：

一是指物质世界的基本元素。所谓天理不虚而实，并且"至实"，那么天理就不是绝对的精神。他们还说过"至微者理也",是物质最微观的东西,与原子、质子、中子、中微子、夸克等"最微"的东西相似。

二是指物态与事态的结构。"二程"认为"理"是超然于万物的大理,它是绝对的,是描述宇宙本体的理,是宏观世界之理。从这个角度看,宇宙只有"一理"。但又说"一物有一理",这似乎同宇宙只有一理相矛盾,成为万物有万理。一理和万理怎么沟通呢?是指物态的结构和事态的结构沟通了"大理"与"小理"。不管"大理"还是"小理",均指事与物的构成,"一阴一阳谓之道"就是理的构成。大至天地,小至一石一木,均在阴阳对立统一中存在。社会事件、伦理道德也是在阴阳对立统一的状态中存在的。

三是天理指万事万物的动力。为什么有千差万别的事物,为什么有动静、消长、盛衰,其"易"的动力是什么呢?是天理,是阴阳两面不断变易转化的结果。

四是天理是指必然性与规律性。"二程"认为天理的本性非人力所为,"天理云者,这一个道理……不为尧存,不为桀亡。人得之者,故大行不加,穷居不损。"①什么是不增不减,什么是不生不灭?当然不是物态,也不是事态,而只能是事与物的自然运动规律,就是所谓"顺而循之,则道也"。自然规律、人世法则都可理解为天理。

有人把柏拉图的"理念"论同二程的"天理"论相对照,认为都是唯心主义,是同一类型的宇宙观和同一哲学体系。其实二者有很大差别,柏拉图把个别的、具体的事物,同对事物的抽象原理割裂开来。把具体的物质世界认为是"感觉世界",把对物质的抽象原理认为是"理念世界"。"感觉世界"是变化的,"理念世界"是不生不灭、永恒不变的。他颠倒了一般与具体的关系。本来一般的概念是从个别的、具体的事物中抽象出来的,具有第一性,而抽象的概念则是第二性的。而柏拉图把抽象的"理念"看成一种独立的存在,并认为个别的、具体的事物是对抽象的"理念"的"分有""摹仿",这就是柏拉图唯心主义的理

---

① (宋)程颢,程颐:《河南程氏遗书》卷二,《二程集》,北京:中华书局,1981年,第31页。

念哲学。显然"二程"的"天理"并不指事物的名称，不指抽象出来的理性思维的范畴，而是指事物的本体和本源、物态与事态的结构、动力和必然性。很难断定天理论就是唯心论，尽管在论述一些问题时有唯心的影子。可见，"天理"论比柏拉图的"理念"说要完整得多、复杂得多，显然"理念"说与"天理"不能同日而语。

（二）"二程"的人道论

"二程"讲天理，由天理及人道，形成天人相通的人伦与人道。促成天理化万物成人道的动力是出自天理中有阴阳两面，就是所谓"无独必有对"。程颢说："天地万物之理，无独必有对，皆然而然，非有安排也。"又说："万物莫不有对，一阴一阳，一善一恶，阳长则阴消，善增则恶减。斯理也，推之其远乎？人只要知此耳。"[①]原来，天下由"对"构成，即阴阳对立的两面构成，就是一理二面，而阴阳两面推动了变化，生成万物，程颢称变化的动力为"神"，这"神"绝非神仙、天神，而是一种神奇的力量。对于阴阳变化的动力，一些学者解释为交感作用，犹如引力与斥力，阴阳两面的力如果均衡，物则处稳定状态，力不平衡，物则处转化状态，但无论如何，阳不能独立存在，阴也不能独立存在，异性才能相吸，男女方能媾和。

天理具有宇宙论和人生论的双重含义，是天道与人道的共同之理。"父子君臣，天下之定理，无所逃于天地之间。"[②]"上下之分，尊卑之义，理之当也，礼之本也"[③]。人间的人伦道德规范都是天理在人世间的表现形式。

"二程"认为在人道中要明天理，最得理者为中道或中庸，就是在阴阳对立中不要偏阳，也不要偏阴，而要固守中庸。《河南程氏遗书》说："中之理至矣。独阴不生，独阳不生，偏则为禽兽，为夷狄，中则为人。中则不偏，常则不易，惟中不足以尽之，故曰中庸。"人不守中道则如"禽兽""夷狄"，可见守中道才是人与禽兽的差异，也是文明

① （宋）程颢，程颐：《河南程氏遗书》卷十一，《二程集》，北京：中华书局，1981年。
② （宋）程颢，程颐：《河南程氏遗书》卷五，《二程集》，北京：中华书局，1981年。
③ （宋）程颢，程颐：《周易程氏传》卷一，《二程集》，北京：中华书局，1981年。

人与野蛮人的区分。

　　"二程"都持"物极必反""事极必变"的辩证观，认为万物都会走向自己的反面，具体事物都在变动状态，人有生必有死，事有始必有终。但他们又认为宇宙的天理、天道是不变的，是"常态"。他们把人世间的尊卑贵贱往往归于"天理"，归于不变的阴阳中和关系，即所谓中庸。程颐说："天地之化，虽廓然无穷，然而阴阳之度、日月寒暑昼夜之变，莫不有常，此道之所以为中庸。"[①]那么在人世间也有一些不变的常态，具有永恒性。他们说的天尊地卑、贵贱之分，男女之序、夫妇之礼，是不可转化的。若颠倒过来臣尊君卑、女尊男卑、贵贱移位，就违背了天理。可见"二程"用"天理"解释社会历史、论证人道时，就固守了儒家的三纲五常，维护封建社会中形成的尊卑等级制度。

　　"二程"理学中，充满着辩证思维，以理含阴阳二极为契机，描绘了一幅天地万物变化无穷、生生不息的图景。但二程总是要在万变中找到一个不变的"一"、永久的"一"，这就是"中"道不变、"中"理不变。这种不彻底的辩证观同"二程"的知识局限与阅历有关。在"二程"所处的时代，人们还没有对宇宙的生成有科学认识，人们还不知道由于引力的作用，行星在运行中有"失常"而扰动，春夏秋冬也有变化，天地都有寿命，都有始终。天体在不断变化，有的变成白矮星，有的变成黑洞，这一切都不是"二程"所处时代的人能理解的。于是他们就把春夏秋冬、火之热、水之寒看成永恒的东西，进而在人世间找出不变的"理"，这种"理"就在封建制度中形成了人伦等级关系。

（三）"二程"的识性灭欲论

　　"二程"认为天理与心性是相通的。人性根源于天理，"天道降而在人，故谓之性"。他们继承并改造了孟子的性善说，认为孟子的无所不善之性，就是天理之性或天命之性。他们认为人的天性是纯善的、至善的。但人在生存过程中还染有一种习性，即"生之谓性"，此性中包含有善与不善。

---

① （宋）程颢，程颐：《河南程氏遗书》卷十五，《二程集》，北京：中华书局，1981 年。

"二程"在分析性时，又提到心与情的问题，他们指出："性之本谓之命，性之自然者谓之天，自性之有形者谓之心，自性之有动者谓之情。"并认为道、天、性、心、情都是相通的，"凡此数者皆一也"。人的心、性可以知天理。对于"心"，程颐提出了两心说，就是"人心"与"道心"。而其区别是："人心私欲，故危殆；道心天理，故精微，灭私欲则天理明矣。"①人性有先天之善性，是天理之性，而又有后天的善恶混合之性；从心方面看，有符合天理的"道心"，有私欲重重的"人心"。这就引出了"二程"所谓"存天理、灭人欲"的性、心修养论。

在知天理的修养中，"二程"既主张"见闻"，又主张行动。"常知"可从"见闻"中来，"真知"要从亲身实践中来，所以主张知行统一。他们又非常重视知的一面，认为"以知为本"。那么怎么获得知识智慧，特别是掌握"天理"及圣人之道呢？他们提出了"格物致知"。

所谓"格物致知"，就是穷尽事物之理达到真知灼见。程颐自己对"致知在格物"如此解释："格，至也。物，事也。事皆有理，至其理，乃格物也。"要格物知理，必须在一事一物上识理，"一草一木皆有理"，就须随事观理。但天下万物之众，每个人不可能亲自查看那么多东西，这就要把在一个事物上得到的理，类推于其他事物。程颢在识理上强调心的作用，指出"心是理，理是心"，在穷理过程中要注重"顿见"，而程颐则主张"遍求""多识"。

在灭私欲的方法上，他们指出，道家的"绝圣弃智"和佛家坐禅入定，都不是好办法。人在世间，"不能不交感万物"，也不能去"思虑"。这就承认灭人欲还要接触外间事物，思考万物的变化。但他们突出心和敬的作用，"若欲免此，唯是心有主。如何为主，敬而已矣"。就是主张内省体验的修持作用。认为"道心"占据自身，成为人之"主"，那么时间一久，天理就会被悟出。

在悟出"天理"后，就以天理去灭除"人欲"。而灭人欲也贵在"学"，重在"思"。程颐说："然则何以窒其欲？曰思而已矣。学莫

---

① （宋）程颢，程颐：《河南程氏遗书》卷二十四，《二程集》，北京：中华书局，1981年。

贵于思，唯思为能窒欲。曾子之三省，窒欲之道也。"①

（四）"二程"仁者的人生观

程颢认为与天地万物为一体者为"仁者"，他说："仁者，浑然与物同体。义、礼、智、信皆仁也。"这里说的仁者，也就是通天道地、物我同一的圣人。仁者就是义、礼、智、信集于一身的人物，是超脱"小我"与天地万物混而为一的人物，信无内外，则物我一体。这种超凡脱俗的仁者，其境界高到有心而无心、有情而无情的地步，程颢说仁者是"心普万物而无心，情顺万事而无情"。到了这一步，真正就达到了"存天理、灭人欲"的标准。

"二程"的"仁者""圣者"，特别重视养"真元之气"。他们不主张外求"仁"成"圣"。后来，中国的成仁取义者都坚持养气，而且用孟子的"浩然正气"来涵养"大丈夫"精神。"二程"的"仁者"形象显然既有儒家"仁义礼智信"的五常素质，又有"无心""无情"的道学气味，是中国传统人格养成的集成之说。"二程"在物欲横流、人世纷争、党派对立的背景下，提出"仁者"的养成之道，是企图挽救沦落的社会伦理道德，这是有积极意义的。然而，"二程"的伦理思想也有过分维持旧礼制的落后方面。他们所谓的"父子君臣，天下之定理，无所逃于天地之间"的观念，企图把封建伦理凝固化，误以为这是不变的天理，看不到社会中人伦关系的内容和形式也在变化。他甚至把封建时代妇女守节看成天经地义的，对妇女改嫁做出"饿死事小，失节事大"的判词。这在道德观上是极其保守而缺乏民权的。

二、朱熹的朱子学

朱熹是宋代最杰出的学者。他继承了周敦颐、程颢、程颐、邵雍、张载这些"北宋五子"的理学思想，深究了儒家的经典，吸收了佛、老的思想精华，把理学推向了一个新的发展阶段，世人称他是理学的集大

---

① （宋）程颢，程颐：《河南程氏遗书》卷二十五，《二程集》，北京：中华书局，1981年。

成者。朱熹学问渊博，著作颇丰，因其多在福建讲学，他所创立的学派人称为"闽学"。朱熹及其学说在中国学术史上具有很高的地位。

朱熹一生著述很多，主要有《四书章句集注》《伊洛渊源录》《通鉴纲目》等。后人将其著作集为《朱文公文集》100 卷、《续集》11 卷、《别集》10 卷、《朱子语类》140 卷。

朱熹构建的思辨哲学体系结构庞大，内容繁博宏富，包罗万象，但其核心是理学，是以理学为本体的。他以"理"为宇宙本源，按理—气—物—理的逻辑行程，阐述了理生万物、理主人世的哲学思想和伦理体系。朱熹声誉很高，他死后道学信徒近者奔讣，远者哭祭。大词人辛弃疾哭道："所不朽者，垂万世名。孰谓公死，凛凛犹生！"

（一）朱子理学体系

朱熹在周敦颐、邵雍、张载、二程理学的基础上，集各家之大成，对"理""气""阴阳""太极""无极""形上""形下"等理学范畴做了系统论述，形成了朱子理学思想体系。

（1）宇宙的本源为理。朱熹赞同先辈和同辈理学家关于宇宙源于理、本于理的观点，不过讲得更深入全面。他在《读大纪》中曰：

> 宇宙之间，一理而已，天得之而为天，地得之而为地，而凡生于天地之间者，又各得之以为性。其张之为三纲，其纪之为五常，盖皆此理之流行，无所适而不在。若其消息盈虚，循环不已，则自未始有物之前，以致人物消尽之后，终则复始，始复有终，又未尝有顷刻之或停也。①

从朱熹的这段论述中可以看出，其宇宙观完全是以理为核心。其一，天地万物都是理的衍化形态，都是"理"的存在物，"凡生于天地之间者""盖皆此理之流行"。其二，人世间的道德规范也是理的衍化，"其张之为三纲，其纪之为五常"，儒家的"三纲""五常"无不

---

① （宋）朱熹：《朱文公文集》卷七十《读大纪》，《朱子全书》第 23 册，上海、合肥：上海古籍出版社、安徽教育出版社，2002 年。

由理而形成。其三，"理"则先与宇宙万物而存在，物亡理不亡，它是永恒的存在。"有物之前"和"人消物尽之后"，理仍然存在。其四，理有必然性的特点，它循环往复以至无穷，"终则复始，始复有终，又未尝有顷刻之或停也"。"理"表现为必然规律，可以不受时间限制，重复出现。

朱熹还认为宇宙间，大小物质，巨细事件，都处处表现为"理"。他说："形而上者，无形无影是此理。形而下者，有情有状是此器。"无影无形的状态有"理"存在，有形的器也有"理"在其中。《朱子语类》有众多关于万物皆有理的举证。《朱子语类》曰："做出那事，便是这里有那理""阶砖便有砖之理""竹椅便有竹椅之理"。有人还问道："理是人物同得于天者，如物之无情者，亦有理否？曰：'固是有理。如舟只可行之于水，车只可行之于陆。'"还有人问："枯槁有理否？"曰："才有物，便有理。天不曾生个笔，人把兔毫来做笔。才有笔，便有理。"砖头作台阶、竹椅供人坐、舟在水上行、车在陆上走、兔毫做毛笔，都有理的作用。朱熹指出，每个事物的存在都是"理"在其内，而"理"在事物之前就先行存在。他在《答刘叔文》中说："若在理上看，则虽未有物而已有物之理。然亦但有其理而已，未尝实有是物也。"在宇宙生成前，关于宇宙的"理"已经存在了，在车子未造成前，关于车子的"理"也已经存在了。

（2）"理""气"相依论。朱熹认为宇宙不只存在"理"，还存在"气"。如果只有"理"，就只有一个无形无状的宇宙。一个"形而上"的宇宙，而没有可感的物质世界。"形而下"的物质世界的存在是因为有"气"。在朱熹看来，"理"是抽象的、最高的存在，而"气"是紧随理而存在的，它本是形而上的，但通过凝聚可以变成有形之器。但是"气"的成物不是独立行事，而是按"理"行事，"及此气之聚，则理亦在焉"。

朱熹和他的门生曾多次讨论"理"与"气"谁先谁后的问题。从朱熹的一些言论中，给人的感觉是"理"在万物之前，自然"理"在"气"之前。朱熹曾说："未有这事，先有这理。如未有君臣，已先有君臣之礼；未有父子，已先有父子之礼。"① "理" 显然是超时空的绝对存在，自然在 "气" 之前。但朱熹对这种推论是不赞同的，他指出："理未尝离乎气。然理形而上者，气形而下者。自形而上下言，岂无先后！"就是说 "理" 是无形的，在万物之前之后都存在，"气" 是形而下者，如果从有形与无形方面看，不可区分先后，只好区分形态。但从本体论上看，"理" 为万物之本，"理" 应在先。但从起源与发生论上看，"理" 与 "气" 是一体的，"天下未有无理之气，亦未有无气之理"。②《朱子语类》又指出："理气本无先后之可言。然必欲推其所从来，则须说先有是理。然理又非别为一物，即存乎是气之中"。但 "理" 与 "气" 在 "二物浑沦" 中还是有区别的。"理" 是抽象出来的万物的共同本质和规律，它不是一个实有的东西，即 "未尝实有是物也"。"气" 则指二级抽象的东西，是指 "生命、物质与能" 的存在。"气" 能凝结、造作，能形成有形之物，"理" 却无情意、无计度、无造作。但 "气" 中有 "理"，才有各式各样的事物，没有 "理"，"气" 不会先验地凝聚成事物。"理" 与 "气" 虽有各自的地位，但在创生万物上是很难分开的。

朱熹明确指出 "理" 具有超验性、先天性和永恒性。他说："未有天地之先，毕竟也只是理。有此理，便有此天地；若无此理，便亦无天地，无人无物，都无该载了。"可见，"理" 是先天地、人、物的存在。所以 "理" 是超验的、永恒的、不生不灭的。"且如万一山河大地都陷了，毕竟理却只在这里。"③

朱熹指出 "理" 尽管是无形无状的形而上的存在，但它不是虚无，而是一种 "实" 的存在。他尖锐地批评佛家的 "一切皆空" 和绝对虚无。他针对佛家说："所谓终日吃饭，不曾咬破一粒米；终日著衣，不曾挂着一条丝。"他认为佛家的 "一切皆空" 既否定形而下之器的存在，又否定了 "理" 的本体性，造成 "大本不立"。但朱熹的 "理" 又不是有意志的造物主，有时他也用 "帝" 做比喻，但他总是在本体论的

① （宋）黎靖德编，王星贤点校：《朱子语类》卷九十五，北京：中华书局，1986 年。
② （宋）黎靖德编，王星贤点校：《朱子语类》卷一，北京：中华书局，1986 年。
③ （宋）黎靖德编，王星贤点校：《朱子语类》卷一，北京：中华书局，1986 年。

意义上讲"理"的先天性和实在性。"气"的世界有情意、有计度、有造作，而"理"则有"净洁空阔"、无情意、无计度、无造作的特点。"理"不能以"有"与"无"论，"以理言之，则不可谓之有，以物言之，则不可谓之无"。它是"实"而不"有"和"无"而不"空"的形而上的本体。

（3）太极即极理说。朱熹为了深究"理"的本质，根据周敦颐的"太极而无极"对理与太极的关系做了论证。陆九渊批评"无极而太极"是一句语义含混的话。指出先秦旧典只讲"太极"，不讲"无极"，"无极"是老子之言，是反儒家中庸之道的说法。朱熹则认为"无极而太极"的说法有道理。他指出无极是描述太极的一种状态，不是太极之外的又一"理"。他说："上天之载，无声无臭，而实造化之枢纽、品汇之根柢也。故曰'无极而太极。'非太极之外，复有无极也。"① 这里的无极指太极之上再无超然绝对的存在，是无方位、无形状、无声臭的抽象状态，是对"太极"特性的解释。那么，太极又是什么呢？它同"理"又是什么关系呢？

在朱熹的观念中"太极"是"理"的同义语，他指出"太极，理也"。但太极又非一般的理，而是理的终极标准。朱熹说："事事物物，皆有个极；是道理极至。总天地万物之理便是太极。"由此看来，朱熹把理分为两种，一是常规式的理，是大宇宙和万物都具备的；另一种是"极致"之理，是理的终极状态，也是宇宙万物都具备的，是纯一而恒古不易之理。这可能是朱熹从生活经验中体悟到人对事物的认识有深浅，事物之理有异同，"理"存在相对性与绝对性的差异，太极则是绝对的理。朱熹对太极之理也看得很奥妙而高不可攀。他说："无极，只是极至，更无去处了。至高至妙，至精至神，是没去处。濂溪恐人道太极有形，故曰'无极而太极'，是无之中有个至极之理。"② 冯友兰先生指出，"无极而太极"既是极理，那这里的太极比柏拉图的"善"

---

① （宋）朱熹：《太极图说解》，《朱子全书》第 13 册，上海、合肥：上海古籍出版社、安徽教育出版社，2002 年。

② （宋）黎靖德编，王星贤注解：《朱子全书》卷九十四，北京：中华书局，1986 年。

的观念和亚里士多德的"神"的观念更神秘了①。朱熹还说有天地之"太极"和万物的"太极","在天地言,则天地中有太极,在万物言,则万物中各有太极"。那么人们会问道:太极是否是两个?如果是两个太极,太极就失去了统一性。朱熹本人否认了太极的分裂。朱熹说:"本只是一太极,而万物各有禀受,又自各全具一太极尔。如月在天,只一而已;及散在江湖,则随处可见,不可谓月已分也。"②所以,"无极""太极"都是指"理"。"理"为宇宙的本体,大宇宙有理的"太极",万物都各有"太极"的"信息"或"太极"的影子。《朱子语类》中说:"太极非是别为一物,即阴阳而在阴阳,即五行而在五行,即万物而在万物,只是一个理而已。"然而"理"有常态,也有"极态",常态的"理"是相对真理,极态的"理"是绝对真理。"太极"之"理"表明"理"已达到最完满无缺的地步。

把朱熹对太极、无极的解释同西方哲学家柏拉图的"理念"世界相比,其共同点在于都承认万物存在之前就先验地存在着"理念"和"理",都是不生不灭、永恒不变的。但不同点在于柏拉图把理念世界同现实的感性事物完全割裂开来,把"理念"看成是直接创生万物的第一性的东西。朱熹把无极和太极看成同一个状态,是"理"的极化与常态的合一,而太极与形而下之"气"也是始终结伴的,无有先后,而阴阳两极在"太极"与"气"中存在,不过尚未分化,而后经过转化,就把绝对的"理"带给了万物。但朱熹的"理一分殊"的思想和柏拉图的"分有"说又有共同点。"理一分殊"是说宇宙间这个绝对的"理",万物分享它就形成万物之理。柏拉图认为绝对的抽象的"理念",由于万物的"分有"才形成了千差万别的物质。没有资料表明公元前 4 世纪的柏拉图同公元 12 世纪的朱熹有什么联系,但其思想的偶合是明显的,说明人类思想家在探索宇宙的本源时往往会进入同一个境界。朱熹和柏拉图都进入了客观唯心主义的哲学领域。

---

① 冯友兰:《中国哲学简史》,北京:新世界出版社,2004 年,第 256 页。
② (宋)黎靖德编,王星贤点校:《朱子语类》卷九十四,北京:中华书局,1986 年。

（二）朱熹的心性理论

朱熹的"理一分殊"说，构建了一个以"理"为核心的宇宙循环运动的图式。就是"理"下推为"气""阴阳""五行""万物"，反过来上推，为"万物""五行""阴阳""气""理"。他在《朱子语类》中说：

> 自下推而上去，五行只是二气，二气又只是一理。自上推而下来，只是此一个理，万物分之以为体，万物之中又各具一理。所谓'乾道变化，各正性命'，然总又只是一个理。①

所谓"理一分殊"就是认为宇宙万物的本体、本源都在一"理"。绝对的"理"，通过"气"及阴阳的变化，导致"理"被分化为万物和人事，形成了一物一"理"、一事一"理"。而天地万物的生生不息皆由于分享到"理"的恩赐，反过来，万物和人事的变化又由万物、五行、阴阳二气到"理"。在朱熹看来，千差万别的现象世界，不过是"太极"之"理"分化为万物之"理"而已。"理"具有创造万物的作用，他有时甚至把"理"指称天帝，"帝是理为主"。这是说理就是天地，它主宰万物。朱熹的心性论，或者说人性论，就是按"理一分殊"的逻辑思路而展开的。

朱熹认为人性的来源还在"天理"。"天理"被赋予人，便成性。他说："'继之者善，成之者性。'这个理在天地间时，只是善，无有不善者。生物得来，方始名曰'性'。只是这理，在天则曰'命'，在人则曰'性'。"②这就是说，天理之性，是纯粹的善性，不存在不善的一面。这个善性在形而上阶段为"命"，然而，由"理"所决定的天然善性是运动的，一旦天理之命被授予人，则由命便成性。人性来自天理，是命的转化，是形而上的理性向形而下的人性转化。

朱熹的天理之性为善是对孟子"性本善"的改造，由孟子的人性本

---

① （宋）黎靖德编，王星贤点校：《朱子语类》卷九十四，北京：中华书局，1986年。
② （宋）黎靖德编，王星贤点校：《朱子语类》卷五，北京：中华书局，1986年。

善到天理之性为善；又吸收了《中庸》关于"天命之谓性"的观点。朱熹对天理之性何以能成"气质"的人性有深刻分析。他说："人之性皆善。然而有生下来善底，有生下来便恶底，此是气禀不同。"①这里他引入了"气"的概念来说明性由善而恶的根源。天理及人性无有不善，但当它赋予气质，就发生了变化。天理则清静空阔，无形无迹，是至纯至善的。而气的禀赋则有清、浊、正、偏之别。于是"气质之性"就出现善恶混杂。人天生下来有善性，又有恶性，原因在于"气"的禀赋不同。他还认为天理层次的善性只有"公共底"，就是指它是超越具体物的，具有普遍性，而"气质之性"则具有"自家底"，是具体事物之性，具有人的私欲在内。这就有善恶相混或纯恶无善的特征。朱熹还认为"命"与"性"的形式差异在于，将天理之性赋予人方面看，称天命，从人接受天理之性方面看，则为性。"天所赋为命，物所授为性，理一也。自天之所赋予万物言之，故谓之命；以人物之所禀受于天言之，故谓之性。"

于是，朱熹提出了"天命之性"与"气质之性"的二性说。

"天命之性"与"气质之性"也是相通的。从"理"与"气"不相杂的方面看，理是理，气是气，"不妨为二物"。但"理"与"气"往往混成一体，于是就要以"杂"言理气共成一物。那么性也就有相通之处，"天命之性"即在"气质性中"，气质之性"不得别为一性"。由此，引出了人性善性恶的问题。"天命之性"是纯善的，即所谓"无不善"，而人的"气质之性"有善有恶，所以人性就不是纯善，而是善恶兼有。

朱熹在从天道到人道、天性到人性的论证中，又提到了"心"的主宰问题，也可称为朱熹的心学。

朱熹指出作为器的"心"是一个生命体，是一个有形的东西。而"心"是有思虑的，这是神明之"心"，是"心"的本体。人的身体各部和感官都聚焦于心，"心是神明之舍，为一身之主宰"。心具有统摄人整体的功能，又是反映外部世界的主角。朱熹说："夫心者，人之所

---

① （宋）黎靖德编，王星贤点校：《朱子语类》卷四，北京：中华书局，1986 年。

以主乎身者也，一而不二者也，为主而不为客者也，命物而不命于物者也。"在宋代科学还不发达，人们还以为思想和意识的载体不是头脑而是心，朱熹依然。但朱熹对心的高度评价实则是对人的大脑及中枢神经的评价。当然是合乎他的"理学""道学"思想的。

朱熹还分析了心、性、情的关系。他指出，"性以理言，情乃发用处"，而"心统性情"，是指心能统摄未发之性和已发之情。

在朱熹的理论中，人性与人心是有区别的。《朱子语类》说："问：灵处是心，抑是性？曰：'灵处只是心，不是性。性只是理。'"又说："问：知觉是心之灵固如此，抑气之为邪？曰：'不专是气，是先有知觉之理。理未知觉，气聚成形，理与气合，便能知觉。譬如这烛火，是因得这脂膏，便有许多光焰。'"可见，心是理加气的产物。心和性的区别是心是具体的，有思想，有感觉；性是抽象的，"性只是理"。仁、义、礼、智是人性的表现，它是无状的，但性能依理做出许多事，能恻隐、羞恶、辞让、是非，这四种恒德属于"理"，它就是"性"。但德的"四端"由心的活动来反映，也就是通过人心的活动，才能认识人性。

（三）朱熹的修身论

朱熹的修身论就是"格物致知"，顾名思义，就是要穷究事物的"至理"，达到人心的通明透彻，掌握处事的知识学问。

《大学》有修身八条目，其曰："致知在格物。物格而后知至，知至而后意诚，意诚而后心正，心正而后身修，身修而后家齐，家齐而后国治，国治而后天下平。"[1]这就是《大学》中提出的"格物""致知""诚意""正心""修身""齐家""治国""平天下"八条修身立命的准则，是君子之道、圣贤之道。朱熹在《四书章句集注·大学章句·格物致知补传》中，对"格物致知"做了专题解释。他说：

　　　　所谓致知在格物者，言欲致吾之知，在即物而穷其理也。盖人

---

① （宋）朱熹：《四书章句集注》，北京：中华书局，1983 年。

心之灵莫不有知，而天下之物莫不有理，惟于理有未穷，故其知有不尽也。是以《大学》始教，必使学者即凡天下之物，莫不因其已知之理而益穷之，以求至乎其极。至于用力之久，而一旦豁然贯通焉，则众物之表里精粗无不到，而吾心之全体大用无不明矣。此谓物格，此谓知之至也。①

朱熹所谓"格物"的物，是指感觉器官所感受的各种事物，"眼前凡所应接的都是物"。格物就是穷尽事物之理，格是尽，是要全面深刻地理解事物的理，也可以叫"至理"。对事理只知两三分，还不能叫"格物"，必须穷尽十分才能叫"格物"。朱熹把"格物"比作吃水果，要去其皮，食其肉，咬其核，方可知道其中的滋味。经过由浅入深的过程去解剖事物，才能得到其中之"理"。

朱熹的格物，不但"格"外界自然的事物，而且要"格"社会伦理之物，以至"格"自己的心性人格。"格物"的目的是要知道那些事该如何去做，为人君者要知仁，为人臣者要知敬，君臣、父子、兄弟、夫妇、朋友之间，都要知道其中的行为准则。事父母当尽其孝，处兄弟当尽其友。"格物"同"三纲五常"紧密联系，表明朱熹的格物思想在于维护正统的儒家伦理制度。

朱熹的"格物"，是格万物之理，从太极、阴阳到草木昆虫，每物都有理，因而都要穷尽其理，一书不读就缺了一书的道理，一事弄不清楚就缺了一事的道理，一物不格就缺了一物的道理。这里说的"格物"就是要穷尽万物之理。朱熹认为"格物"的方法，除通过感官来体悟外部世界外，还要超越感觉经验，进行深入思考，因为五官往往被物欲所蒙蔽，妨碍人心对理的理解，人们难以得到真知。从而引出了"致知"的问题。

所谓"致知"，就是以"格物"所得到的认知和知识，类推出万物之理。朱熹说："格物非欲尽穷天下之物，但于一事上穷尽，其他可以类推。"②是说一理可以推知万理，这是因为"万物各俱一理，而万理

---

① （宋）朱熹：《四书章句集注》，北京：中华书局，1983年。
② （宋）朱熹：《朱子全书》第6册，上海、合肥：上海古籍出版社、安徽教育出版社，2002年。

同出一原，此所以可推而无不通也"。①用今天的话来表述，就是说大小事物的理都来自一个本源，即真理只有一个，因而知道一个事物的间接知识，就可以推知出其他事物的原理。例如，事亲就要尽孝道，以此类推，事君就要忠心耿耿，与事要敬，居处要恭。

朱熹认为"格物致知"还要尽心顿悟。他说："盖人心之灵莫不有知，而天下之物莫不有理，惟于理有未穷，故其知有不尽也。是以《大学》始教，必使学者即凡天下之物，莫不因其已知之理而益穷之，以求至乎其极。至于用力之久，而一旦豁然贯通焉，则众物之表里精粗无不到，而吾心之全体大用无不明矣。"②人心有知，但其知是有限的，因为天下之物皆有理，所以对具体事物的理是难以穷尽的。但如果长期思虑，即"用力之久"，会有"豁然贯通"之效，众物的"表里精粗"都被洞知，这就是"顿悟"。因此，"格物致知"是一番苦苦修炼的过程，否则就难穷理致知，只有下功夫修炼，才会"顿悟"③。

朱熹是中国历史上著名的思想家，又是一位著名的教育家。朱熹的理学充满辩证思维方法。他指出，世界万物总是存在着对立统一，他的理学，就是在理气分合、阴阳对立、一分为殊的对立统一中来揭示万物的生生不息，构成万物之理。从这些方面看，朱熹的理学是辩证的。他的理学集大成为中国开了思辨之先河，形成了自己的学派。

第六节　王阳明的"知行合一"思想

王阳明（1472—1528年），名守仁，浙江余姚人，是明代杰出的思想家，也是有道德操守的政治家。因为他曾经隐居会稽阳明洞，又创办过阳明书院，故世称阳明先生。

---

① （宋）朱熹：《朱子全书》第6册，上海、合肥：上海古籍出版社、安徽教育出版社，2002年。
② （宋）朱熹：《朱子全书》第6册，上海、合肥：上海古籍出版社、安徽教育出版社，2002年。
③ 冯友兰：《中国哲学简史》，北京：新世界出版社，2004年，第263页。

王阳明受娄谅等学者的影响，曾学习宋儒理学，尤其学习朱子"格物"的方法。二十一岁时，因为"格竹"事件，他的思想发生了大的转变。当时他在父亲官邸的庭园中看见许多竹子，想到朱熹关于"一草一木，皆涵至理"的话。于是就取竹子，来穷究至理，把竹子"格"了七天七夜，不但毫无收效，而且自己也累病了。这就导致他对朱子"格物穷理"理论产生怀疑。王阳明在按朱子的"格物"说求理失败后，沉于静心思考，得到自己的感悟。

王阳明同弟子徐爱讨论"心"与"理"的关系问题，徐爱问："至善只求诸心，恐于天下事理有不能尽。"意思是说，在心里求绝对的至高无上的善，那恐怕难以穷尽天下事理。王阳明对徐爱做了这样的解答："'心即理也。天下又有心外之事，心外之理乎？'爱曰：'如事父之孝，事君之忠，交友之信，治民之仁，其间有许多理在，恐亦不可不察。'先生叹曰：'此说之蔽久矣，岂一语所能悟！今姑就所问者言之：且如事父不成，去父上求个孝的理；事君不成，去君上求个忠的理；交友治民不成，去友上、民上求个信与仁的理。都只在此心，心即理也。此心无私欲之蔽，即是天理，不须外面添一分。'"①

这就明确指出"理"归根结底是在心中去求，不须离开心而外求。孝亲之理、忠君之理、交友之理都要内求，都在心中求。这里他又用朱熹的"存天理、去人欲"来论述心何以才能同理相通。他说：此心"无私欲之弊，纯乎天理之心"。用这种心去对待父母就是"孝"，对待君王便是忠，用它来交友便民，就是信与仁。可见，孝之理、忠之理、交友之理、便民之理莫不在心。而朱熹的理学恰恰相反，认为先有孝之理，后有孝之心，先有忠之理，后有忠之心。

王阳明把心看成万物的本体，心同性同。他说："心之体，性也，性即理也。"他又说："心之本性即是天理。"心即本体，通达于性，是天理寄存处，所以离开心这个本，就难以言性言情言理。《传习录》有记载："先生游南镇，一友指岩中花树问曰：'天下无心外之物，如此花树，在深山中自开自落，于我心亦何相干？'先生云：'你未看此

---

① （明）王阳明：《王阳明全集》卷一，上海：上海古籍出版社，1992年。

花时，此花与汝心同归于寂。你来看此花时，则此花颜色一时明白起来。便知此花不在你的心外。'"①这里把客观的花朵同看花者的情感看成不可分离的存在，夸大人心的作用，做出花在人心、离人心就无花的结论。

王阳明从人的观察万物、分析万物的能力入手，把人心的所谓"灵明"看成贯通宇宙的精神实体。所以提出人心即"天心"的论断。他问学生："'你看这个天地中间，什么是天心？'对曰："'尝闻人是天地的心。'曰：'人又什么教叫心呢？'对曰：'只是一个灵明。'……我的灵明，便是天地鬼神的主宰"他同时又指出："我的灵明离却天地鬼神万物，亦没有我的灵明。"他还认为人心表现出的"灵明"，即精神动力充天塞地，无所不知，无所不能。

王阳明在断言"心即理"的同时，又反复论证说："心外无理。"他问道："天下宁有心外之性？宁有性外之理乎？宁有理外之心乎？"他自答："理也者，心之条理也。是理也，发之于亲则为孝，发之于君则为忠，发之于朋友则为信。千变万化，至不可穷竭，而莫非发于吾之一心。"原来"理"是人心之"条理"，一切"理"发自于"心"，"心"发于亲出现"孝"之理，发于君出现"忠"之理，发于朋友出现"信"之理。既然万物之理来源于心，无理则无物，因而就导出了"心外无物"的结论。

关于知行的关系问题，朱熹的观点是"知先行后"，这是从认识论上讲的；从实践方面看，朱熹主张"行重知轻"，就是"说到易做到难"。朱熹的知行观，把知行看成两件事。王阳明则认为知和行是一件事。说到知已经有行存在，说到行已经有知存在。王阳明在《答顾东桥书》中说："知之真切笃实处，即是行；行之明觉精察处，即是知"。他举例说，人有了饿意就要吃饭，要知食物味道的好坏，必须亲口尝一尝，饿意与吃饭是同时的，因此，知和行是合一的。走路也如此，有"欲行之心必然后知路"，要走路的"意"就是行的开始，"路岐之险夷必待身亲履历而后知"，故而在走路的事件上知与

---

① （明）王阳明：《王阳明全集》卷三《传习录下》，上海：上海古籍出版社，1992 年。

行是合一的。

王阳明还提出了"知行本体"说。这里"本体"不是指事物的本质，而是指事物的本来状态。他的弟子徐爱以人伦关系中的知行来问他："如今人尽有知得父当孝、兄当弟者，却不能孝、不能弟，便是知与行分明是两件。"王阳明以"知行本体"说作如下回答：

> 先生曰：此已被私欲隔断，不是知行的本体了。未有知而不行者。知而不行，只是未知。圣贤教人知行，正是要复那本体，不是着你只恁的便罢。故《大学》指个真知行与人看，说"如好好色，如恶恶臭"。见好色属知，好好色属行。只见那好色时已自好了，不是见了后又立个心去好。闻恶臭属知，恶恶臭属行。只闻那恶臭时已自恶了，不是闻了后别立个心去恶。如鼻塞人虽见恶臭在前，鼻中不曾闻得，便以不甚恶，亦只是不曾知臭，就如称某人知孝、某人知弟，必是其人已曾行孝行弟，方可称他知孝知弟，不成只是晓得说些孝弟的话，便可称为知孝弟。又如知痛，必已自痛了方知痛；知寒，必已自寒了；知饥，必已自饥了，知行如何分得开？此便是知行的本体，不曾有私意隔断的。[①]

由此看来，王阳明认为天理决定的知与行本来是统一的、同步的，是一体的两个方面，二者不可分割。知色而好色是同步的，知臭而避臭也是同时的。知孝而行孝者就为孝，知痛而有痛就是痛，知寒而受到寒的体验就是寒，这都表现为知行的一体。但王阳明也承认徐爱所说的知与行为两件事的现象，即说孝者不孝，说弟者不弟。他认为这类现象是由于人的私欲隔断天理所赋予的知行本体，不能说明知行本来就是两回事。王阳明指出"知行不一"是知行的失落状态，他经常用"私意隔断""私欲隔断""人欲遮蔽"来分析其根源。就是知行原本一体，由私欲造成了区分。

王阳明从"心理合一"的思想出发，强调"笃行"的重要性，从而说明知行必须合一，有知不行不能称之真知。他说："今吾子特举学、

---

① （明）王阳明：《王阳明全集》卷一《传习录上》，上海：上海古籍出版社，1992年。

问、思、辨以穷天下之理，而不及笃行，是专以学、问、思、辨为知，而谓穷理为无行也已。天下岂有不行而学者邪？岂有不行而遂可谓之穷理者邪？"他又说："是故知不行之不可以为学，则知不行之不可以为穷理矣；知不行之不可以为穷理，则知知行之合一并进，而不可以分为两节事矣。"①他否定专以思辨而不身体力行为知，同样否定不笃行能够穷理。王阳明从道德人格的统一，从知理必行的道德养成方面，指出"知行合一""知行并进"，是有正确性的一面，对塑造儒家圣贤人格形象起积极作用。

　　王阳明由"知行合一"推论到"知"就是"行"的地步。他说："我今说个知行合一，正要人晓得一念发动处，便即是行了。发动处有不善，就将这不善的念克倒了，须要彻根彻底，不使那一念不善潜伏在胸中。"②此段话表明人的一念发动处有不善，便产生克它的行动，所以不善的念头不要潜伏于胸中。这分明是对念与行的同时性说明。至于如何克服"不善"的思想行为，他提出了"致良知"的论断。

　　"良知"表面字义为良善的知识，王阳明的"良知"绝非今日表面字义解。孟子讲"良知"，是指超验的道德规范，王阳明继承了孟子的"良知"说，又突破了孟子"良知"的原意。王阳明的"良知"被他定义为"心之本体"。他说："良知者，心之本体，即前所谓恒照者也"；他又说，"心者，身之主也，而心之虚灵明觉即所谓本然之良知也"。他指出心主宰人身，但这不是指那块血肉成型的器心，而是指与理为一体的本心。"良知"就是超越私欲，"虚灵明觉"的本体之心。他认为"良知"在庶人、圣人的身心中都存在。王阳明还把"良知"看成造化的精灵，能生天生地，成鬼成帝，无所不能，至高至尊，完满无缺。

　　王阳明的"致良知"说对道德建设、心灵治理和政风端正提出了很高的精神境界。王阳明的"良知"主要指"是非之心"。是非既有"认知"问题，又有价值问题。如果"知"具有客观的真理性和正确性则为"是"，背离这种客观性则为"非"，就是谬误。王阳明所处的明代是

① （明）王阳明：《王阳明全集》卷二《答顾东桥书》，上海：上海古籍出版社，1992年。
② （明）王阳明：《王阳明全集》卷一《传习录上》，上海：上海古籍出版社，1992年。

一个黑暗腐败的社会，王阳明本人因为给别人鸣冤受到"廷杖"四十和入狱、流放的处置。这个社会"是非"被颠倒了，人的"良知"丧失殆尽。在这样的一个物欲横流、奸诈虚伪的社会，王阳明提出"致良知"，就是寻找人失掉的"良知"，追求人的"良知"，这是改造人心、净化人心的理论主张。王阳明的"致良知"是要恢复和激活人的是非之心，这在人类道德建设史上具有长远意义。

王阳明依据自己的心学思想，晚年为塑造社会标准、完善的道德人格，提出了著名的"四句教"。这就是："无善无恶心之体，有善有恶意之动，知善知恶是良知，为善去恶是格物。"①他把这"四句教"作为教书育人的"宗旨"，给其亲近的弟子钱德洪、王畿做了交代。王阳明把"四句教"看成自修为圣、接人为方的法宝。

王阳明是宋明理学中"心学派"的杰出代表，也是我国思想史上"心论"的集大成者。王阳明的心学把"心"放到了至高的地位，指出"心者，天地万物之主也"。又称心为"天"，这是对人的自由意志的发现。传统的哲学思想总是把"天""神""君"作为万物之主，人的思想总要受天命、鬼神和君权的制约。而王阳明的"心为万物之主"的论断，把心以外的一切都放在了从属的地位。他继承了孔孟的"仁性"和"性善"说，又吸收了荀子"性恶"观点。他对朱熹的心性观进行了借鉴与批判，对陆九渊和二程的心学予以吸收和发挥，从自己长期的体悟中，建立了自己的心学体系。他从心与理、心与性、心与物、心与气等关系的分析中，形成自己的"心即理""心至善""理一分殊"的心学观。他的"致良知""知行合一""明德""正事""四句教"，把其心学提升到一个最完备的理性思辨阶段。

王阳明的"知行合一"针对朱熹理学的"先知后行"而发，尽管理论的逻辑推理不够严密，但对重视学理轻视笃行的学风是一个很大冲击。"知行合一"不是不讲"知"，而是要人在笃行中发现"知"，落实"知"，做到知行统一。"知行合一"的学说在后来演化为"言行一致"，以至成为"言必行，行必果"。当然"知易行难""知难行易"

---

① （明）王畿：《龙溪王先生全集》卷一《天泉正道纪》，清光绪八年（1882年）刻本。

的争论历经几百年而不衰。

第七节　《资治通鉴》及《永乐大典》

宋代，我国的史学成就非凡，最有代表性的史学著作是司马光的《资治通鉴》。明代，图书典藏集大成者要数《永乐大典》。

一、《资治通鉴》

司马光（1019—1086 年），字君实，北宋陕州夏县（今山西夏县）人，在宋仁宗、英宗、神宗、哲宗四朝任职，官至宰相。

司马光步入官场之初，就深感司马迁、班固的史学著作"文字繁多"，布衣之士难以读完，而君主日理万机，"何暇周览"。就向皇帝上表，建议对史籍删削冗长，"举撮机要"，汇集有关国家兴衰、生民休戚的内容，作为历史借鉴。他亲自仿照《左传》的体例，采撷战国至秦的历史事实，写成了八卷编年体史书，上呈皇帝。宋英宗读后很赞赏，遂于治平三年（1066 年）四月命司马光继续编撰史书，并为他在秘阁设置书局，让他亲自选助手，协助修书。司马光聘请了修史专家刘攽、刘恕、范祖禹等，分别编写两汉、魏晋南北朝、隋唐史的"丛目"和"长编"。由他来总持大纲，核实史料，笔削取舍，润饰文字，完成定稿。宋神宗即位后，认为这部史书"鉴于往事，有资于治道"，就御笔题名《资治通鉴》，并为书预制序文。《资治通鉴》完成于元丰七年（1084 年），前后历时 19 年。

《资治通鉴》起自周威烈王二十三年（前 403 年），终止于周世宗显德六年（959 年），共记载了 1362 年的历史。全书以时间为序，按年月日记事，把一千多年纷繁的历史事件，一览无余地记录下来，是我国编年体史书编写中最浩大的工程。这一著作包括《资治通鉴》正文294

卷、《资治通鉴目录》30 卷、《资治通鉴考异》30 卷。

《资治通鉴》继承和发扬了司马迁以史实为尊、秉笔直书的史学观，而又突破了汉唐史学的正统观念，严格按照史实编排主次、陈述事件、评判人物。

《资治通鉴》是巨大的资料文献库。它不只是对正史资料的删繁就简，而是经历了一个"遍阅旧史，旁采小说，简牍盈积，浩如烟海，抉摘幽隐，校计毫厘"的过程。事实正是如此，司马光的取材范围很广，凡正史、杂史、小说、地志、笔记、文集等，无不"左右采获，错综铨次"。他指出，"实录正史未必皆可据，杂史小说未必皆无凭"，他十分尊重史料的真实价值，而不是以正史、野史来判断史料的价值。《资治通鉴》所引用的书目，除现存的正史外，尚有三百多种其他史籍，有些史料已不见于现存史书，而唯独保存在《资治通鉴》中。这是后人研究中国古代史的巨大文献资料库。

《资治通鉴》充满历史经验的总结和教诲。司马光虽然反对把史家的观点硬塞入史书的编撰中，但他却采取史事铺陈、说略评述的方式，充分总结了历史经验和教训。他还在成百篇"臣光曰"中，审慎褒贬，表达爱憎，使读者体察深刻的历史教诲。

《资治通鉴》文字简约，文采见长，具有很高的文学价值。中国正史二十四部，《资治通鉴》所涉达十七部，有数千万字，但《资治通鉴》用史取其最精，使汗牛充栋的史籍在《资治通鉴》中画龙点睛式存在。例如，《唐纪》六百卷，《资治通鉴》则取舍为八十卷，《文献通考》一百九十三卷，《资治通鉴》只取其十分之一二。《资治通鉴》二百九十四卷，自身很浩大，但从对大量古籍的取舍来看，文字简约精当。然而，《资治通鉴》的简约并未降低其文采，而因为它字斟句酌，文词凝练，叙事生动活泼，因而成为史书中最具文采者之一。尤其记叙事件情节言简意明而逼真，展现历史人物，栩栩如生，百读不厌。

《资治通鉴》是中国古代第一部编年体通史，对文献资料的保存、编纂体例的创新、历史事件的评述、历史人物的塑造，都有很高的文化价值。《资治通鉴》对前代史学方法有精当的取舍，为后世史学的编修提供了成功的经验借鉴，是我国文化史上的不朽之作。

二、《永乐大典》

《永乐大典》是明成祖下旨编纂的。他于永乐元年（1403年）命翰林侍读学士解缙等负责编纂。

根据明成祖圣旨，解缙等立即投入编纂，第二年编成初稿进上，明成祖起名《文献大成》。后来，明成祖认为《文献大成》过于简单，命令重修，敕太子少师姚广孝、刑部侍郎刘季篪、翰林侍读学士解缙、翰林学士王景等为总裁，翰林院侍讲邹辑等21人为副总裁，选择各类人才2169人，开展规模宏大的编纂工程。永乐五年（1407年）类书编成，赐名《永乐大典》，共22 937卷，11 095册，总字数约37 000万字。

《永乐大典》收集了从古至明的经、史、子、集、道、释、医、卜、杂家之各种文献。卷帙之博大，在世界上是少有的。《永乐大典》没有刻本，只抄录原本一部。永乐十九年（1421年）迁都北平时，存于文渊阁。嘉靖四十一年（1562年），嘉靖皇帝命令程道南等重录一部。到隆庆元年（1567年）录毕，这部副本藏于皇史宬。

由于保管不善，文渊阁所藏《永乐大典》到明清交替已散失。散失原因有多种说法：一说被明世宗殉葬。二说毁于万历时宫中大火。三说毁于明亡之际的焚掠。四说藏于皇史宬隔墙。五说毁于清嘉庆二年（1797年）乾清宫大火。这些说法都未得到证实。皇史宬所藏副本，到清代雍正年间移存翰林院时，已丢失了很多，到乾隆时查点，仅余九千余册。道光之后，清政府腐败无能，一些官员偷盗了许多册，仅江西籍的文廷式一人就盗走了一百册。到光绪元年（1875年）只剩下不到五千册。到1894年时仅存八百册。1900年八国联军侵入北京，《永乐大典》有的毁于兵火，有的散失民间。后来国民政府收集了一百册左右，而将六十册运到美国寄存，至今未归。中国历史上如此巨大的类书，遭到了如此悲惨的命运。

第八节 明代小说

明代小说，奠定了中国小说发展的艺术基础。由于儒家重道重理思想的影响，明代以前戏曲被视为小道，小说更难进大雅之堂。明代，由于新兴市民阶层的兴起，戏曲、小说的欣赏群体日益增加，小说艺术从内容到形式都提高到一个前所未有的水平。《金瓶梅》《三国演义》《水浒传》《西游记》等著名长篇小说都完成于明代。这些作品不但在中国文学史上有显著的地位，而且在世界文化史上具有划时代的意义，不但东方国家对这些小说几近家喻户晓，而且欧美等西方国家的图书馆、大学和东方文化研究机构，无不将其作为珍藏品予以保存和传播。

一、《三国演义》

《三国演义》是一部历史小说，由明代罗贯中撰成。《三国演义》是写魏、蜀、吴三国鼎立的故事，以三国的史实为基础，其中有不少的传说与虚构。《三国演义》的主体思想是以汉宗室为正统的国家统一思想。因此，处处以刘备的蜀国作为汉的合法继承者。在人物塑造上，刘备是一个仁慈的化身，曹操则是一个阴险毒辣的典型。这是中国传统的正统历史观。这种观点还表现为一定的爱国意识，刘备的蜀汉代表华夏民族，曹操则是异族的代表。

《三国演义》在塑造人物上是很成功的，创造了一大批富有个性的人物形象。诸葛亮成为智慧谋略的化身，曹操成为奸诈权术的代表，关羽成为忠烈勇敢的典范。刘备的仁慈宽厚，张飞的粗豪和善良，周瑜的机智而才艺，鲁肃的外愚而内智，一个个活生生的人物形象跃然纸上。

《三国演义》在描述三国对立与纷争中，展示了封建社会的复杂矛盾和人民的痛苦。《三国演义》设计了许多动人心魄的故事和情节，使作品引人入胜。桃园三结义、诸葛斩马谡、关羽败走麦城、火烧赤壁、三顾茅庐、单刀赴会、巧布八阵图等，都扣人心弦，富有艺术感染力，在民间说唱和戏剧舞台上永盛不衰。

二、《水浒传》

《水浒传》是明代完成的又一部杰出的古典长篇小说。最后的完成者为施耐庵，但在他之前，关于水浒的故事早已在民间广泛流传，并进入话本与戏曲，因此一些学者认为《水浒传》是民众、艺人、文士的集体之作。《水浒传》写北宋农民起义，其中有实有的历史人物，如宋江有史书记载他被擒，最后被"招降"。但相当多的人物则是虚构与创造的。《三国演义》是以史为据，开展情节和人物塑造，《水浒传》则把历史事件看成影子，自由展开，完全不受历史的拘束。

《水浒传》以梁山农民起义的英雄与黑暗王朝腐败官吏的斗争为主线，展示了封建社会各类矛盾交错的图景。

《水浒传》通过一些人物和事件，揭露了封建社会的腐败与荒诞。蔡京、童贯、高俅一伙贪官，荒淫无耻，欺压百姓和正直人士，无所不用其极。还有张团练一类鱼肉百姓的酷吏，青草蛇李四一类敲诈为生的破落户，生铁佛一类诱奸妇女的道士、和尚，蒋门神一类仗势欺民的恶棍，王婆一类的市井帮闲。就是这些人及其所作所为，反映了封建社会的腐朽与没落。

《水浒传》还深刻提示了劳动人民的苦难与悲哀。在《智取生辰纲》中白胜唱的那首歌谣反映农民在灾年的苦难生活和王孙公子的丑恶面目："赤日炎炎似火烧，野田禾稻半枯焦。农夫心内如汤煮，楼上王孙把扇摇。"

《水浒传》中表达了农民阶层的社会理想和政治愿望。梁山水泊建立的农民政权，其理想社会是八方共域，百姓一家。梁山英雄的目标是"保境安民"。梁山忠义堂，成了各类反抗现实者聚会的基地。凡是与恶势力斗争失败的人都到这里来。农民、渔夫、猎人、落第举子、穷教师、军事教官、乡长老爷、风水先生、员外、走江湖耍手艺的男男女女都投奔梁山。

《水浒传》作为艺术品，其最成功之处就在于塑造了不同的人物形象。鲁智深、李逵、武松是人们最喜爱的三位"水浒"人物。他们心地纯朴善良，有锄奸扶弱的高尚品质，有重情重义的英雄气概。鲁智深机智多谋，武松注重人情，李逵近于鲁莽，每个人都个性明显，读者如见其人。此外，杨志、林冲、宋江、史进、柴进、潘金莲、西门庆等人物形象，个性突显，有血有肉，内心世界和外部特征一目了然，这给中国长篇小说的人物塑造提供了丰富的创作经验和方法。因此，《水浒传》是一部伟大的现实主义作品，在中国文学史上永放光彩。《水浒传》又受封建正统思想的影响，对造反的农民以"招安"为结局，并处处表露了忠君信念。

三、《西游记》

《西游记》作者吴承恩，撰写了我国有名的神魔小说。它以玄奘西天取经为题材，将故事扩充而再造。吴承恩，人称"性敏而多慧，博极群言"。《西游记》充分显示了他丰富的知识和超群的智慧以及罕见的想象力和惊人的创造性。

《西游记》故事情节千变万化，跌宕起伏，把人们带进了一个神出鬼没、腾云驾雾、飞沙走石的梦幻世界。《西游记》成功地塑造了一批富有特色的人物形象，孙悟空、猪八戒、沙僧、唐三藏，各具个性特征，形象鲜明生动。还创造了一些妖魔鬼怪，如牛魔王、白骨精、铁扇公主等艺术形象，十分诱人，具有很强的艺术感染力。

《西游记》中人物形象最为生动是孙悟空。他自由任性，智慧过人，魔法超常。他蔑视封建社会的伦理信条，敢于自称"齐天大圣"。他大闹天宫，玉皇大帝、太上老君、王母娘娘、众位天兵天将在他面前都庸弱无能。他火眼金睛，能够识别一切妖魔鬼怪，并有七十二变，可以制服一切邪魔。他又自高自大，居功自傲，为所欲为，经常惹出乱子。总之，他是一个集天才、猴怪、魔法、勇敢、乐观和豪爽于一身的人物。这个形象数百年来深入人心，妇幼皆知。

《西游记》是我国文学史上浪漫主义流派的最佳之作，是我国最早的科幻小说。本书在民间广泛流传，后来还出现了一些续本，如《续西游记》《西游记补》。《西游记》已传入大部分东方国家和一部分西方国家。

宋明时期，中国封建社会由鼎盛走向衰退，但由于国家的统一，社会在某一时期有所平静，学者有了一些发展空间。如宋代秦九韶的《数书九章》，超过了当时的欧洲。明代数学家吴敬的《九章算法比类大全》，列举了 1448 道算题。明代珠算是中国的一大发明，徐心鲁的《盘珠算法》就是典型代表。北宋科学家苏颂、韩公廉在前人工作的基础上，制造了"水运仪象台"，其既是观测天象变化的仪器，又是自动报时的天文台。南宋杨忠辅制定的《统天历》，将一个回归年定为365.2425 日，同现代天文学测定的数值只差 26 秒。明代的《郑和航海图》，保存了航海科技的重要资料。宋代科学家沈括的《梦溪笔谈》，涉及数学、天文历法、地理、气象、物理、化学、冶金、兵器、水利、建筑、动植物等多个学科领域。明代徐光启的《农政全书》，把中国农业分为农本、田制、农事、水利、农器、树艺、蚕桑、种植、牧养、制造、荒政、蚕桑广类十二项，是中国古代农业的百科全书。明代李时珍的《本草纲目》，收录药物1892种，有名、有解、有辨、有味、有治、有方、有图，全书收录附方 1 万多个，插图 1000 多幅，是中国古代医学的集大成者。明代科学家宋应星的《天工开物》，全书十八卷，涉及农业、手工业的各个方面，对明代以前的农业和手工业进行了全面总结，是一部百科全书式的科学著作。

第八章　元清社会科学的倒退
与晚清士子的呐喊

　　蒙古人于1271年建立了元朝，中国又归于统一，版图大大扩张。元朝实行民族歧视和残暴的专制政治，中国经济文化大大倒退。

　　清朝在 268 年的统治中，由于其民族压迫和文字狱政策，中国的社会科学发展受到压制，但社会科学者在典籍整理和文学艺术方面产生了辉煌的成就。晚清时期，由于历史文化的继承加之外来文化的促进，一大批学有所成的士子，为推翻中国几千年的封建帝制发出了社会科学者的呐喊。

第一节　元朝学术文化的窒息退化

　　13世纪，蒙古族崛起于漠北，后由成吉思汗建立大蒙古国，把分散的众多草原部落，变为统一的蒙古民族共同体。统一后的蒙古族在成吉思汗的率领下，横扫欧亚大陆，所向披靡，将大蒙古国扩张为一个疆域极其广阔的世界性帝国，成吉思汗去世后，后来其孙忽必烈继位，称元世祖。他于至元八年（1271年）定国号为元，建立元朝，改中都为大都（今北京），作为都城。元朝建立后，忽必烈又于至元十三年（1276年）攻占临安，灭南宋，统一了中国。

元朝最大的特点就是地域扩张、民族融合及文化的交融。大蒙古国时期，就开始融合漠北被征服的民族。元朝建立后，蒙古统治者在吸收各民族文化的基础上，推动本民族文化发展，在此过程中，有创文字、设学校、编史书等社会科学现象出现。

随着蒙古对中亚、西亚的征服，大批信奉伊斯兰教的突厥、波斯、阿拉伯人移居中国，虽然种族、语言和原籍不同，但在伊斯兰教文化的整合下形成了共同体。他们接受汉族文化，学习汉族语言，读儒书，仿汉人姓氏，又保持原宗教信仰和习俗。民族杂居现象又加剧了民族文化的融合。漠北蒙古人、色目人，因驻防、屯田、经商等原因，不断移入内地，与汉人杂居，汉人因戍边、流放、经营等原因又迁居边地。原居内地的契丹、女真人，在元朝已同汉族合一，入居内地的蒙古人，与汉族逐渐融合。而迁居边疆的汉族又与当地少数民族逐渐融合，形成融合之势。民族融合是这一时期社会科学的最大成绩，使华夏文化增添了新的色彩。

元朝，由于蒙古人对欧亚非征服的影响，中国与外国的商贸与文化交流也发展起来，西方的使节、商人、旅行家、传教士不断往返于中国。元世祖时，威尼斯人马可波罗曾遍游中国各大城市，并且在元朝做官，其《马可波罗游记》对世界影响很大，激起西方人对中国的向往。中国的罗盘、印刷术、火药经阿拉伯传入欧洲，阿拉伯人的天文学、医学、算学也传入中国。基督教开始在中国传播，伊斯兰教在中国的传播更快，信徒和清真寺数量迅速增长。中外文化交流，丰富了中国文化的内涵，增强了中国文化的生命力。

元朝在忽必烈称帝时，一度实行尊儒礼士的政策，正式规定在科举考试中以朱熹的《四书章句集注》为主要内容，以朱熹的解释为准，朱熹的理学在元朝仍然是官学。这一时期出现了许衡、吴澄、郑玉等理学家。元朝的上层贵族，并不想汉化，而是希望汉人蒙古化，但民族融合的大势和华夏文化的强大生命力，实际上促使元朝不得不奉行多元文化。当时选官时，就有不同学校和学业专长的人才相继脱颖而出。《元史》说："然当时仕进有多岐，铨衡无定制，其出身于学校者，有国子监学，有蒙古字学、回回国学，有医学，有阴阳学。"另外，由于元代城市商品经济的发展，市民阶层崛起，从而又出现适应市民审美趣味的文学形式——元杂剧和散曲。

元代的民族歧视是非常严重的。元世祖时，把国人分为四等：第一等为蒙古人，主要是蒙古各部的人。第二等为色目人，包括西夏、回回、西域及留居中国的一部分欧洲人。第三等是汉人，包括原来金国统治下的各族人。第四等是南人，包括原来南宋统治下的汉人和其他各民族人民。《大元圣政国朝典章》中的许多法令都是针对汉人、南人的。

元朝统治集团，生活腐化。蒙古皇室和政府把搜刮的民脂民膏，大部分挥霍于岁赐和佛事。元武宗时，政府年入钞 280 万锭，但他一年用掉 820 万锭，支出是收入的四倍。元仁宗每年支出 2000 万锭，大部分用于赏赐蒙古贵族。元武宗时，敬神修寺的开支占政府收入的 2/3。延佑四年（1317年），宣徽院统计，仅供佛饮食一项，全年共用面 439 500 斤，油 79 000 斤，米 27 300 斤，每日宰羊达万头。官员贪财好货，贿赂公行。官吏受贿的花样繁多。要参见官员，必送"拜见钱"，无事白要叫"撒花钱"，节日送礼为"追节钱"，生辰恭贺为"生日钱"，管事而索叫"常例钱"，送生迎来收"人情钱"，诉讼收"公事钱"，连那些廉政机构的官员也贪赃受贿。

元顺帝时，朝政腐败达到极点。蒙古贵族和喇嘛僧侣横行霸道，贪赃枉法无法遏制，地主豪强的掠夺日盛一日。人祸又加天灾，元统元年（1333年），京畿大雨，灾民达40万人。元统二年（1334年），江浙受灾，饥民多至 59 万人。至元三年（1337年），江浙又受灾，饥民达 40 万元。至正四年（1344 年），黄河连续决口三次，饥民遍野。在这种情况下，农民暴动遍及全国。仅京南一带的起义就达 300 余起。当时的民谣就反映了人民期望这个腐败王朝倒台："天雨线，民起怨，中原地，事必变。"最后，这个王朝终于在内外交困和农民大起义的烽火中败亡。

我们考察元朝的兴亡史，就会发现唐宋时发达的文化学术在元代受到窒息，几于退化。尤其汉、唐以来的儒学受到压制，儒生地位低下。谢枋得在《谢叠山集·送方伯载归三山序》中说："滑稽之雄，以儒为戏者曰：我大元制典，人有十等，一官二吏，先之者贵之也，贵之者谓有益于国也。七匠、八娼、九儒、十丐，后之者贱之也。贱之者谓无益于国也。嗟乎卑哉，介乎娼之下丐之上者，今之儒也。"把儒列为"无益于国"的贱者阶层，而且是贱者之列的倒数第二，在娼之下和丐之上，这是当时儒学地位低下的真实写照。然而，学术文化的发展同政治的形态并不完全平行。在元代，学术文化在一些方面呈现出新生和延展之势。元代的统治者多信奉藏传佛教喇嘛教，忽必烈尊西藏的著名僧人八思巴为国师。元代管理宗教的宣政院颁布指令："今后，如有俗人以手犯西僧者，断其手；以言语犯西僧者，割其舌。"与此同时，元朝对其他宗教也一并提倡。忽必烈信仰佛教，曾手持念珠，口诵佛经。为了支持佛教，曾下令免除佛教寺院的税赋，并赐建大乾元寺、龙光寺。1285 年，忽必烈召集全国僧侣4 万余人在西京普愿寺举行斋戒会七日。元代中叶，全国寺院达 24 000 余所，僧尼人数约百万人。先后出现了云峰妙高、高峰原妙、中峰明本、仲华文才等高僧大德，也产生了《幻住庵清规》《四教仪集注》等佛教著作。

第二节　清代大兴文字狱控制思想

清朝是以我国少数民族满族贵族为主体建立的封建政权，历经268年之久。清朝统一中国时，我国社会已处于封建社会后期。到18世纪中叶，清朝经过一百多年的发展，达到了鼎盛时期，世称"康乾盛世"。19世纪中叶，发生了鸦片战争，外国侵略者用舰炮打开了中国的门户，中国社会发生了巨大变化，成为半殖民地半封建社会。

鸦片战争后，清朝更趋腐败，人民的苦难日益加重，中国历史进入了多事之秋，先后发生了太平天国运动、中法战争、甲午中日战争、戊戌变法、义和团运动、八国联军入侵北京。这期间中国的仁人志士和广大人民为民族独立和复兴进行了英勇卓绝的斗争，谱写了可歌可泣的篇章。

清朝为了泯灭汉族反清的民族意识，牵制人的思想，在完成全国统一后，就开始制造"文字狱"。这是明代文字狱手法的继续和发展。文字狱是以文字作品定罪，基本问罪思路是望文生义，捕风捉影，曲解字句，任意罗织罪名。顺治时，清朝统治者主要关注镇压南方明朝的残余势力。康熙时，则把对反清的思想镇压放在突出位置，康熙二年（1663年）的《明史》案，掀开了文字狱的序幕，浙江的庄廷鑨购得明末朱国祯所撰《明史》，因庄廷鑨双目失明，就请十多位文人对朱氏《明史》进行修订增补，最后署庄廷鑨的名字。后有人告发，查书中有指责清朝的字句。时庄廷鑨已死，其被剖棺戮尸，其弟庄廷钺被株。经过株连，"名士伏法者二百二十一人"。康熙后期又有《南山集》案发生。翰林院编修戴名世著《南山集》，其中有记载南明史事，用南明诸帝年号，触犯禁忌，康熙以"语多狂悖"之罪，将戴名世、方孝标两族治罪，连作序的、刊刻的、卖书的都被株连。此后又发生《甲申大难录》案、南逆书案、《清河颂》案、《大江滂书》案等，许多人受到株连。

清代的文字狱是最为残酷、最为荒唐的文化专制政策。正如清代著名学者龚自珍所言："避席畏闻文字狱，著书都为稻粱谋。"文字狱是压榨人的思维和创造性的最恶劣的手段，对清代文化和学术的发展起了巨大的扼杀作用。

第三节　《四库全书》的编修

清朝自建国之日起，为了充分利用汉族文化成果，开展了大规模官修史书和编纂书典的活动。

康乾时期，经济、政治、军事文化都达于鼎盛。编纂经籍、史典既能彰显清朝文化气象，又能从汉族传统文化中寻找为统治服务的精神支柱。乾隆皇帝自登基后，就把收集、整理、编纂中国文化典籍作为文化建设的重任。

乾隆三十七年（1772年），乾隆皇帝下令在全国征集图书。乾隆三十八年（1773年）二月，乾隆皇帝下令求遗书，朱筠建议先在翰林院贮存的《永乐大典》中缀辑散篇成卷。乾隆皇帝接受朱筠的意见，令依经、史、子、集搜辑遗籍，命名《四库全书》。《永乐大典》原 11 095 册，每10册为一函，计1100 余函。翰林院30人，均派分阅，每人均阅370册。编辑结果，得书514部，著录者经 70 部、史 41 部、子 101 部、集 174 部，共 386 部，存目者经 9 部、史 38 部、子 71 部、集 10 部，共128 部。

为了编纂《四库全书》，朝廷专门成立了编书机构，称《四库全书》馆。乾隆派他的三个儿子和军机大臣领其事，又命纪昀和陆费墀任总主编和总校官，此外还有当时著名学者戴震、邵晋涵、王念孙、姚鼐、任大椿、金简等参加，据统计，办事人员，连同缮写、装订的人数约 3800 多人。其中，直接编纂的学者达 360 余人。

由于康熙、雍正时期的文字狱，大批知识分子终日自危，不敢议论国事，就把目光古代典籍的整理和研究上，出现了一大批音韵学家、训诂学家、考据学家、校勘学家、经学家、史学家，《四库全书》编纂中因选用了大批这样的专家，才保证了修书的速度和质量。

《四库全书》把我国古代的重要典籍首尾完整地抄录下来，分编成经、史、子、集四部，44 类，共收图书3400 多种，79 000 多卷，总字数约为 8亿字，为我国古代思想文化遗产的总汇。编纂工作从乾隆三十八年（1773年）建四库馆开始，至乾隆五十二年（1787年）缮写完毕，历时 15 年。以后又检查内容，校对缺漏，再补充书籍入库，直到乾隆五十八年（1793年）才完全结束。在编纂过程中，纪昀等还作《四库全书总目提要》共 200 卷。对著录的 3400 多种书籍和未著录而存其目的6700 多种书籍，都做了介绍和评论，并评其优劣，探讨其学术源流和版本异同，都有很高的资料价值和学术价值。

《四库全书》囊括了清代中叶以前所有重要的文献典籍。乾隆五十二年（1787 年）编辑完成后，又抄了六份，分藏于皇宫内的文渊阁、圆明园的文源阁、沈阳的文溯阁、承德避暑山庄的文津阁，这是内廷四阁，属皇家藏书阁。另外三部分藏于扬州文汇阁、镇江文宗阁、杭州文澜阁。底本藏于北京翰林院。可惜《四库全书》修成后，一百年间饱经厄运。扬州文汇阁和镇江文宗阁毁于太平天国，圆明园的文源阁毁于八国联军，杭州文澜阁藏书也在太平天国时遭严重损失，虽经过大规模修补基本得全，然已非原貌。皇宫的文渊阁《四库全书》由国民党于中华人民共和国成立前夕运入我国台湾地区。文溯阁《四库全书》于 1966 年迁入甘肃，现藏于甘肃兰州的"文溯阁四库全书藏书馆"。文津阁《四库全书》现藏国家图书馆。全国现存《四库全书》号称三部半。

在《四库全书》修纂过程中，大量文化典籍被毁，"毁书超过存书，似为不移之论"[①]。河南、浙江两省毁书 2600 余种，江西、湖北、广东全毁、抽毁及毁书版、石刻 2929 种。长达 19 年的禁书，全部毁坏书籍为 3100 多种，15 万部以上，销毁书板 80 000 块。这是有案可查的毁书，还有民间大量的毁书不计其数。因此鲁迅说："四库兴，古书亡"，这话是切中要害的。

《四库全书》编纂中，还以清代统治者的文化标准和政治观点为取舍，对古籍进行无端删削、篡改和弃置。张宗祥在《补抄文澜阁四库缺简记录》中说："四库之弊，不载诸书版本所自出，擅改古人卷帙辞句，清初诸家著作，删窜尤多。如《潜邱札记》中，钱牧斋之词，或删其名，或改为朱竹土宅。此类不胜枚举。"对一些具有民主思想的著作，都未收入。如明代李贽的著作，被统治者斥为非圣无法，排斥孔子，罪不容诛，因此李贽的著作一部也不收入。但在《四库全书总目》中"存其目"，是为了让后人知道李贽是"名教之罪人"。一般文艺作品也予以排斥，不入《四库全书》。《四库提要》中指出，依声填词之作，如张可久的《张小山小令》、石孝友的《金谷遗音》，"蒙皇上指示，命从屏斥"。一些学者批评《四库全书》修纂中"删改之横，制作

---

① 张杰：《四库全书与文字狱》，《清史研究》1997 年第 1 期。

之滥，挑剔之刻，播弄之毒"，"皆振古所绝无"。①

从《四库全书》编纂中我国古籍遭毁的现象可以看出，封建文化专制主义，不可能公正地评价传统文化。他们以政治需要为准则，会把一些真正反映社会现实、有学术价值的文化成果视为异端邪说，不是将其焚禁，就是曲解强窜，这是我国古代文化与学术发展的主要政治障碍。

在《四库全书》修纂过程中，尽管清代统治者焚毁了大量古籍，并对历史典籍的内容有窜改和不合理的删削，但《四库全书》的文化成就和学术价值是必须肯定的。

《四库全书》保存了我国珍贵的文献史籍，是世界上少见的文献大库，成为中国历史上最为庞大的典籍。《四库全书》在辑佚失传典籍上功彪史册。李焘《续资治通鉴长编》520 卷、薛居正《旧五代史》150 卷、郝经《续后汉书》90 卷、《宋两朝纲目备要》16 卷等名著，都属佚亡，《四库全书》的编纂把它们做了辑佚，使其复活。如《东观汉记》，为我国最早官修史书，其书元代已佚，修《四库全书》时把它重新辑出，此书对范晔的《后汉书》有许多补阙。又如《旧五代史》也佚亡，四库官邵严涵在辑佚时，因《永乐大典》有缺文，就从《册府元龟》《太平御览》《通鉴考异》等 100 多种宋人典籍中，搜罗采集，补其所缺，集成全书，共得 150 卷，从此中国就有二十四史之称。例如，《九章算术》《孙子算经》《夏侯阳算经》等书都已亡佚，《四库全书》编者从《永乐大典》中细心辑佚，成书后，反响很大。佚书的发掘和集成，使许多要失传的古代文献传承下来。清修《四库全书》给辑佚古籍开辟了新路，创造了经验，探索了方法，形成辑编亡佚古书的学术风气，出现了许多辑佚专家，辑出了许多失传的珍贵古籍。

《四库全书》修纂中，集中了一大批著名学者和大量专业人员。乾隆时进士卢文绍、王鸣盛、纪昀、庄存与、毕阮、王念孙、钱大昕、戴震等都成为乾嘉学术中坚，在目录、版本、校勘、辨伪、辑佚等方面取得很大成就。《四库全书》修纂中培养了一大批有知识、有本领的学术人物，对推动清代以至近代学术的发展有开创性的作用。

---

① 奚椿年：《中国书源流》，南京：江苏古籍出版社，2002 年，第 222—223 页。

《四库全书》在保存典籍、传承文化上作用是巨大的。一般情况下，中国典籍中单本容易散失，而汇编成册容易流传下来。《四库全书》在保存中国文献典籍方面是任何图书都无法比拟的。例如，徐光启的《农政全书》被收录进了《四库全书》，但宋应星的《天工开物》并未被收录。结果《农政全书》保存了下来，而《天工开物》却失传了。20世纪《天工开物》在日本被发现，又辗转才回到国内。《四库全书》把3000多种分散的图书汇到一起，经历近300年的风雨，并将继续流传于后世。

第四节　龚自珍的历史观

龚自珍（1792—1841年），号定庵，浙江仁和（今杭州）人。他出身书香门第世家，祖父和父亲都是清朝官吏，外祖父段玉裁是著名学者，龚自珍的母亲也擅长诗文。他自幼受到很好的文化熏陶。七岁跟母亲学诗文，十二岁随外祖父段玉裁学习，以经说字，以字说经，十四岁考古今官制，十六岁读《四库全书提要》，十七岁又习金石学，为从事学术事业打下了深厚的文化知识基础。他还从今文经学家刘逢禄学习《春秋公羊传》，但其志趣不在考证儒家经典，而是注重经世致用之学。他与林则徐、魏源等爱国志士为友，主张禁止鸦片，抵抗西方列强的侵略。1839年，林则徐奉诏前往广州查禁鸦片，龚自珍写了《送钦差大臣侯官林公序》赠林则徐，提出了禁烟的十项建议，希望通过禁烟出现一个"银价平，物力实，人心定"的社会。他注重社会实践，跟随其父游宦于苏、浙、皖各地，广泛接触社会下层，观察政治的黑暗腐败。他博学多识，精通多门学科，"于经《通公羊春秋》，于史长西北舆地。其文以六书、小学为入门，以周秦诸子、吉金、乐石为崖郭，以朝章、国故、世情、民隐为质干。晚犹好西方之书，自谓造深微云"[1]。

---

[1] （清）魏源：《魏源全集》第12册，长沙：岳麓书院，2004年。

他的文章犀利泼辣，暴露封建制度的黑暗不留情面，从而遭到官场政客的忌恨。他的朋友魏源曾劝他减弱文章的锋芒，以明哲保身。魏源说："吾与足下相爱，不啻骨肉，长恨足下有不择言之病。夫促膝之谈与广廷异，良友之诤与酬酢异。若不择而施，则于明哲保身之义恐有悖，不但德性之疵而已，此须痛惩创，不然结习非一日可改也。"①龚自珍科场并不顺，直至三十八岁，才考中进士，以后十年任内阁中书和宗人府主事，官职很小。他一生没有被重用，郁郁不得志。四十八岁毅然辞官南下讲学，不久死于江苏丹阳书院。他一生写了很多著作，其中有《明良论》《乙丙之际著议》《壬癸之际胎观》《平均篇》《农宗》《己亥杂诗》等，后人编为《龚自珍全集》出版。

龚自珍继承了常州今文经学的传统，致力于今文经学的阐发。龚自珍最重要的经学著作《五经大义终始论》，通篇贯穿春秋公羊学的"张三世"的历史观。他认为历史的发展有开始、中间与终结。他指出："圣人之道，本天人之际，胪幽明之序，始乎饮食，中乎制作，终乎闻性与天道。"就里说的是社会发展历程必先有"饮食"作经济基础，再有各种制度的形成，最后产生精神意识，即"性与天道"。他用董仲舒研究《春秋公羊传》的"三世"说，来分析眼前的清王朝。董仲舒把春秋时期分为"有传闻世""有闻世""有见世"三个阶段。东汉何休作《春秋公羊传解诂》时指出"有传闻世"即"乱世"，"有闻世"即"升平世"，"有见世"即"太平世"。龚自珍对公羊派的"三世"说加以引申，指出每一个朝代都要经历"治世"、"衰世"和"乱世"三个阶段，清王朝已由"治世"进入了"衰世"，社会的两极分化和贫富对立加剧，"贫者日愈倾，富者日愈壅"。②他指出，封建社会统治者日益腐朽，朋比为奸，对人民的压榨日甚，"山中之民"，有起而反抗的征兆。

他尖锐批判清朝的上层建筑，指出科举制度以"四书文"取仕，选拔的官吏从当官之日起，寡廉鲜耻，只图往上爬，不管事业。整个官场

① 转引自戴逸：《简明清史》第二册，北京：人民出版社，1980年，第822页。
② （清）龚自珍：《龚自珍全集·平均篇》，上海：上海古籍出版社，1975年。

的景观是：奇才不得使用，官场政客暮气沉沉，畏缩不前，玩忽职守，毫无生气。他的批判矛头直指君主制度。他指出封建君主位居一切人之上，垄断了天下的财富和权力，"一人为刚，万夫为柔"，各级官吏成为听命于君主的奴仆，"天下无巨细，一束之于不可破之例"。整个清朝已处"日之将夕，悲风骤至"的末世。

龚自珍认为，任何一个制度都不是永恒不变的。他说："自古及今，法无不改，势无不积，事例无不变迁，风气无不移易。"他还指出要重视民众的议论，要自觉改革："一祖之法无不敝，千夫之议无不靡。与其赠来者以劲改革，孰若自改革？"如果面对制度的积弊，而不"自改革"，等到别人再改时，那王朝的根基就危险了。他还认识到"众人"力量的巨大，"天地，人所造，众人自造，非圣人所造"。而众人创造天地，不是靠天道、太极，而是靠自己的主动性，"众人之宰，非道非极，自名曰我"。他受佛教的影响，非常突出"心力"在改变社会现实中的作用，指出"报大仇，医大病，解大难，谋大事，学大道，皆以心之力"。这里他充分肯定了人的价值、人的主体意识的价值，具有思想解放的意义。

龚自珍在经学研究上独树一帜，成就斐然。他是"经世致用"思想的积极倡导者，指出治经不要"泥于经史"，而要"通当今之务""救裨当世"。他从《春秋》中发掘出《公羊》大义，来抨击清朝的腐朽堕落。他治经不守家法，不立门户。他对公羊学派的优缺点都敢于提出公正评论。他对刘向《洪范五行传》宣传的迷信思想深为不满。他指出："刘向有大功，有大罪，功在《七略》，罪在《五行传》。"他主张摒弃公羊学说中的迷信谶纬，这是唯物主义的治经方法。

龚自珍虽治今文经学，但对古文经学并不排斥。他不赞同今文经学家关于孔子之前不得有经的观点。他说："仲尼未生，先有六经；仲尼既生，自明不作；仲尼曷尝率弟子使笔其言以自制一经哉？"①龚氏的新见解曾遭到今文经学家皮锡瑞等的批评。其实，龚自珍的治经不立门户，有兼采各家之长的学风。他说："予说诗以涵咏经文为

---

① （清）龚自珍：《六经正名》，《龚自珍全集》，上海：上海人民出版社，1975 年。

主，于古文、毛、今文三家，无所尊，无所废。"他还说在阐释《春秋》的微言大义时，"区名字氏，纯用公羊氏；求事实，间采左氏；求杂论断，间采谷梁氏"①。这种破门户之见、博采众长的学风是后人为学的榜样。

龚自珍不但有经学的成就，而且在诗歌上也成就非凡。其诗既有"剑气"，又有"箫心"。他自幼受诗教很深，别具逸韵骚情。他自己曾描绘童年吹笛歌词的图景："童时居湖上，有小楼在六桥幽窈之际，尝于春夜，梳双丫髻，衣淡黄衫，倚阑吹笛，歌东坡《洞仙歌》词，观者艳之。"②他平生坎坷，怀才不遇，愤世嫉俗，多以诗表情志与见解。他对晚清时期埋没人才，沉闷的学风十分不满，在《乙亥杂诗》中说："九州生气恃风雷，万马齐喑究可哀；我劝天公重抖擞，不拘一格降人才。"

第五节　魏源的《海国图志》

魏源（1794—1857年），字默深，湖南邵阳人。他和龚自珍一起习今文经学。曾向今文经学家刘逢禄学习《春秋公羊传》。后任地方督抚的幕僚，筹议漕运、水利、盐政等实际事务。鸦片战争期间，他应邀参加两江总督裕谦的幕府，在浙江前线直接参加抗英斗争。1845年时才考中进士，后任东台、兴化知县，升高邮知州，太平天国起义后，他因"迟误驿报"，被罢职。晚年潜心佛学，"不与人事，惟手订生平著述，终日静坐"。1857年3月逝世。他知识渊博，著述丰硕。今文经学著作有《诗古微》《书古微》《公羊春秋古微》《董子春秋发微》等，发挥古代经籍的"微言大义"。他还有反映其哲学政治观的《默觚》，有用于实用事务的《筹问篇》《筹漕篇》《军贮篇》，还有代人编辑的

---

① 转引自陈国庆：《晚晴社会与文化》，北京：社会科学文献出版社，2005年，第264页。
② 转引自尚永亮，魏崇新：《中国文化奇人传》，石家庄：河北教育出版社，2005年，第345页。

《皇朝经世文编》。受林则徐之托，魏源编写了我国近代史上第一部介绍世界历史、地理、政治、经济、文化的著作《海国图志》。

一、魏源的救国论："除痳去虚"

鸦片战争以中国失败、签订丧权辱国的条约而告终，引起大批爱国知识分子的义愤，他们着力分析和研究国家衰败的原因，提出一些救国主张。魏源通过对国情和世界发展状况的分析认为，中国败于洋人，主要是政治腐败造成的。清王朝"承平恬嬉，不知修攘为何事，破一岛一省震，骚一省各省震，抱头鼠窜者胆裂之不暇，冯河暴虎者虚骄而无实"[1]。他指出上层统治者的"痳"，即糊涂，知识界的"虚"，即空洞，是社会的两大弊端。他提出"去伪，去饰，去畏难，去养痛，去营窟"，以克服"痳"。"以事实程实功，以实功程实事，艾三年而蓄之，网临渊而结之，毋冯河，毋画饼"，以克服"虚"。他希望鸦片战争的失败能引起人们的忧患意识，形成"违痳而之觉，革虚而之实"的民族觉醒精神挽救国家。

二、魏源的强国论："师夷长技"

魏源反对闭关锁国，主张国家开放，学习外国的长处。他指出中国必须了解世界，才能抵御洋人的侵略，"欲制夷患，必筹夷情"。1841年林则徐在罢官途中，在镇江与魏源相见。林则徐把自己辑的《四洲志》交给魏源，魏源不负重托，在林则徐《四洲志》的基础上，"再据历代史志及明以来岛志及近日夷图、夷语，钩稽贯串，创榛辟莽，前驱先路"，编成《海国图志》一书，向国人介绍外国的经济、政治、文化、地理及风土人情。他明确提出此书是"为以夷攻夷而作，为师夷长技以制夷而作"。

他指出要把外国的侵略和外国的技术区别开来。不要像封建顽固

① 翦伯赞，郑天挺：《中国通史参考资料》近代部分，北京：中华书局，1962年。

派那样把外国的先进技术看成"奇技淫巧"，拒之门外。为了制服外国侵略者，必须学习外国的先进技术。这就是魏源著名的"师夷长技以制夷"的思想，其在近代史上起着巨大的思想解放作用。魏源还具体指出了学习外国"长技"的内容。他建议在广东设造船厂和火器局，聘请国外技师，用西方的新技术造出船舶和武器。他还主张允许沿海商民"仿设广局"，以造船械，或自用或出售。他还倡导仿制外国的工业品等，凡有益于民者，都可仿造。魏源属于中国近代史上倡导开放的先行者，他的开放思想对中国文明与世界文明的接轨是很有认识价值的。

三、魏源的历史观：变革图新

魏源认为万物由对立的两面构成，就是"天下物无独必有对"。意指天下的任何事都不能单方面存在，必然存在着对立面。但是对立的双方不是均衡的，而是有主辅之分，"有对之中，必一主一辅，则对而不失为独"。①他还用"顺"和"逆"的概念表达事物稳定和变异的关系。他认为事物的"逆"，即不断的运动是事物生生不息的根源，而长久的"顺"，即静态，会走向僵化，造成事物的夭亡。他说："逆则生，顺则夭矣；逆则圣，顺则狂矣。草木不霜雪，则生意不固；人不忧患，则智慧不成。"他认为任何事物发展到一定阶段，都会走向自己的反面，称之为"道"，或用西方哲学家的话说叫"异化"。他还说："暑极不生暑而生寒，寒极不生寒而生暑；屈之甚者信必烈，伏之久者飞必决。"这实际是对古代"物极必反"的发挥，是对古代辩证法的传承与弘扬。

魏源从万物的"道则生"又引出了社会历史的变革论。他指出每一个历史时期，天地万物及人的生存环境都有差异。他说："三代以上，天皆不同今日之天，地皆不同今日之地，人皆不同今日之人，物皆不同

① （清）魏源：《默觚》，北京大学哲学系中国哲学史教研室选注：《中国哲学史教学资料选辑》下册，北京：中华书局，1982年，第393页。

今日之物。"①魏源的高明不在于他认为各个历史时期都有其不同的特征，而主要在于他认为清王朝已处江河日下、岌岌可危的局面，这个社会现实不变，必然亡国灭种。他的要害是从"变古"的历史观引出对清王朝的变革。他指出："履不必同，期于适足；治不必同，期于利民""变古愈尽，便民愈甚。"他以民利为准则，主张改变清王朝的腐朽制度，变得越彻底，对于民众越有利。

四、魏源的世界观：先行后知

在如何认识世界和获得知识上，魏源坚持的是多思多学才有智慧，先有行而后有知。他反对天资决定智慧的观点，认为机灵的人和笨拙的人共同学习，往往笨拙的人掌握了知识，而机灵的人则无所获。他说："敏者与鲁者共学，敏不获而鲁反获之，敏者曰鲁，鲁者曰敏。其天人之相易耶？曰：是天人之参也。溺心于邪，久必有鬼凭之；潜心于道，久必有神相之。管子曰：'思之思之，又重思之，思之不通，鬼神将告之。非鬼神之力也，精诚之极也。'"②

这里说的"敏者"指天资聪明的人，"鲁者"指天资笨拙的人。然而，鲁者往往能掌握知识，提高智慧，敏者则一无所获，鲁者变敏，敏者则变鲁。这类例证在生活中不少见，究其原因，魏源认为在于理性思维是否开启。所以，他赞成管子"思之""重思之"，认为专心致志地去思考学习就会改变人的知识状况。他认为人的思考非常重要，能改变人的本性，经常想歪门邪道的事，鬼就会附体，经常精思于道，神就会相助，即所谓"溺心于邪，久必有鬼凭之；潜心于道，久必有神相之"。魏源当然不相信真有鬼或神的力量在助人，认为这是多思多学、悟性开发的结果，而"非鬼神之功也，精诚之极也"。他非常重视人自身的修养和努力，认为只要努力就能达到"技可进乎道，艺可通乎神，

---

① （清）魏源：《默觚》，北京大学哲学系中国哲学史教研室选注：《中国哲学史教学资料选辑》下册，北京：中华书局，1982年，第397页。

② （清）魏源：《默觚》，北京大学哲学系中国哲学史教研室选注：《中国哲学史教学资料选辑》下册，北京：中华书局，1982年，第388页。

中人可易为上智，凡夫可以祈天永命"。他否定听天由命的"造化"说，认为"造化"在己，"造化自我立焉，故人能与造化相通，则可自造自化"。这就是人可胜天的世界观，是一种积极进取的思想。

在知与行的关系上，魏源认为先行而后知，十分推崇实践的作用。他说："及之而后知，履之而后艰，乌有不行而能知者乎？翻十四经之编，无所触发，闻师友一言而终身服膺者，今人益于古人也。耳聒义方之灌，若罔闻知，睹一行之善而中心惕然者，身教亲于言教也。披五岳之图，以为知山，不足樵夫之一足；谈沧溟之广，以为知海，不如估客之一瞥；疏八珍之谱，以为知味，不如庖丁之一啜。"①

从魏源的这段话，可以看出其鄙视那些只钻书本而不重视践行的学风，进而突出了真知来源于践行。通读"十四经"的收获不如亲耳听师友一句亲身体悟出来的话；听人灌输关于善恶道理，不如看到他做一件善事的作用大，这就是"身教亲于言教"。那些通过看"五岳之图"自以为知山者，"不足樵夫之一足"，空谈大海之广者，不如到海边去"一看"，凭着菜谱，识八珍之味，不如厨师亲自尝一口。

五、魏源的《海国图志》

1842 年，魏源写成 50 卷的《海国图志》，1847—1848 年，他又将《海国图志》增补为 60 卷本，刊于扬州；到 1852 年又扩充为百卷本。《海国图志》是中国近代史上最早的一部由国人自己编写的有关世界各国情况介绍的巨著，是当时介绍西方国家的科学技术和历史地理最翔实的专著。

《海国图志》征引古今中外近百种资料，系统地介绍了西方各国的地理、历史、政治状况和许多先进科学技术，如火轮船、地雷等新式武器的制造和使用。所记各国气候、物产、交通贸易、民情风俗、文化教育、中外关系、宗教、历法、科学技术等十分翔实，所以有人誉《海国

---

① （清）魏源：《默觚》，北京大学哲学系中国哲学史教研室选注：《中国哲学史教学资料选辑》下册，北京：中华书局，1982 年，第 389 页。

图志》为国人谈世界史地之"开山"。

《海国图志》提供了 80 幅全新的世界各国地图，又以 66 卷的巨大篇幅，详叙各国史地。这样，使当时的中国人通过《海国图志》这一"望远镜"，开眼看世界。既看到了西洋的"坚船利炮"，又看到了欧洲国家的商业、铁路交通、学校等情况，使中国人跨出了"国界"，认识了近代世界的新鲜事物。

魏源不仅是爱国志士，还是杰出的军事思想家。他在战略防御的思想指导下，提出了"以守为战""以逸待劳"的战略思想，以及"诱其深入""坚壁清野""出奇设伏""水陆夹攻""草木皆兵"等战术原则。魏源这种以弱胜强的战略战术思想，不但适用于近代中国的反侵略战争，而且适用于遭受西方殖民主义侵略的其他国家。

《海国图志》提出"师夷之长技以制夷"的中心思想，是一部具有划时代意义的巨著。其"师夷之长技以制夷"命题的提出，打破了传统的夷夏之辨的文化价值观，摒弃了"九州八荒""天圆地方""天朝中心"的史地观念，树立了"五大洲、四大洋"等新的世界史地知识，传播了近代自然科学知识以及别种文化样式、社会制度、风土人情，拓宽了国人的视野，开辟了近代中国向西方学习的时代新风气。

第六节　康有为的《大同书》

康有为（1858—1927 年），原名祖诒，字广厦，号长素。广东南海人，他自幼好读书，有做圣人之志，开口闭口"圣人"，乡里戏称为"圣人为"。他读书非常勤奋，甚至将臀部坐烂。青年时拜广东大儒朱次琦为师，"未明而起，夜分乃寝，日读宋儒书及经说，小学、史学、掌故词章，兼综并骛，日读书以寸记"。他自己说过，三十岁以前几乎读尽中国书。他善于思考和标新立异，经常苦苦思索天下之事，"忽思苍生困苦，则闷然而哭"。二十二岁那年进入西樵山白云洞，专读道佛之书，进行宗教体悟，"常夜坐弥月不睡，恣意游思，天上人间，极苦极乐，皆现身试之。始则诸魔杂沓，继则诸梦皆息，神明超胜，欣然自得"①。中日甲午战争后，康有为在北京考取进士，由于"亡国灭种"将临之痛，他就联合应考者多人上书，提出反对与日议和，迁移首都，实行变法三件大事。"公车上书"无果，自己单独又向皇帝上书，这几次上书均石沉大海。他南返，在上海成立强学会，从事变法救国的宣传。他前后向皇帝上书七次，最后一次是光绪二十三年（1897年），得到了皇帝的重视。皇帝召见了康有为，命其在总理衙门章京上行走，特执专折言事，同时召侍读杨锐、中书林旭、主事刘光第、后补知府谭嗣同参与新政。

康有为既是政治家，又是思想家，也是今文经学大师，一生著述很多，代表性的有《新学伪经考》《孔子改制考》《春秋董氏学》《春秋笔削大义微言考》《论语注》《孟子微》《大同书》等书。

康有为主张托古改制，他的"大同"思想也是从托经书、托孔子而发的。他从说公羊注《礼运》入手说"大同"。《春秋公羊传》有"据乱世—升平世—太平世"的"三世"之说。而《礼记·礼运篇》记载了孔子与其弟子言偃的谈话，说到古代社会的状态是："大道之行也，天下为公，选贤与能，讲信修睦。故人不独亲其亲，不独子其子；使老有所终，壮有所用，幼有所长，鳏、寡、孤、独、废疾者皆有所养，男有分，女有归。货恶其弃于地，不必藏于己；力恶其不出于身也，不必为己。是故谋闭而不兴，盗窃乱贼而不作；故外户而不闭，是谓大同。"康有为作《礼运注》，沿着《礼记·礼运篇》的"大同"思想充分阐述自己的"大同"观。他说：

> 天下为公，选贤与能者，官天下也。……讲信修睦者，国之与国际，人与人之交，皆平等自立，不相侵犯。……人人分其仰事俯蓄之物产财力，以为公产，以养老、慈幼、恤贫、医疾。惟用壮者，则人人无复有老病、孤贫之忧。……做不作业，不出力之人，公众

---

① 转引自王林，万金凤：《大师风度与风骨》，郑州：河南人民出版社，2004 年。

所恶。……人人自能去私而为公，不专己而爱人，故多能分货以归之公，出力以助于人。……故不独不得之国界，以至强弱相争。并不得有家界，以至亲爱不广。且不得有身界，以自货力自为。故只有天下为公，一切皆本公理而已。公者，人人如一之谓，无贵贱之分，无贫富之等……故外户不闭，不知兵革。……惟人人为公，人人皆平。①

康有为把古代的社会制度理想化，又企图将其搬到他当时的社会制度变革中。其大同社会显著的特征是一"公"二"平"。财产公有，人力公出，国家间没有国界，没有贫富分化，没有武装对立，"人人为公，人人皆平"。在《春秋董氏学》中，康有为发挥公羊春秋的"三世"说，阐述自己的"大同"观。他认为《春秋公羊传》所言历史分"所传世""所闻世""所见世"三个阶段，实际是"据乱世""升平世""太平世"。太平世是"大同"世，是"文教全备"的社会。从男女地位看，据乱世是女子依附男子，升平世则"女学渐昌，女权渐出"，而太平世，则"人人自立"，男女平等。从政治制度看，据乱世是君主统治，升平世是君主立宪，太平世则是民主共和。他又指出，升平世为"小康之世"，太平世为"大同之世"。他认为中国两千多年多处乱世，通过变法，行君主立宪，以进入升平世，再继续变革则进入大同世界。

康有为的思想在《大同书》中做了最完备的论证。《大同书》21万字，以天下之序分为十个部分。在甲部"入世界观众苦"中对现实世界的苦难如此描述："若夫民贼国争，杀人盈城，流血塞河，于万斯年，大剧惨瘥，呜呼痛哉，生民之祸烈而救之无术也！人患无国，而有国之害如此哉，若夫烹羊宰牛，杀鸡屠豕，众生熙熙，与我同气，刳肠食肉，以寝以处，盖全世界皆忧患之世而已，普天下人皆忧患之人而已，普天下之众生皆戕杀之众生而已。苍苍者天，持持者地，不过一大杀场大牢狱而已。"

---

① 康有为：《康有为全集》第五集，北京：中国人民大学出版社，2007年。

对于这样的现实世界，康有为主张仁者智者，不要自私逃避，而要用孟子的"人有不忍之心"，以天下为己任，以己之智慧和能力匡时济世。他说：

> 吾既为人，吾将忍心而逃人，不共其忧患焉？而生于一家，受人之鞠育而后有其生，则有家人之荷担。若逃之而出其家，其自为则巧矣，其负恩则何忍矣。譬贷人金，必思偿之，若负债而逃匿，众执而刑，不刑其身，则刑其名。其负一家之债及一国天下之公债者，亦何不然！生于一国，受一国之文明而后有其知，则有国民之责任。如逃之而弃其国，其国亡种灭而文明随之隳坏，其负责亦太甚矣。①

康有为认为，一个人面对社会的苦难，不能逃避，不能自保其身，每个人对家庭、国家、天下都有责任。他不赞成婆罗门教那种"舍身雪窟中以炼精魂"的做法，主张人人应有积极进取的精神，面对乱世，要参与治理，使乱世达升平，再到太平。

康有为指出，大同世界，在政治上是民主共和、人人平等，也没有国家、军队、刑罚，全世界只有一个政府，议员由人民选举产生，"事权实在公众"。大同世界，在经济上，实行财产的完全公有，即"凡农工商之业必归之公"；生产技术达到极高的程度，"其新理、新器、新术日出而无可涯量"。大同世界，在生活方式上完全社会化，人已成为无家庭的"天民"，从摇篮到坟墓都由社会负责到底，生孩子有"人本院"管，幼儿哺育有"育婴院"管，整个受教育阶段，由"小学院""中学院""大学院"逐次负责，完成人的良好教育。穷潦者有"恤贫院"解决生活之困，有了病由"医疾院"免费治疗直至康复，人老了有"养老院"保障其老有所养，人死了有"考终院"来送终安葬。一切在社会的安排下有条不紊地为人的一生服务。

康有为认为大同世界是一个极乐世界，甚至比佛家向往的西方极乐世界还幸福，在大同世界，人有九种快乐的生活内容。例如，一为居处

---

① 康有为：《大同书》，沈阳：辽宁人民出版社，1994 年。

之乐，人人居于公所。二为舟车之乐，水有自行之舟，陆有自行之车。三为饮食之乐，人们在公共食堂进餐。

除了上述三种极乐生活外，康有为还详述了衣服之乐、器用之乐、沐浴之乐、炼形神仙之乐、灵魂之乐。康有为设计的极乐世界，有些是生产技术发展之后必能实现的。如他说食品要精，衣服裹身适体，还有一些水陆舟车和道路设施，目前中等发达国家都已超过康有为的梦想。然而，有些设想过于古怪，可能永远是他个人的主观愿望。比如他说大同世界人要"自发至须眉皆剃除，五阴之毛皆当剃落，惟鼻毛以御尘埃秽气，则略剪而留之"。人身上的毛发剪不剪，同生产力与技术发展的水平毫无关系，康有为把这件事列入大同世界的生活风俗是毫无道理的。另外，他把中国民间的道术、气功说成是大同世界的成仙之路，这是十分悖谬之见。

康有为是中国近代史上最有影响的历史人物之一。他的变法主张和参与"戊戌变法"的英雄行为对启发中国人的觉醒和冲击江河日下的腐败王朝意义很大。他对经书的考证和阐发有自己的新证据、新见解，尤其从今文经学的研究中，引出辩证的宇宙观和发展的历史观，是有其进步意义和学术价值的。然而，康氏经籍考证，多有穿凿附会、缺乏证据的武断推理。其大同理想则是典型的空想共产主义理论，对后世的空想家起了推波助澜的作用。

第七节　谭嗣同的"仁学"思想

谭嗣同（1865—1898年），字复生，又名佛生，署名华相众生，湖南浏阳人。其父谭继洵，1859年中进士，授户部主事钦加道衔，后升户部员外郎、湖北巡抚。谭嗣同受母亲教诲很深。其母纯厚、节俭，虽为官吏夫人，仍穿旧衣，做家务，纺线织布，对谭嗣同严格教育。谭嗣同五岁开始读《三字经》《千字文》《五字经》等启蒙教材。十五岁在湖南师从涂户先，学习文字、训诂、史传等知识，并作诗。谭嗣同十四岁到二十五岁期间，随父来到甘肃兰州，生活十年光景，一方面继续研读中国经籍；另一方面策马长城内外，体味西北荒凉风光。他曾给友人的信中表白，在甘肃"长弄弧矢，尤乐驰骋"。有时带弓矢，在深山老林中打猎，有时在河西走廊骑马驰骋。

中日甲午战争的失败给谭嗣同以极大震动，促使他深入思考救国存亡之策。1895 年他与梁启超结识，梁启超向他介绍了康有为的思想，对他的思想转变有很大影响。以后他在湖南组织南学会，创办《湘报》宣传变法。1898 年奉光绪皇帝诏入京，出任军机章京，成为变法运动的重要改革家。戊戌变法失败前夕，他与康有为预谋让袁世凯以军事力量制止慈禧一派反变法力量，因袁世凯告密，变法失败。他本可逃亡避难，但他拒绝人们的劝说。他说："各国变法，无不流血而成，今日中国未闻有因变法而流血者，此国之所以不昌也。有之，请自嗣同始。"慈禧太后软禁了光绪皇帝，重新执政，并下令捕办维新人物。谭嗣同与维新志士康广仁、林旭、杨深秀、杨锐、刘光第 6 人于 1898 年 9 月 28 日在北京惨遭杀害，史称"戊戌六君子"。他在狱中墙壁题诗曰："望门投止思张俭，忍死须臾待杜根，我自横刀向天笑，去留肝胆两昆仑。"

梁启超称谭嗣同："君资性绝特，于学无所不窥，而以日新为宗旨，故无所沾滞，善能舍己从人，故其学日进，每十日不相见，则议论见识必有增长。"

谭嗣同少年时，研习考据、笺注、金石之学，还有中国古代兵法。三十岁以后，转学西方的天文、算术、政治、历史。他还对基督教、佛教及《易》和《春秋》有研究。他的著名著作是《仁学》一书。

谭嗣同对封建礼教进行了无情的批判。他指出："三纲五常"不是神圣的东西，是封建统治者牵制民众思想的工具。他指出："三纲之慑人，足以破其胆，而杀其灵魂"。而名教是上制下的手段，"君以名桎臣，官以名轭民，父以名压子，夫以名困妻，兄弟朋友各挟一名以相抗"。他否定"存天理、灭人欲"，认为人欲是合理的，"天理即在人欲之中"，主张人的自由平等。谭嗣同揭露封建名教对妇女的压迫，"锢女使不出也"，对于强迫妇女缠足、穿耳，他认为是"残毁其肢体"。他说："俗间妇女，昧于理道，奉腐儒古老之谬说为天经地义，偶一失足，或涉疑似之交，即为人劫持，钳其舌，使有死不敢言。至于为人玩弄，为人胁逃，为人鬻贩，或忍为婢媵，或流为娼妓，或羞愤断吭以死。"他对妇女在封建礼教下的悲惨遭遇给予充分同情，对压迫妇女的封建社会予以揭露。

谭嗣同广泛传播民本思想。他指出君不是自古就有的，而是后来强加于民的产物。他说："生民之初，本无所谓君臣，则皆民也。民不能相治，亦不暇治，于是共举一民为君。"可知，古代出现的"君"，不过众举一民而已。而后世之君，"以兵强马大力征经营而夺取之，本非自然共戴乎！"君主的产生从历史上看是民选的，不是子孙相袭、万古相传的。君主应为天下人办事，而不是骄奢淫纵，欺压人民。他指出君和民的关系是："因有民而后有君，君末也，民本也"。君也是一民，如果君不好，人民可以"共废之"。

谭嗣同历述清政府的罪恶。他认为清政府是历史上最黑暗、残暴的政府。他说清朝"其土则秽壤也，其人则膻种也，其心则禽心也，其俗则毳俗也，一旦逞其凶残淫杀之威，以攫取中原之子女玉帛，砺猰㺄之巨齿，效盗跖之奸人，马足蹴中原，中原墟矣，锋刃拟华人，华人靡矣，乃犹以为未餍。"他揭露清朝攻破扬州，下令屠城 10 日，然后封口，百姓死亡约 80 万人，攻破江阴，连杀三天，百姓死 17 万人，未死的老幼人口仅 53 人。嘉定人民反剃发，清军实施大屠杀，血流成河，乱尸遍野。他对文字狱揭露道："彼其文字之冤狱，凡数十起，死数千百人；违碍干禁书目，凡数千百种，并前数代若宋、明之书，亦在禁列。文网可谓至密矣，而今则莫敢谁何。"

谭嗣同主张"以太"即"仁"的宇宙观。19 世纪，西方物理学家认为"以太"是光、电、磁的介质，有弹性，可以压缩，均匀弥散于太空中。这一理论传入中国后，谭嗣同用"以太"作为新的物质概念来建立自己的自然观和宇宙观。谭嗣同坚持世界统一于"以太"，也是坚持世界统一于物质，然而，他把"以太"作为万物介质或基础的观点，后来被实验科学所否定。

谭嗣同的"仁学"博、大、精、深，是涵盖政治、经济、文化及物理、化学等知识在内的思想体系。其"仁学"有许多创新点，对维新变法人物和后来的民主革命人物都有启蒙作用，是近代学术史上的不朽丰碑。

谭嗣同是中国近代思想家，他的哲学著作《仁学》对资产阶级革命民主派产生过积极的影响。《仁学》全书50篇，分为两卷。鉴于中日甲午战争后国家民族陷于危亡的境地，谭嗣同想找出一条挽救国家民族的道路。因为他学的是融贯儒释耶和先秦诸子、宋明理学以及王夫之、黄宗羲民本主义兼及算学等书，所以只有从这些书中去吸取材料。他把儒家的仁、墨家的兼爱和基督教、佛教的教义结合起来，再同当时科学家的以太说混合，来宣扬他的仁学。

其《仁学》上卷主要内容是：首先，宣扬破人我界，破名教，主张平等。其次，讲仁的不生不灭，提倡兼爱，宣扬博爱。再次，宣扬维新，强调革新。最后，反对封建伦常，破除封建等级制度，宣扬资产阶级民主。

其《仁学》下卷主要内容是：首先，批判封建专制主义，反对民族压迫。其次，批判三纲五常的罪恶，宣扬科学民主。再次，提出以心力挽劫运，是唯心的空想，但这里要求破除我执，打破人我的界限，具有平等思想。最后，宣扬大同，是唯心的，但含有人人得自由的思想。

谭嗣同的《仁学》，就是用资产阶级的博爱、平等、自由和民主来冲决封建专制主义，冲决民族压迫，冲决封建伦理的三纲五常，用科学来反对追求功名利禄为封建统治服务的俗学，替早期《新青年》提出的科学和民主开了先声。由于谭嗣同对清朝封建专制主义的黑暗顽固腐朽有深刻的认识，对封建伦常的毒害有深切的感受，故在抨击封建专制主义、抨击封建伦理方面，极为深刻。

谭嗣同认为世界是由物质的原质构成的，其本体是"仁"，世界的存在和发展都是由于"仁"的作用，故称他的哲学为"仁学"。谭嗣同认为"仁"是万物之源，"以太"则是沟通世界成为一个整体的桥梁。"以太"构成万物的本质，充满宇宙之间，自然界和人类社会的一切现象，都是从"以太"派生出来，并成为"以太"的一部分。他认为"以太"本身是"不生不灭"的，宇宙中各种事物，只有"变易"，没有"存亡"；只有"聚散"，没有"生灭"。他肯定了自然界和人类社会不是静止的、停顿的，而是不断运动、变化和发展的，批判了"天不变，道亦不变"的封建顽固思想。从变易中论证其改革当时社会制度的政治理想。

第八节　清代小说

清代社会科学的衰落，主要根源是清朝的文化专制主义，使文人们不敢面对现实，复古主义和形式主义占了统治地位。清代诗人、词人和散文作者数量很多，但成就不及前代，然而，小说却一枝独秀，风采卓著。清代文学成就最显赫的就是蒲松龄的《聊斋志异》、吴敬梓的《儒林外史》和曹雪芹的《红楼梦》。

一、蒲松龄与《聊斋志异》

蒲松龄（1640—1715年），字留仙，别号柳泉居士，山东淄博人。他天资聪明，学问深厚。但科场不利，到七十一岁，才补岁贡生。他未入仕途，在家教书为业，著作很多，有小说、俗曲、文集、词集、省身语录、怀刑录等。他在文学史上享有盛名的著作是小说《聊斋志异》。

《聊斋志异》的内容大都写妖狐神鬼的奇异怪事。他在《聊斋自志》中说："才非干宝，雅爱搜神；情类黄州，喜人谈鬼，闻则命笔，遂以成编。久之，四方同人又以邮筒相寄，因而物以好聚，所积益多。"蒲松龄谈神鬼不是反映他有鬼神信仰，而是通过对这些狐怪鬼神的描述，表达他对社会现实的批判，对各类人物的褒贬。他自己如此表白他著书的目的："集腋成裘，妄续《幽冥》之录；浮白载笔，仅成《孤愤》之书。寄托如此，亦足悲矣。"可知他说狐谈怪是借幻化世界来揭露现实世界的弊端，发泄自己的悲愤和不满。他笔下的狐仙妖怪，都懂人情世故，化为美女，个个贤淑多情，幻诈男人，也都忠厚有礼，阴间胜阳间，妖界胜凡界。人们置身鬼妖之中，不觉可怕，反觉可亲。

《聊斋志异》有许多篇写人鬼、人狐相恋的故事，表现出人们反对封建礼教、追求婚姻自由的精神。《婴宁》《阿宝》《香玉》等篇中，创造了大胆而又温柔的女性，表现了对爱情的忠贞。一些篇章还写出了悍妇的形象、士子的丑恶、民间百姓的多才多艺。《促织》篇通过宫中喜斗蟋蟀而给人民带来灾难的故事，将矛头对准了封建王朝最高统治者。宫中每征一头蟋蟀，"辄倾数家之产"，捉不到蟋蟀的，有的"杖至百"，有的"转侧床头，惟自有尽"。篇末，蒲松龄用"异史氏"的口吻说："天子偶用一物，未必不过此已忘；而奉行者即为定例。加之官贪吏虐，民日贴妇卖儿，更无休止。故天子一跬步，皆关民命，不可忽也。"这里大胆正告帝王，要谨慎行事，一件不良之举，会使百姓家破人亡。

《聊斋志异》用传奇手法，创造了数以百计的人物形象，在思想性和艺术性上达到了很高的成就。两百多年来，一直为人们所喜爱。当然，书中多写妖鬼故事，还铺陈灵魂转世之类的说法，这就宣扬了宿命观，也传播了迷信思想。

二、吴敬梓与《儒林外史》

吴敬梓（1701—1754 年），字敏轩，安徽全椒（今滁州）人。出身富豪门弟，高祖吴沛是理学大师，曾祖是顺治年间探花，由编修到侍读，其父吴霖起是一个拔贡，做过小官，淡薄功名，志在学问。吴敬梓自幼聪颖，"读书才过目，辄能背诵"。二十三岁时考取秀才，以后屡试不中。父亲去世后，他不善于理财，又慷慨好施，不到十年，家产尽光。后迁居南京，生活十分贫困。他生活的环境，世态炎凉，当他富有时，门庭若市，不少人利用他，当他潦倒时，一片责骂嘲笑声，他在家庭中和社会上都遭到冷遇。自身的遭遇，促使他思想发生变化，他开始痛恨封建官吏的丑行和科举制度的邪恶。他在极端贫困的生活环境中，著书立说，着重撰写《儒林外史》。这部书是他观察社会现实的结晶，是他高超智慧的创造，是一部脍炙人口的传世之作。

《儒林外史》着力揭露和嘲讽科举制度的弊端。在吴敬梓的笔下，贪赃枉法的官僚、横行乡里的豪绅、利欲熏心的士子、附庸风雅的名士、招摇撞骗的清客，都刻画得活灵活现。数百年来，科举制度成为封建王朝取仕的定制，也是士子升官的台阶，在社会上形成了进学、中举、点翰林唯一的途径和社会风尚。吴敬梓没有屈服于这种世风，在《儒林外史》中亮出了对科举制度宣战的立场。他以讽刺文学的高超手法，塑造了周进、范进、汤知县、严贡生、胡屠户、王举人、张乡绅、牛布衣等群丑形象。闲斋老人的"序文"如此揭示《儒林外史》的主题："其书以功名富贵为一篇之骨。有心艳功名富贵而媚人下人者，有依仗功名富贵而骄人傲人者，有假托无意功名富贵自以为高、被人看破耻笑者，终乃以辞却功名富贵，品地最上一层为中流砥柱。"

功名富贵是封建社会广大士子赖以存在的命脉，千百万人围绕功名富贵而熙熙攘攘。而吴敬梓则视功名富贵如粪土，在他的笔下，那些追求功名富贵的人有的是伪君子，有的是疯子，有的是一毛不拔的吝啬鬼，有的是骗子，有的是仗势欺人的强盗，一个个面目狰狞，心态丑恶。

吴敬梓在《儒林外史》中鞭笞和嘲笑封建礼教。范进中举后，死了母亲，到唐知县那里打秋风的丑态；王秀才议立偏房，得了二百两银子，用三纲五常骗人的丑态。第四十八回写王三姑娘殉节，揭露封建礼教杀人的残酷。吴敬梓通过一些典型情节和活生生的人物形象，一层又一层剥开了封建礼教的画皮，揭露了封建礼教文化的虚伪性和对人性的压制。吴敬梓还对反封建礼教的妇女，给予足够的同情与赞赏。沈琼枝是一个独断独行的女子，因不愿给人做妾，就逃到南京卖文为生，一时世俗议论纷纷，多为轻视嘲弄之言，有的说她"借此勾引人"，有的说她是"邪货"，有的把她看成"倚门之娼"，有的把她看成"江湖之盗"。唯独吴敬梓借少卿的口说："盐商富户奢华，多少士大夫见了就销魂夺魄，你一个弱女子，视如土芥，这就可敬的极了。"

《儒林外史》的语言，基本为普通口语，简洁凝练，具有机智、幽默特色，其中杂有成语、谚语、歇后语、文言，便于表情达理，刻画人物性格。钱玄同说："《水浒》是方言的文学，《儒林外史》是国语的文学，可以列为现在中等学校的模范的国语读本之。"然而《儒林外史》结构不严密，虽说长篇，不似长篇。鲁迅对其结构的批评击中要害："惟全书无主干，仅驱使各种人物，行列而来，事与其来俱起，亦与其去俱讫，虽云长篇，颇同短制。"但总体上看，《儒林外史》是富有创意的讽刺文学佳作，是不朽的现实主义作品，在中国小说史上具有很重要的地位。

三、曹雪芹与《红楼梦》

《红楼梦》不但是18世纪中国文学发展的最高成就，而且是世界文学遗产中最珍贵的著作之一。作者曹雪芹则同托尔斯泰、巴尔扎克一样是世界文学的巨匠。

曹雪芹（1715—1763年），字梦阮。他的家庭属于内务府正白旗汉军，最早为清朝皇室的"包衣"（奴隶）。曹雪芹的祖母是康熙的乳母，曹雪芹的祖父曹寅，曾作过康熙的"侍读"。康熙即位后，曹家得到重用。曹雪芹的曾祖父曹玺当上了江宁织造，曹玺死后，其子曹寅继任江宁织造。曹寅博学能文，著有《谏亭诗抄》，并主持《全唐诗》刻印。康熙对曹寅非常赏识，六次下江南，有四次就住在曹寅的江宁织造署内。康熙时期是曹家祖父辈备受恩宠的鼎盛期。《红楼梦》说贾家当年盛况，实暗指曹家："吾家自国朝定鼎以来，功名奕世，富贵流传，已历百年。"雍正五年（1727年），曹家同宫廷的内争有牵连，被革去江宁织造，家产被抄没，曹家开始衰落。雍正六年（1728年），曹雪芹随父母到北京生活。乾隆初年，曹家又遭到了一次祸变，从此这个"赫赫扬扬将近百年"的家族完全败落。

曹雪芹生活在家庭由盛而衰时期，对清苦的社会生活有深刻体验。他自幼受到良好的教育。他家藏书非常丰富，仅善本书就有三千多种。但曹雪芹没有沉浸于富贵之家的享乐生活中，而是刻苦读书，发奋写作。

《红楼梦》以贾宝玉和林黛玉的爱情为主线，反映了封建家族由兴而衰的全景。贾、林爱情充满反封建色彩，具有深刻的社会意义。《红楼梦》中描写的贾、王、薛、史四大家族，通过姻亲连在一起，上通朝廷，下接州县，成为封建社会的阶级基础和权力支柱。第四回所现的"护官符"就反映了官吏与地主家族的命运共同体："贾不假，白玉为堂金做马。阿房宫，三百里，住不下金陵一个史，东海缺少白玉床，龙王来请金陵王。丰年好大雪，珍珠如土金如铁。"如此雄厚的地主势力，地方官员乃至朝中官员，不得不与其沆瀣一气。这就深刻揭露了封建官僚体系的腐败与黑暗。

《红楼梦》对封建家族走向败落时期的矛盾与冲突做了深入的描述。在封建家族富丽堂皇的帷幕后，父子、兄弟、妯娌、夫妇、丫鬟、嫡庶之间都充满着矛盾和冲突。这些冲突加速了这个大家族的灭亡，也显现了封建社会末日的景象。正如探春所说："可知这样大族人家，若从外头杀来，一时是杀不死的！这可是古人说的，'百足之虫，死而不僵！'必须先从家里自杀自灭起来，才能一败涂地呢！"说明封建家族乃至封建制度，一般的走向是内部腐败，内部的自相残杀，最后步入死胡同。

《红楼梦》在写贾宝玉与林黛玉的婚姻悲剧中，表达了一代向往新生活的青年，对封建道德的反抗，对婚姻自由的追求。贾宝玉在这个花团锦簇的大观园里感到空虚与苦闷，企图寻找另外一个自由的天地。他曾到佛经中找安慰，在《庄子》中找解脱。他反对封建卫道士的父亲贾政，轻蔑那些霸道荒淫的哥哥嫂嫂，看不起科举制度，他反对父母包办婚姻，在大观园里他唯一的知己就是林黛玉，全心全意对待林黛玉的爱情。他与封建家庭作过多次斗争，终未逃脱重重陷阱，最后在失恋、绝望中走上出家的道路。林黛玉也是不苟合封建秩序的人物。她有很高的智慧和纯洁的心灵，表面上一身冰冷，内心充满着火一般的热情。她将整个生命和幸福寄予贾宝玉身上。可悲的是在旧礼教、旧道德的淫威下，她从未表露出一句爱贾宝玉的话，只能在忧郁、叹息和病痛中埋葬自己的生命。除贾宝玉、林黛玉外，《红楼梦》还以高超的艺术手法创造了一大批富有个性的人物形象，尤其在妇女形象的塑造上成就更为突出。薛宝钗、王熙凤、探春、晴雯、尤三姐、刘姥姥等人物形象都代表着社会上活生生的各阶层，具有鲜明的个性特征，百年来成为民众口头上的代名词。《红楼梦》刻画人物比其他古典小说更为细致，不仅从语言、情感、态度及内心波动上描写他们，还在环境、细节上烘托其性格和形象，一草一木、一茶一画、一步一履、一诗一词，都同人物的性格配合得恰到好处。

《红楼梦》对中国封建时代优秀文化进行了全面的综合和有效的传承。在这部巨著中，经学、史学、诸子哲学、散文、骈文、诗赋、词典、戏文、绘画、书法、八股、对联、诗迷、酒令、佛教、道教、星相、医卜、礼节、仪式、饮食、服装以及各种风俗习惯，都集于一书，是中华民族的文化大典。

《红楼梦》把我国诗词的创作推向了一个高峰。太虚幻境对联、好了歌、春梦歌、警幻仙姑赋、题跋诗、螃蟹咏、花名签酒令、柳絮词、参禅偈等，每首皆是好诗，每题皆为佳联，每篇皆是高赋，每令皆是良韵。有些诗句几乎成为妇孺皆吟、流传九州的佳句。"花谢花飞花满天，红消香断有谁怜？游丝软系飘春榭，落絮轻沾扑绣帘。""说什么脂正浓，粉正香，如何两鬓又成霜？昨日黄土陇头埋白骨，今宵红绡帐底卧鸳鸯。"这类诗句词语近乎家喻户晓，有很深的思想意蕴和很强的艺术感染力。

第九章 民国的国学大师与现当代中国
社会科学的发轫

在清朝政府更趋腐败，人民的苦难日益加重，民族矛盾、阶级矛盾十分尖锐的形势下，孙中山领导的资产阶级民主革命——辛亥革命，推翻了统治中国 268 年的清王朝，建立了中华民国。民国初年，政局动荡，国内先后发生了袁世凯称帝、张勋复辟、北伐战争等事件。国民党执政期间，中国的思想文化和学术自由仍然处于艰难困苦之中。尽管存在上述不利因素，但是受西方资本主义文化的影响，中国的社会科学依然展现了蓬勃发展的新势头，出现了一批杰出的学术大师和恢宏的社会科学成果，在哲学、史学、经济学、社会学等方面也有新的学术成就。

中华人民共和国成立后，社会科学百废待兴，国家成立了中国科学院，设立了哲学社会科学部，集聚了一大批大师级的社会科学家。"文革"十年，社会科学研究停止不前。党的十一届三中全会后，中国进入改革开放的辉煌发展时期，中国的社会科学也从恢复重建到繁荣发展，开始为中国政治、经济、社会、文化、生态建设提供智力支持，为党和国家全方位改革建言献策，社会科学各类学科更加健全，专家学者云集，发挥了思想库和智囊团的作用。

第一节　民国国学大师们的社会科学贡献

在前代学术发展的基础上，民国时期中国学术有很多新的成就，出现了一批大思想家、大学问家。其中，有几个杰出的人恰好是出生在清末，而主要学术成就在民国，如王国维、梁启超、章太炎等人。

一、国学大师王国维的成就

王国维（1877 年 12 月—1927 年 6 月），初名国桢，字静安，号观堂，浙江嘉兴海宁人。王国维七岁就读于私塾，接受中国传统文化教育。少年时就熟读《史记》《汉书》，工诗文，谙书画，为其研究国学奠定了基础。

辛亥革命后，王国维随罗振玉避居日本五年。在此期间，他专攻经史、小学、音韵学，在戏曲史、甲骨文、金文、古器物、汉晋木简等方面也有收获。1916 年回国后到上海任英籍犹太人主持的《学术丛编》编辑，其间详尽考释汉魏碑刻。1922 年任北京大学研究所国学门导师，并转向经学、小学、版本学、甲骨学、历史学、地理学的研究和考证。其小学、经学研究成就蜚然，金石、甲骨、汉简、敦煌唐人写本书卷的研究则"戛戛独造，为前修所不及闻"[1]。1923 年，王国维到北京接受逊帝溥仪任命，在清宫南书房行走。1925 年，他奉溥仪之命为清华国学院教授，开始涉及西北地理及蒙元史研究。正当北伐军快到北京的时候，王国维与其亲家罗振玉因儿子的丧葬引起纠纷，两家关系破裂，王国维陷入十分痛苦之中。1927 年 6 月，王国维只身到颐和园投昆明湖自杀，年 51 岁。

王国维，人称旧王朝走出的"新民"，辛亥革命后，他又成为新民

---

[1] 陈国庆：《晚清社会与文化》，北京：社会科学文献出版社，2005 年，第 345 页。

国里的"遗民"。他虽研习西方文化，但对传统文化习染很深。他对封建的传统纲纪比较忠贞。辛亥革命后流亡到日本，他曾作诗慨叹国家纲纪之坏，"庙堂已见纲纪弛，城阙还看士风变"。在"纲纪弛""士风变"的情况下，他又希望国家恢复"中节"，"汉土由来贵忠节，而今文谢安在哉"。他为复辟帝制的张勋撰写碑文，赞扬张勋的"忠义"，并说："此运之移既莫之至而至，忠义之至乃无所为而为，虽质文有殊尚之时，而名节无或刊之日。"陈寅恪在《王观堂先生挽词并序》中指出，王国维面对神州"巨劫奇变"，纲纪已无所依凭，"此观堂先生不得不死"。说明王国维的殉道是维护纲纪，确为新民国的"遗民"。虽然王国维的政治观趋于忠君，立场趋于保皇，但他是一颗学术巨星，在经学、史学、哲学、戏曲学、甲骨学、敦煌学、训诂学、诗歌理论等学科方面，都有很高的学术成就。

（一）王国维考据学的成就

王国维对中国传统学科的研究下了很大功夫，在甲骨文、训诂、古器物等研究中取得了很高的学术成就。

王国维是古文字学的权威。他从古文字学的形、音、义三方面研究古文字，既有"破坏"，又有"建设"，在既破又立中形成了自己的学术观点。王国维对流行两千多年的仓颉、太史籀造字说予以驳正。他根据"籀"字的读音，证明《史籀篇》是秦人取当世文字为学童编的教材，用大篆写成，并不是周宣王时的太史籀所造。对于《仓颉篇》为黄帝时仓颉所作的传说，王国维考证是秦时李斯取《史籀篇》大篆加以简化而成。王国维提出战国时秦用籀文、六国用古文的观点，并从声音训诂入手证明史籀不是人名。这就否定了长期以来仓颉造字、史籀作大篆的陈说。

王国维还是甲骨文的考释大家。王国维著有《殷卜辞中所见先公先王考》《殷周制度论》《殷虚卜辞中所见地名考》《殷礼征文》《古史新证》等著作，用甲骨文中的资料以证古史。他采用"二重证据法"，先从文字学入手，隶定其文字，然后再以卜辞与文献互证，从卜辞中发现商代先公先王名、世系，这种方法是王国维开创的史学研究的新路。

郭沫若对王国维的甲骨考释成就和方法评价很高："卜辞的研究要感谢王国维，是他首先由卜辞中把殷代的先公先王剔发了出来，使《史记·殷本纪》和《帝王世纪》等书所传的殷代王统得到了物证，并且改正了他们的讹传。""我们要说殷墟之发现是新史学的开端，王国维的业绩是新史学的开山，那样评价是不算过分的。"①

王国维对金文的考释也是很有成就的。他收集整理金文资料，编撰《宋代金文著录表》《国朝金文著录表》，将宋代、清代学者著录的钟鼎彝器铭文加以整理、总结。其收集整理的过程是极其艰苦的，不但要"尽阅所藏拓片"，而且要"又属通诸家之书"。他在收集整理金文资料的基础上，写了许多关于金文考释的著述。其中有《毛公鼎考释序》《毛公鼎跋》《商三句兵跋》《散氏盘考释》等，既有文字考释，又有史地考释，而且考据结论相当准确。在考释金文上，他反对武断的结论，主张存疑再待考。"于前人之是者证之，未备者补之，其有所疑，则姑阙焉。"

王国维对文字学（或称小学）有很深的研究。他通晓《说文解字》，以此为基础，释解籀文、甲骨文、金文，"由许书以溯金文，由金文以窥契文"②。并对许慎的《说文解字》做了数百字的纠正。他四十岁左右研究音韵学，著有《韵学余说》《五声说》《两周金石文韵读》《唐韵别考》等音韵学著作，多有创见。王国维还研究《尔雅》和《方言》，著有《尔雅草木虫鱼鸟兽释例》《尔雅校注》《方言校注》，对训诂学的发展做出了贡献。王国维坚持治文字应以经学为权舆，治史学要以经学为府库的原则，深入经学研究，尤精于"三礼"研究，先后写成《明堂寝庙通考》《古本尚书孔子传汇校》《说周颂》《说商颂》等经学著作，多有新的见解和观点。

王国维还对古器物很有研究。他研究古礼器，著有《说觥》《说俎》《说簠》等考证礼器的作品。他喜好研究古代度量衡器，尤其对尺度很有见解，著有《晋前尺跋》《日本奈良正仓院藏六唐尺摹本跋》《记现存历代尺度》等有关度量衡的著作。他对兵符、印玺涉入

---

① 郭沫若：《十批判书》，北京：东方出版社，1996 年，第 4 页。
② （清）孙诒让著，楼学礼校点：《契文举例》，济南：齐鲁书社，1993 年。

很深，撰有《隋铜虎符跋》，上溯秦下至明，对历代兵符沿革详作考证，发现了"兵符之制，古者皆右在内，而左在外，又左右之数各同"。他又撰写《齐鲁封泥集存》一书，分析了古代封泥、玺印，并用玺印反映的繁多官号地名来考证古代官制与地理，著有《秦郡考》《汉郡考》两书，这就是以实物与文献互证的成果，以实物证文献之是，以实物纠文献之误。

王国维参与了石经考释，而且撰有学术著作。石经是版刻书籍出现前，把经书刻在石头上以统一写本文字的分支。洛阳魏石经残片发现后，中国学术界出现了石经热。王国维积极参与石经研究，撰成《魏石经考》，对魏石经的经数、石数、经本、拓文、经文、篇题、书法等进行了多角度考证，他还对所有魏残石约两千余字进行分析排比，又撰成《魏石经残石考》，此书仍采用典籍与考古资料相互考证的方法，以得出正确结论。

（二）王国维的经、简、史、地学的成就

王国维除了在甲骨文研究上有显赫成就外，对汉晋简牍和敦煌遗书也有重要成果。王国维的《简牍检署考》是研究简牍制度和历史的著作。他通过对简策的长短、简策文的刀刻或笔写、简策的编连法等研究，对中国古代简牍检署的有关制度有了新的结论。王国维和罗振玉共同完成的《流沙坠简》，是一部研究西域汉简的开创性著作。书中对简牍中的小学、数术、方技、薄书、烽燧、戍役、禀给、器物、杂事等制度名称，都进行了详细考证，多有发现和新的结论。

敦煌石窟遗书发现后，王国维利用有限资料写了三十多篇文章。敦煌经卷中唐人写本的发现，给王国维提供了研究唐史的珍贵资料。他根据唐写本残职官书"存亲王国"等记载，考证这篇职官文书是一篇职官令，而且是唐初的职官令。他根据《高昌宁溯将军麦菊斌造寺碑》，考证了突厥的官制。他根据敦煌写本关于敦煌县户籍受田记载，考证了均田制，这些文章都有新的观点与发现。

王国维在历史地理的研究上，也是硕果累累。他既有结合金文、卜辞、简牍、封泥、碑刻等考证来阐发史地的成果，又有专门研究史地的

论文。他的《说自契至于成汤八迁》，阐明了从契到成汤八次迁徙的史事。《秦都邑考》考证了秦国历代迁都的地点。王国维还利用汉简等资料，对古代匈奴、突厥、高昌、蒙古等民族分布的地域进行了考证。他考证出楼兰城在罗布泊西北的结论，得到学界公认。他对汉时玉门关、西域精绝国的尼雅遗址都有考证的新结论，后来被一一得到证实。王国维在历史地理学的研究方法上有独特的见地，他主张实地考察，亲自"目验"，反对只依靠书本、文献，主张引用资料证明出处，分析问题采用"二重证据法"，这些方法为后世学者所沿用，对中国历史地理学研究做出了历史性的贡献。

王国维在蒙元史的研究上成就更为突出。他早期通过金文研究，对蒙古地区古代部族的历史演变进行新的概括，写出了《西胡考》《鬼方昆夷猃狁考》《西胡续考》《胡服考》等著作。他通过引证先秦、两汉文献及铭文，从地理分布和音韵学方面，论证鬼方、昆夷、猃狁等先秦游牧民族，同后来的匈奴、胡人皆是一族，不过名称不一样而已。他去世前两年，集中研究蒙古史和元史，他的研究成果和治学方法，大大推进了蒙元史研究。大家公认王国维为著名的蒙元史专家。

（三）王国维的文学成就

王国维在诗词创作和文学理论的研究上，也是一位巨星。

王国维的诗词创作数量不多，有诗 114 首、词 115 阙。但其诗词却兼采众长，富有个性特色，具有很高的思想价值和艺术价值。他的不少词都感叹人生的悲苦和空幻。如《蝶恋花·阅尽天涯离别苦》写道："阅尽天涯离别苦。不道归来，零落花如许。花底相看无一语，绿窗春与天俱暮。待把相思灯下诉，一缕新欢，旧恨千千缕。最是人间留不住，朱颜辞镜花辞树。"《浣溪沙·天末同云黯四垂》中写道："天末同云黯四垂，失行孤雁逆风飞。江湖寥落尔安归？陌上挟丸看落羽，闺中调醯丽人嬉，今宵欢宴胜平时。"描述了一只失行孤雁被弹丸打中，被做成了佳肴，供人欢宴。反映人间充满自私的欲望，把自己的欢乐建立在他人的牺牲痛苦之上。他的不少诗词反映人生的艰难险阻和万物的命运多舛。他在《浣溪沙·昨夜新看北固山》中写道："昨夜新看北固山，今朝又上广陵船。金焦在眼苦难攀。猛雨自随汀雁落，湿云常与暮鸦寒，人天相对作愁颜。"描述河礁险峻难以攀登，人生道路曲折艰险。万物生活在风吹雨打之中，猛雨使"汀落雁"，湿云又使"暮鸦寒"，人对苍穹只是一幅"愁颜"。

王国维在诗词理论和文学批评方面很有见解，他的《人间词话》就是著名的文学批评著作。他用西方的美学理论对中国诗词进行评论，并提出了自己的独特见解。他的著名文学理论是境界说。他把词的"境界"看成词的灵魂和成败的核心要素。他说："词以境界为最上，有境界自成高格，自有名句。五代北宋之词所以独绝者在此。"①他把作品的境界又分为两种："有造境，有写境，此理想与写实二派之所由分。""造境"是作者想象之境，相当于浪漫主义的手法，"写境"是对客观环境的捕捉与反映，相当于现实主义手法。但王国维指出，造境与写境不能截然分开，成功的创作，可能是二境合一。他指出："然二者颇难分别。因大诗人所造之境，必合乎自然，所写之境，亦必邻于理想故也。"

王国维还指出了"境界"的表现形式有两种：一种是"有我之境"；另一种是"无我之境"。在"有我之境"中，他举例说："泪眼问花花不语，乱红飞过秋千去""可堪孤馆闭春寒，杜鹃声里斜阳暮"。在"无我之境"中，他举例说："采菊东篱下，悠然见南山""寒波澹澹起，白鸟悠悠下"。他认为写词"有我之境"和"无我之境"都是需要的。

王国维还提出了古今成大事业者、大学问者的三种境界。他没有从理论上阐发三种境界各自的内涵，而是用古人的词句表达他的"三境界"说。第一境界是："昨夜西风凋碧树。独上高楼，望尽天涯路"。第二境界是："衣带渐宽终不悔，为伊消得人憔悴"。第三境界是："众里寻他千百度，回头蓦见，那人却在灯火阑珊处"。显然，第一境界是观察世界，放眼万物，体会人间甘苦。第二境界是思考想象，品评事物，进入自立不拔的角色。第三境界是灵感的发现，找到了最妙的词句，写出了千古绝唱。写词如此，做人做大事也是如此，首先应观察体

---

① 王国维：《人间词话》，北京：中国人民大学出版社，2004年，第1页。

验宇宙人生，其次思考和分析世界万事万物，追求献身真理的精神，最后找到成功之路，完成一项伟大的事业。

（四）王国维的哲学成就

王国维在成年后，热衷于哲学。他在日本接触到康德和叔本华的哲学，回到中国后，"体素羸弱，性复忧郁，人生之问题，日往复于吾前""自始决从事于哲学"。

他开始从译读包尔生的《哲学概论》和文德尔班的《哲学史》了解西方哲学。他通过学习认识到哲学是关于"自然、人生、知识等之根本原理之学也"。他了解了黑格尔辩证法的三段论，即事物矛盾运动的"正—反—合"形态。

王国维着重研习康德和叔本华的哲学。康德是德国古典哲学的代表人物之一，他的主要著作是《纯粹理性批判》《实践理性批判》《判断力批判》。他提出了"物自体"的概念，并认为"物自体"是不依赖于人而独立存在的，"物自体"是彼岸世界的东西，人们是不可能认识的，陷入了不可知论。王国维对康德的哲学越读越不可理解，"几全不可解，更辍不读"。于是王国维读叔本华的《作为意志和表象的世界》，认为它"思精笔锐"。

叔本华的哲学是唯意志论和悲观主义哲学。他认为世界的本体是意志，意志是一切事物的本质，意志又是先于认识的原始欲望。意志通过欲望表现，欲望是无止境的，痛苦也是无边的。对人来说，智慧越发展，痛苦越沉重，天才最痛苦。"意志是无限的，而意志的满足却是有限的。沉溺于欲望和愿望之中，我们永远不会享受到持久的幸福和灵魂的安宁。"[1]要摆脱痛苦，就要舍去一切欲望，否定生命的意志。王国维肯定和接受了叔本华的唯意志论和欲望无限论。他说过："生活之本质何？欲而已矣。"他认为康德之学是"破坏而非建设的"，叔本华的哲学是"建设形而上学"和"复与美学、伦理学以完全系统"。王国维

---

① （德）汉斯·约阿西姆·施杜里希著，吕叔君译：《世界哲学史》，济南：山东画报出版社，2006年，第364页。

接受叔本华的悲观主义哲学，使自己远离政治，退到纯学术领域，回避现实中的突出问题，自己也以投湖了却一生。

王国维的哲学首先关怀的是人生的价值和意义，而不是社会政治的现实。哲学的注目点在人的意志、欲望、命运及人生从悲剧中解脱的方式。他肯定个体的独立性，反对学术对政治的依附，主张学术的超功利性，认为纯粹的哲学和文学艺术才有永久的价值，从而引出了他思想自由、学术独立的观点。

王国维是一位知识极其渊博的学者，他在考据学、历史学、地理学、金石学、音韵学、文学、艺术、哲学等学科领域，都有精深的研究，完成了一大批前无古人的学术成果，对中国学术文化的发展做出了巨大贡献。更为可贵的是王国维在学术研究上的严谨学风和创造的"二重证据法"是后学者的楷模，长期影响中国社会科学研究。

二、梁启超的学术思想

梁启超，字卓如，号任公，别号饮冰室主人。1873 年 2 月 23 日，生于广东新会县茶坑村。自幼聪明异常，有"神童"的美誉。他 12 岁中秀才，17 岁中举人。18 岁在广州万木草堂师从康有为，学习公羊学说，协助康有为编撰《新学伪经考》《孔子改制考》。1895 年赴北京参加会试，与康有为发动公车上书，呈请光绪皇帝实行变法。1896 年在上海主编《时务报》，发表《变法通议》倡导变法图强，对全国变法运动起了推动作用。1898 年入京参与变法，受六品衔，主办京师大学堂和译书局，为变法效力。戊戌变法失败后逃亡日本，主办《清议报》《新民丛报》，向国内发行，大力传播西方学术。

梁启超早年坚持保皇立场，辛亥革命后，他出任袁世凯政府的司法部长。1915 年袁世凯称帝，梁启超策划反袁，发起护国运动，逼迫袁世凯取消帝制，后在段祺瑞内阁中任财政总长。晚年专心致力于学术研究，并在清华大学等学校从事讲学。1929 年 1 月 19 日，梁启超病逝于北京，享年 57 岁。

梁启超是中国历史上著作最多的学者之一。他知识渊博，才学横溢，学底极厚，勤奋过人，许多大著宏论，一气呵成。他写《陶渊明年谱》三日而成，《戴东原先生传》用一昼夜完成，《戴东原哲学》为34小时不睡而成。他的名著《清代学术概论》，用15天写成。梁启超不仅是一位学者，还是叱咤风云的政治家，既参加过戊戌变法，又参加了戊戌变法以后的很多政治活动。他是一个从政而不忘学术的思想家，在政治活动中激发灵感而成就学术。

梁启超的治学领域十分宽广。他的著作涉及哲学、史学、文学、图书馆学、社会学、政治学、新闻学、法律、教育等许多学科，其学术涉及的知识体系，同时代的人无一人可与其相比。

（一）梁启超的学术发展轨迹

梁启超学术涉猎面广，而且在不同的阶段有不同的治学重点，他的曲折的生涯构成了一部色彩缤纷的学术史。

在跟随康有为从事学术活动时期，梁启超抛弃昔日的辞章考据，就学康有为的万木草堂。他对康有为的立志、养心、读书、穷理、传教、经世等特别推崇，也完全接受了康有为的思想，成为康有为的"化身"。梁启超所任中文总教习的时务学堂，出现了一些大义凛然的精英。第一班学生只有四十人，其中五分之二都成了革命先烈或开国名人。

梁启超在戊戌变法失败以后逃往日本，读了许多日译西洋社会政治读物，思想发生变化，同康有为在学术思想上出现立异。他这时绝口不谈伪经，不谈改制，而畅谈法国启蒙思想家孟德斯鸠、卢梭，不谈"保教尊孔"，而谈"保教非所以尊孔"。他在日本三年办了《清议报》《新民丛报》《国风报》三种报纸，主要目的是寻求"打破现状"。针对一些人把西学与孔子比附的衰败学风，他主张移植西学不需比附。在这期间，他大力介绍和传播西方学说，在学界影响很大。

辛亥革命后很长一段时间，梁启超精力未集中于学术，主要以参加实际的政治活动为主。1914—1918年第一次的世界大战、1917年的俄国十月革命、1919年的五四运动，打乱了梁启超的思想。他没有站在革命派一边，也对西方资本主义动乱十分震惊，于是他在政治上近乎绝望，退而讲学，从事著述。《中国历史研究法》《墨子学案》《清代学术概论》《先秦政治思想史》《梁任公学术讲演集》《中国近三百年学术史》等都是梁启超晚年的辉煌之作。这些著作，涉及文学、艺术、史学、西方哲学、中国哲学、佛学、政治、法律等。

（二）梁启超在史学研究中的贡献

梁启超最主要的史学理论著作是《新史学》，完成于1902年，其主旨是要用进化史观建立中国的史学体系。梁启超对中国传统史学进行了批判，又充分体现了他自己治史的新观点、新思想。他认为中国史学有"四弊""二病"。"四弊"是：只知朝廷不知国家、只知个人不知群体、只知陈迹不知今务、只知事实不知理想。"二病"是：为铺叙而不能别裁、为因袭而不能创作。

梁启超在揭露了旧史学六种弊端后，呼吁史学革命，指出"史界革命不起，则吾国遂不可救"。他的史学革命的理论基点是要用进化论的观点来统摄史学研究和著述的全过程。他说：

> 历史者叙述进化之现象也。现象者何？事物之变化也。宇宙间之现象有二种：一曰为循环之状者，二曰为进化之状者。何谓循环？其进化有一定之时期，及期则周而复始，如四时之变迁，天体之运行是也。何谓进化？其变化有一定之次序，生长焉，发达焉，如生物界及人间世之现象是也。循环者去而复来者也，止而不进者也；凡学问之属于此类者，谓之天然学。进化者往不返者也，进而无极者也；凡学问之属于此类者，谓之历史学。天下万事万物皆在空间，又在时间。而天然界与历史界，实分占两者之范围。天然学者研究空间之现象者也；历史学者，研究时间之现象者也。就天然界以观察宇宙，则见其一成不变，万古不易，故其体为完全，就象如一圆圈，就历史界以观察宇宙，则见其生长而不已，进步而不知所终，故其体为不完全，且其进步又非为一直线，或尺进而寸退，或大涨而小落，其象如一螺线。明此理者，可以知历史之真相矣。[①]

---

① 梁启超：《新史学·史学之界说》，北京：商务印书馆，2014 年。

这里梁启超和盘托出了自己进化的历史观，要求史家以此为写史之准则。梁启超的观点可以说是在吸收了当时宇宙学、生物学、人类学等学科理论的基础上而做出的结论，是一种进步的历史观，尤其对人类历史不断变化、螺旋式运动的概括是中国史学界空前的论断。

梁启超本人也是用进化观点研究中国历史的实践者。他在办《时务报》时，就用公羊三世说解释中国的历史和未来。在《论中国学术思想变迁之大势》中，他叙述了中国学术思想进化的历史趋势及各阶段的特征。他还尖锐地批判了"正统"历史观。他说："中国史家之谬，未有过于言正统者也。言正统者，以为天下不可一日无君也，于是乎有统；又以为天无二日民无二王也，于是乎有正统。"梁启超指出，这些史家"攘臂张目，笔斗舌战，支离蔓衍，不可穷诘"，这是一种奴隶根性的表现，而且还有"煽后人之奴隶根性"的坏作用。

梁启超破除英雄史观，主张写群体的历史、人民的历史。他说："夫所贵乎史者，贵其能叙一群人。"①

（三）梁启超的学术史大作

学术史研究并非从梁启超开始，司马迁的《史记》、班固的《汉书》等均属记述学术史的著作。然而，系统阐述学术史的学术大师，应首推梁启超。他的《论中国学术思想变迁之大势》《清代学术概论》《中国近三百年学术史》，开创了系统全面研究中国学术通史和学术断代史的新纪元。他研究学术的方法和观点都具有独创性和超前性，给中国后世学者研究学术问题留下了宝贵的精神财富。

梁启超第一次把中国学术史分为八个时期：春秋以前为胚胎时代；春秋及战国为全盛时代；两汉为儒学统一时代；魏晋为老学时代；南北朝和唐朝为佛学时代；宋元明为儒佛混合时代；近二百五十年为衰落时代；今日为复兴时代。并且对每个时代的特征和成就都做了分析和总结。他的分析基本上反映了各时代的学术状况。例如，他对"全盛时代"的学术做了如下概括："全盛时代，以战国为主，而发端实在春秋

① 梁启超：《论中国学术思想变迁之大势》，上海：上海古籍出版社，2001年。

之末。孔北老南，对垒互峙；九流十家，继轨并作。如春雷一声，万绿齐茁于广野；如火山乍裂，热石竞飞于天外。壮哉盛哉！非将中华学界之大观，抑亦世界学术之伟绩也。"①

梁启超不仅指出了战国学术的盛绩，还论证了学术兴盛的原因：一是蕴蓄之宏富。二是社会之变迁。三是思想言论之自由。四是交通之频繁。五是人才之见重。六是文字之趋简。七是讲学之风盛。这七条原因大体上符合春秋战国时代学术发展的背景，后来学术史家的探讨并未超出梁启超的论断。他特别言简意赅地勾勒出春秋战国时代孔学、老学、墨学三宗的各个具体分支及其特征，条理清晰，概念明确，内蕴博深。

梁启超的《清代学术概论》对清代的学术思潮、学术流派、学术风格、学术大师、学术地位、学术影响和学派兴起的因素等都做了简要而深刻的分析。《清代学术概论》开篇论证学术思潮的一般规律。蜕分期的代表人物为康有为，还有梁启超本人。而清代的学术蜕分期同时包含着衰落期。梁启超说："清学之蜕分期，同时即其衰落期也。"在《清代学术概论》中，他对历史上的一些学派能提出大胆且切中要害的批评。如他认为宋明理学"其独到且有益之处确不少"，但其学风有"遏抑创造""奖励虚伪"之弊，既诬孔，又诬佛，最后又自诬，指鹿为马，淆乱真相，"于学问为不忠实"。他对顾炎武学术的功过评价中肯，指出顾炎武学术建设的方法很有特色，主要有"贵创""博征""致用"。但顾炎武"经学即理学"的论断很不妥当，这是"推翻一偶像而别供一偶像"。他认为后来人们破顾氏的"经学即理学"，是思想的一次解放。《清代学术概论》对清代学者接受西方文化，研习自然科学的成就和风气予以肯定。他对梅文鼎给予充分肯定，赞赏其兼顾中西，通习中外天文历法，特别是其"知学问无国界，故无主奴之见"的治学思想。在《清代学术概论》中对清代在经学、史学、地理学、文字学、金石学等学科的成就都予以评价。

梁启超写清代学术史，持求实的态度，如对其老师康有为的《新学伪经考》《孔子改制考》和《大同书》的价值给予高度评价，但也不放

---

① 梁启超：《论中国学术思想变迁之大势》，上海：上海古籍出版社，2001 年。

过其缺陷。他指出《大同书》的关键在于毁灭家族。他说："有为谓佛法出家，求脱苦也，不如使其无家可出；谓私有财产为争乱之源，无家族则谁复乐有私产；若夫国家而又随家族则消灭者也。"实质上是对康有为"空想"理论予以了批判。

梁启超把人类学术的发展概括为四个时期：启蒙期、全盛期、蜕分期、衰落期。他断言："无论何国何时代之思潮，其发展变迁，多循斯轨。"他以此观点来分析清代学术，指出清代学术是对"宋明理学之一大反动，而以复古为其职志者也"，与欧洲文艺复兴时代相似。

《中国近三百年学术史》是梁启超又一部学术史大著，其学术思想和讲授内容同《清代学术概论》大致相似。他指出清代学术思潮的特点是"厌倦主观冥想而倾向于客观的考察""排斥理论，提倡实践"。梁启超在这部著作中对清代考据学的成就做了充分的记述和分析。除此之外，梁启超晚年研究学术史的著作还有《墨子学案》《大乘起信论考》《国学入门书要目》等。

梁启超是中国学术史上名副其实的奠基人。他的学术思想不但在同时代光芒四射，而且对后世社会科学的发展影响至深。

三、章太炎的学术思想

章太炎（1869—1936年），浙江余杭人。字枚叔，因仰慕顾炎武而别号太炎，后又改名章炳麟。青年时受业于国学大师俞樾，经史子集无一不通，而潜心研究的是古文经学。中日甲午战争后，他为民族危机警醒，投身维新运动。戊戌运动失败后，他对清王朝完全失望，主张用革命手段推翻清王朝。1902年他去日本，结交了孙中山，接受了民主革命的主张。回国后完成前期理论著作《訄书》的修订，清算早期改良主义思想。1903年他发表《驳康有为论革命书》，批判康有为的《辨革命书》。他为邹容的《革命军》一书作序，赞扬此书"为义师先声"，激怒了清政府，他和邹容被逮捕入狱。被囚期间，受尽折磨。清廷要租界处死两人，租界怕激起民愤，将二人转到租界内的审判机关来审判。最后由清廷与各国公使会商，判章太炎三年监禁，邹容两年监禁。他在狱中设法与外界取得联系，与蔡元培等组织光复会。1906 年，章太炎出狱，再渡日本，主编《民报》，同维新派论战。1908 年，日本以"扰乱秩序，妨害治安"为名，查封《民报》，并庭审章太炎。法庭上，章太炎驳得日本裁判长闭口无言。他指出，"扰乱治安，必有实证""我既未买手枪，又未蓄养刺客""一笔一墨，几句文字，如何扰乱？"章太炎的一番辩词，语惊四座，日本裁判长无词以对，只好判罚款 115 日元，将其释放。1913 年章太炎因反袁世凯又一次被捕，直到 1916 年袁世凯死后才被释放。这期间章太炎表现出了君子的英雄气概，曾进行绝食斗争，对袁世凯咒骂不绝。袁世凯让他上请愿书作为释放的条件时，他斥责道："某忆元年四月八日之誓词，言犹在耳，公今忽萌野心，妄僭天位，匪惟民国之叛逆，亦且清室之罪人。某困处京师，生不如死，但翼公见我书，予以极刑，较当日死于满清恶官僚之手，尤其荣耀。"

章太炎在九一八事变后，主张抵抗日本侵略，谴责国民政府的不抵抗政策。他一生著述颇丰，属于多产学术大师，其中有《国故论衡》《訄书》《视无论》《俱分进化论》《无神论》《革命之道德》《建立宗教论》《人无我论》《五元论》《四惑论》《新方言》《庄子解故》《春秋左氏读叙录》等。人称他是革命大家，又是国学大师。

（一）章太炎在语言文字学方面的成就

语言文字学，旧时称小学。研究语言文字者在历朝都有，唯有清代最盛，而章太炎之大功在于把语言文字学从经学中独立出来，摆脱了对经学的从属地位，形成了独立的语言文字学。他认为，把研究字形为主的文字学、研究字义为主的训诂学、研究字音为主的音韵学，"合此三者，乃成语言文字之学"。把"小学"改称语言文字学，就确立了昔日"小学"研究的范围和其在近代人文社会科学中的地位。

章太炎强调语言文字学对语言材料的依存性和具体应用，又强调语言文字学还要依存于文学，给语言学添加活力。他把语言文字学当作研究历史和文学的工具来建设，大大拓宽了语言文字学研究的范围。他指出先有语言然后有文字，文字则是区别物象的符号。他还提出了汉字形音义统一论、形义系统论、声义系统论。尤其还提出了语言文字的进化理论。指出社会的盛衰决定语言文字的进化或退化。他推导出发展本民族的语言文字，是延续民族文化，并使国家强盛的重要手段。

章太炎苦于俗语俱变，远陌分错，不可究理，不可征其何字，所以他写了《新方言》一书，对方言进行了分析。章太炎还是注音符号的开创者。他说："切音之用，只在笺识字端，令本音画然可晓。"为此，他定纽文为三十六，韵文为二十二，取古文篆籀文字加以简化，成注音符号。1913年，教育部召集"读音统一会"，多数人主张用章太炎的注音符号，后被采纳。章太炎的注音符号稍加增减后，成为全国通用的注音符号。

章太炎语言文字学的著作主要有《文始》《新方言》《小学答问》。《文始》人称"中国文字学上的一大发明"和"探名言的渊源，极形声的妙用"。章太炎自己说他创作《文始》的意图是："以为学问之道，不当但求文字。文字用表语言，当进而求之语言。语言有所起，人仁天颠，义率有缘。由此寻索，觉语言统系秩然。因谓仓颉依类象形以作书，今独体象形见《说文》者，止三四百数，意当时语不止此，盖一字包数义，故三四百数已足，后则声义相迤者，孳乳别生，文字乃广也。于是以声为部次，造《文始》九卷。"

（二）章太炎在史学方面的成就

章太炎是杰出的历史学家，他对史学推崇备至。他说："孔氏旧章，其当考者，唯在历史。"他认为自孔子开创儒家学术以来，发挥和沿展儒家思想的主动脉是历史著作。他说："《春秋》而上，则有六经，固孔氏历史之学也。《春秋》而下，则有《史记》、《汉书》，以至历代书志纪传，亦孔氏历史之学也。"[①]他认为要树立民族主义、爱国主义，必须从历史经验的灌输入手。他说："故仆以为民族主义，如稼穑然，要以史籍所载人物制度、地理风俗之类，为之灌溉，则蔚然以

---

① 上海人民出版社编：《章太炎全集》第4册《文录别录》卷二《答铁铮》，上海：上海人民出版社，1985年。

兴矣。不然，徒知主义之可贵，而不知民族之可爱，吾恐其渐就萎黄也。"①他批评一些专门在《公羊》中取义理的学者，"视一切历史为刍狗"，是完全违背儒道的。他认为中华民族之所以能不断传承华夏民族精神，在于有《春秋》，"故令国性不堕，民自知贵于戎狄，非《春秋》孰维纲是？"

章太炎对历史人物的描述和评价，生动活泼，个性特征明显，史迹条缕晰分，实为一绝。他叙述大禹之功，寥寥数句，而人物的精神、气质、业绩全貌一展无余："唯后生于汶山，故知山川之首。学于西王国，故识流河之外。眇达勾股，故能理水地高下之宜。以身为度，故辨诸侯万人之体。于是疏河以道九牧，凿江以流九脉，刊底以通九山。天地得一，画为中区，五服弼成，民得字养。自百王之功，未有如后者也。"②

对于孔子，他从制历史、布文籍、振学术、平阶级四个方面，较全面地阐述了孔子的不朽业绩，指出孔子为中国的"斗杓""保民开化之宗"。从而他得出世无孔子，则国无文明之生命："世无孔子，宪章不传，学术不振，则国沦戎狄而不复，民陷卑贱而不升，欲以名号加于宇内通达之国，难矣。"③

章太炎对修史治史的学风和方法有很深的见解。他称赞《艺文志》《经籍志》，能把古今图书目录都收集进去，是为历史文明"扬其华采"，即使古籍佚亡了，也使后知"旧籍存亡之数"。他批评一些史书无要而过繁。他表示，《唐志》有书八万余卷，《宋志》有书十一万卷，清时新旧著录可能更多。他批评这种贪多的学风是一种史学之缺失。他说："若不知体要，而苟以虚伪鄙琐者相充，是虽清一代之作，亦犹繁而难理矣。"他批评当时的历史教科书有五弊：一曰尚文辞而忽事实。二曰因疏漏而疑伪造。三曰详远古而略代史。四曰审边塞而遗内治。五曰重文学而轻政事。他指出当今学校重视"耳学"，史书只让人

① 上海人民出版社编：《章太炎全集》第 4 册《文录别录》卷二《答铁铮》，上海：上海人民出版社，1985 年。

② 上海人民出版社编：《章太炎全集》第 5 册《文录续篇》卷五上《禹王碑》，上海：上海人民出版社，1985 年。

③ 上海人民出版社编：《章太炎全集》第 4 册《文录》卷二《驳建立孔教议》，上海：上海人民出版社，1985 年。

随便听听而已，他要求要重视"眼学"，写的书要让人看，深钻细研。

（三）章太炎在经学及佛典方面的成就

章太炎对经史子集及佛典都有研究。章太炎把六经的研究同史学研究合为一体。他赞同章学诚的"六经皆史之说"，认为《春秋》为后世史家之本纪、列传；《礼》《经》《乐》《书》为史家之志；《尚书》《春秋》本为同类；《诗》多纪事，本为诗史；《易》为哲学史的精华。他对六经、诸子学和佛典均有研究和创见。

章太炎对《尚书》《诗经》《左传》的研究也有很多独到之见。他著有《古文尚书拾遗定本》《毛诗微言》《春秋左传读》，在经学史上有重要地位。

章太炎经人劝说也读了佛家的经典《起信论》《维摩诘经》《华严经》《法华经》《唯识论》《楞伽经》《瑜伽师地论》等，他尤其把老庄道学与佛学思想融会贯通，以佛解庄，论证至高。章太炎的《齐物论释》引证释、老，破除名相，是一部谈玄的奇作。

（四）章太炎的新哲学观

章太炎遍览古今中外群典，审视天下治乱兴衰，写了许多观察宇宙人生根本哲理的大著。他的《视天论》《俱分进化论》《原道》《明见》《辨性》《道本》《道微》《原墨》等都充分表明了他的人生观、世界观、自然观。

章太炎根据近代天文学的知识，否定了关于天的神学观念。他指出天不是创造万物的天神，而是天体的运动。他在《视天论》中说："夫大钧播物，气各相摄，月摄于地，地摄于日，日复摄于列宿，其所以鼓之舞之旋之折之者，其用大矣，安事此苍苍者为？"他认为自然界的万物变化是自身的变化，不是神的创造和推动，犹如制造陶器的旋轮运动，表现为月球、地球、太阳及各星体之间相互吸引。他又指出："万物的生灭消长，皆由太阳之光热致之，而苍苍者无与焉。"从而宣布天与帝是不存在的，即"若夫天与帝，则未尝有矣"。

章太炎接受了进化论的历史观。他认为，在生物界，"哺乳动物为最高"，而直立行走的人是哺乳动物的最高峰。他还指出人在进化中，善在发展，其恶的人性也在发展。这显然是他观察历史和当世纷争的现实而得出的结论。他在《俱分进化论》中说：

> 善恶苦乐之并进也，且以社会明之，而专以生物明之。今夫有机物界以乳哺动物为最高，在乳哺动物中，又以裸形而两足者为最高，无爪牙而能御患，无鳞毛而能御寒，无羽翼而能日驰千里，此非人之智识，比于它物为进化欤？以道德言，彼虽亦有父子兄弟之爱，顾其爱不能持久，又不知桄充其爱，组织固体以求自卫，聚鹿之丑、争食之情，又无时或息也。人与前者能扩张之，于后者能禁防之，是故它物能有小善，而人之为善稍大。虽然，人与百兽，其恶之比较为小乎？抑为大乎？虎豹以人易与而啖食之，人亦以牛羊为易与而啖食之。牛羊之视人，必无异于人之视虎豹，是则人类之残暴，固与虎豹同尔。虎豹虽食人，犹不自残其同类，而人有自残其同类者！太古草昧之世，以争巢窟，竞水草而相杀者，盖不可计，犹以手足之能，土丸之用，相抵相射而止。国家未立，社会未形，其杀伤犹不能甚大也。即而团体成矣，浸为干戈剑戟矣，浸为火器矣，一战而伏尸百万，蹀血千里，则杀伤已甚于太古。纵令地球统一，弥兵不用，其以智谋攻取者，必尤甚于畴者。何者？杀人以刃，固不如杀人以术。与接为构，日以心斗，则驱其同类，使至于悲愤失望而死者，其数又多于战，其心又憯于战，此固虎豹所无，而人所独有也。由是以观，则知由下级之乳哺动物，以至人类，其善为进，其恶亦为进也。

从这段论述中可以看出，章太炎认为人类历史既是文明演进的历史，又是"善"的历史，但人类在"善"的发展中，恶的一面也在发展。先有争水草巢窟而相杀，用的手足、土丸之类的手段，而社会国家形成后，则用矛戈剑戟及火器，一战而伏尸百万，蹀血千里。他预料，在人类弃戈矛、大一统后，以心术杀人会上升，比用兵器杀人更凶残。从而得出人类历史在"其善为进"的同时，"其恶亦为进也"的结论。这种历史的批判眼光和批判精神，实则是对现实的批判，是对社会政治的批判。

第二节　民国时期中国社会科学的成就

民国时期，马克思主义传入中国，中国共产党成立。受马克思主义的影响，其哲学、史学、经济学、社会学、文学都有了相当成熟的发展。

一、哲学

中国早期共产主义者在宣扬马克思主义的时候，就介绍了马克思主义哲学，重要文章有李大钊的《我的马克思主义观》《物质变动与道德变动》《唯物史观在现代史学上的价值》《唯物史观在现代社会学上的价值》，陈独秀的《马克思学说》等。1924年瞿秋白的《社会哲学概论》一书比较系统地介绍了辩证唯物主义和历史唯物主义。

20世纪初，大量马克思主义哲学著作在中国翻译出版，如《费尔巴哈论》《反杜林论》《自然辩证法》《唯物主义和经验批判主义》《马克思主义哲学的根本问题》《辩证法的唯物论》《唯物辩证法入门》等，在学界，辩证唯物主义和唯物辩证法风行全国。

20世纪30年代，在哲学上的争论使马克思主义哲学在中国更加成熟。1934年，艾思奇发表《哲学讲话》，后改名为"大众哲学"，他以通俗易懂的生动语言，阐明辩证唯物论及其认识论的基本原理和唯物辩证法的基本规律，为普及马克思主义哲学起了很大作用。邓云特写了《形式逻辑还是唯物辩证法》，直接参加了关于哲学问题的争论。1935年，李达在苏联学者研究的基础上，阐明对立统一的法则就是辩证法的根本法则，这个法则是"认识任何事物的根本法则"，提出了对抗性矛盾和非对抗性矛盾的观点。李达还阐述了能动的反映论和认识论的"肯定、否定、否定之否定"的认识运动，他强调实践对认识起决定作用。

李达的哲学思想对毛泽东影响很大，中国工农红军长征到达陕北以后，毛泽东用很大精力从事哲学研究和著述。1937年写的《实践论》《矛盾论》阐释了马克思主义的认识论和辩证法的核心学说。

在 20 世纪三四十年代，阐释自己哲学观点的哲学家还有冯友兰、金岳霖、熊十力等。

冯友兰以"新理学"为代表，写了六本哲学著作：《新理学》《新事论》《新世训》《新原人》《新原道》《新知言》。他在继承和发挥程朱理学的基础上，杂糅了一些佛道思想和西方哲学，新理学将世界划分为二：一个是此岸的现实世界；另一个是彼岸的虚构的"理世界"。冯友兰在讲到人生观问题时，谈到了区分人的四种境界：自然境界、功利境界、道德境界、天地境界，其最高境界是"天地境界"。这四种境界的人分别为生物的人、现实的人、道德的人、宇宙的人，他们由低级向高级渐次而成，前一个境界是后一个境界的基础。生物的人追求的是吃饱穿暖喝足，满足最基本的衣食住行用；现实的人追求的是物质需要和精神需要，急功近利，唯我独尊，唯利是图；道德的人，服从社会的需要和伦理的需要，以行义为目的，行侠仗义，惩恶扬善；宇宙的人，以事天为宗旨，人与天地寿，人与天地参，达到天人合一。

金岳霖在哲学上的代表作是《论道》和《知识论》。他是第一个运用西方哲学的方法融会中国哲学的精神，建立自己哲学体系的中国哲学家。他创建的哲学体系，其中包括本体论和知识论。《论道》一书是他的本体论；《知识论》一书是他的知识论，即通常所说的认识论。他的知识论是以他的本体论为基础的。金岳霖走过的哲学之路及其创建的哲学体系，为研究中国哲学、推进和发展中国哲学，提供了有益的借鉴。

熊十力的哲学是一种具有辩证法因素的唯心主义哲学。他著有《新唯识论》《原儒》《体用论》《明心篇》《佛教名相通释》《乾坤衍》等书，其哲学观点以佛教重建儒家道德而影响深远，在哲学界自成一体。

二、史学

五四运动后，中国的马克思主义史学开始出现。李大钊是马克思主义史学的开创者，他的《史学要论》是中国最早用马克思主义观点写成的史学概论。他认为，历史学能否真实地反映历史，关键在于治史学者具有什么样的历史观。他主张用新史观即唯物史观把中国的旧历史进行"改作"。李大钊关于改革旧史学、创造新史学的主张，指明了中国史学研究的方向。

20 世纪 20 年代，中国史学界疑古辨伪的风气盛行，主要代表人物是胡适、钱玄同、顾颉刚。胡适提倡"大胆的假设，小心的求证"，认为古书都是伪书。

20 世纪 30 年代，中国史学界就中国社会性质和中国社会史问题展开论战，争论的焦点是中国是资本主义社会还是半殖民地半封建社会、中国历史上有没有奴隶社会。论证的结果是中国的社会是半殖民地半封建社会，肯定了中国奴隶制社会的存在。1930 年，郭沫若出版了《中国古代社会研究》，标志着中国马克思主义史学的形成。在这部书中，郭沫若用马克思主义理论作指导，通过对大量第一手资料的分析，得出中国历史经过原始社会、奴隶社会、封建社会几个阶段，体现了人类历史发展的共同规律。郭沫若还对甲骨文、金文做了大量研究，先后发表了《甲骨文字研究》《两周金文辞大系》《金文丛考》《卜辞通纂》等著作，使甲骨文、金文的研究发展到新的阶段。史学家吕振羽在20世纪30 年代写成的《史前期中国社会研究》《殷周时代的中国社会》《中国政治思想史》，对中国社会史和政治史、近百年来的革命运动，做了概括性的科学论述，对中国历史研究有重要的指导意义。

20 世纪 40 年代，马克思主义史学得到很大发展，取得了突出的成就。一是完成了一批中国通史著作，吕振羽的《简明中国通史》、范文澜的《中国通史简编》、翦伯赞的《中国史纲》（1、2 卷）。二是中国思想史的研究成绩显著，主要有郭沫若的《青铜时代》《十批判书》，侯外庐的《中国古代思想学说史》《中国近代思想学说史》，侯外庐、赵纪彬、杜国庠合著的《中国思想通史》（第1卷），杜国庠的《先秦诸子的若干研究》《先秦诸子思想概要》等书。在中国思想史的研究上，对先秦诸子的研究更为充分，在这方面侯外庐的贡献最大。三是中国近代史研究，主要成就有范文澜的《中国近代史》（上编第一分册）、胡绳的《帝国主义与中国政治》等书。四是中国社会史的研究，主要成就有邓初民的《中国社会史教程》、侯外庐的《中国古代社会史论》等书。

民国时期，除王国维、梁启超、章太炎、李大钊、胡适、钱玄同、顾颉刚、郭沫若、吕振羽、范文澜、翦伯赞、侯外庐等一批史学界泰斗外，国学大师级人物要数陈寅恪了。陈寅恪长期致力于史学研究工作，研究范围甚广，他对魏晋南北朝史、隋唐史、宗教史（特别是佛教史）、西域各民族史、蒙古史、古代语言学、敦煌学、中国古典文学及史学方法等方面都做出了重要的贡献。陈寅恪治学主旨是"在史中求识"。他继承了清代乾嘉学者治史中重证据、重事实的科学精神，又吸取西方的"历史演进法"，即从事物的演化和联系考察历史，探究史料，运用这种中西结合的考证比较方法，对一些资料穷本溯源，核定确切。并在这个基础上，注意对史实的综合分析，从许多事物的联系中考证出关键所在，用以解决一系列问题，求得历史面目的真相。他这种精密考证方法，其成就超过乾隆、嘉庆时期的学者，发展了中国的历史考据学。陈寅恪的主要著作有《隋唐制度渊源略论稿》《唐代政治史述论稿》《秦妇吟校笺》《元白诗笺证稿》《柳如是别传》等书。

三、经济学

鸦片战争后，在西学东渐中，西方资本主义经济学开始进入中国。1902年严复翻译的亚当·斯密的《原富》（后译为《国富论》）出版。五四运动以后，马克思主义政治经济学传入中国，这个时期翻译出版的马克思主义经济学著作有《雇佣劳动与资本》《价值价格与利润》《新经济学》《经济学大纲》《政治经济学批判》《反杜林论》《经济科学大纲》《转型期经济学》《帝国主义论》《资本论》《政治经济学教程》《剩余价值学说史》《国家经济学》《政治经济学及赋税原理》《经济学原理》等。

民国年间，中国学人写了不少经济学著作，但在经济理论方面，不论是马克思主义经济学者，还是资产阶级经济学者，一般都是述而不作，没有自己的理论体系，大都是概论性的教科书，如《新经济学大纲》《通俗经济学讲话》《经济学》《经济学原理》。1934 年马寅初的《经济学概论》出版，流行较广，影响较大。

马克思主义学者对中国经济的研究，主要有李达的《中国产业革命概观》、马寅初的《中国经济改造》、王亚南的《中国经济原论》、许涤新的《现代中国经济学教程》、郭大力的《生产建设论》等。

民国时期，中国农村土地问题受到政界和学术界的极大关注，不少学者对中国农村进行调查和研究，著书立说，影响很大。如陈翰笙的《广东的农村生产关系与生产力》、薛暮桥的《中国农村经济常识》、费孝通的《江村经济》等。

民国时期，经济学在中国广为流行，西方经济学的主要著作，差不多都有了汉文译本。许多学者以马克思主义经济学说作指导，对中国经济问题进行探讨，经济学广泛应用于金融、财政、货币、贸易、人口、统计、会计等方面。

四、社会学

民国前期，西方社会学传入中国。1898 年，严复翻译了斯宾塞的一部分《社会学研究》，1902 年章太炎翻译出版了日本人写的《社会学》，1903 年严复翻译出版完整的《社会学研究》（书名为《群学肄言》）。光绪末年，京师大学堂开设社会学课程，后来圣约翰大学、泸江大学、清华学堂也开设社会学课程。

五四运动以后，社会学在中国广为传播。翻译的著作有《社会学及社会问题》《群众心理》《社会结构学》《社会学概论》《社会学方法论》《当代社会学学说》《社会学原理》《文化论》等，可以说，西方社会学主要学派的著作大部分都有中译本。社会学的著述主要有陶孟和的《社会问题》、常乃德的《社会学要旨》、朱亦松的《社会学原理》、吴景超的《社会组织》、孙本文的《社会学大纲》和《社会学原理》，这些书是对社会学的一般性介绍，或是整理西方学者的社会学学说。在社会学专业课程设置上，厦门大学、燕京大学、复旦大学、中央大学都成立了社会学系。社会学团体有1922年成立的中国社会学会，还创刊了《社会学杂志》，这是中国最早的社会学期刊。1928年东南各大学发起成立了东南社会学会，该会1929年创办刊物《社会学刊》，1930年该会更名为中国社会学社，成为全国性学术社团组织。社会调查是中国早期社会学专家学者的一个重要特点。各大学社会学系、各社会学团体和社会学学者做了许多调查。如燕京大学的清河镇社会调查、中央大学的蒋庙村社会调查、金陵大学的各地农村社会调查、中山大学的樟林社会调查、云南大学的禄村农田调查和昆明劳工调查、中央研究院社会科学研究所的北平西郊六十四村社会调查等。这些调查为认识中国国情提供了第一手资料。

五、文学

新文化运动的一个重要内容是文学革命。《新青年》发表了胡适的《文学改良刍议》，成为新文学运动的标志，主张以白话文为文学的正宗，用来取代文言文。陈独秀发表了《文学革命论》，主张国民文学、写实文学、社会文学，反对贵族文学、古典文学、山林文学。《文学革命论》成为民国文学革命的宣言书。

从1921年到1925年，中国的文学社团和刊物就有100多个，几乎遍布各大中城市，其中影响最大的是文学研究会和创造社。文学研究会是郑振铎、沈雁冰、周作人、叶绍钧等发起的，《小说月报》成为该会的专门刊物。该会倡导文学要"为人生"，要反映人生，指导人生，成为现实主义流派的代表。创造社是留日学生郭沫若、郁达夫、田汉等发起成立的浪漫主义文学流派，以尊崇自我、表现自我为特点，认为文学是天才的创造物，他们反对功利主义，认为美的追求是艺术的核心。

民国时期，文学创作成就斐然，小说有鲁迅的《狂人日记》《祝福》《阿Q正传》等，新诗有郭沫若的《女神》等。鲁迅在他的一生中的后十年，以写杂文为主。他的杂文涉及内容非常广泛，是文学性的政论文章，语言犀利、泼辣、幽默，具有深刻的思想性和艺术感染力。郭沫若充满了对黑暗社会的叛逆精神和对美好生活的热烈追求。

1930年3月，中国左翼作家联盟在上海成立。左翼作家把自己的文学创作服务于中国革命斗争，一是加强了中国文学与世界文学，特别是无产阶级文学运动的联系。首先，输入了大量苏联、美国、日本等国先进的文学作品，如高尔基的《母亲》、法捷耶夫的《毁灭》、绥拉菲摩微支的《铁流》、肖洛霍夫的《被开垦的处女地》、雷马克的《西线无战事》等，均成为影响中国几代人的作品。其次，通过文学期刊及作品介绍世界文学形势，借以影响中国文学的发展。二是推动中国文学走向世界，鲁迅、郭沫若、茅盾、张天翼、沈从文、沙汀等人的作品先后被介绍到各个国家，中国的左翼文学在世界上发出了自己的呼声，成为世界无产阶级文学的有机组成部分。

小说方面，主要代表人物有茅盾、巴金、老舍。茅盾的长篇小说《子夜》和短篇小说《林家铺子》《春蚕》，巴金的《家》《春》《秋》，老舍的《骆驼祥子》，沈从文的《边城》等，几乎无人不知，无人不晓。

抗战时期，大批文艺工作者投身抗日斗争。1938年3月在武汉成立了中华全国文艺界抗敌协会，出现了一批以历史题材为现实服务的剧本，最著名的是郭沫若的《屈原》、夏衍的《法西斯细菌》、张天翼的《华威先生》。

延安文艺座谈会召开后，大批文学创作者服务于工农第一线，写出了很多反映社会现实的文学作品。赵树理因写有小说《小二黑结婚》《李有才板话》《李家庄的变迁》，成为具有中国气派和中国风格的广受农民喜爱的作家。孙犁的《荷花淀》、丁玲的《太阳照在桑干河上》、周立波的《暴风骤雨》等，都是很接地气的小说作品。

第三节 中华人民共和国社会科学的重构

1949 年 10 月，中华人民共和国成立。在中国共产党的领导下，中国知识分子绝大多数拒绝赴台，坚持留在大陆。1949 年 11 月，中国科学院成立。1955 年，中国科学院设立哲学社会科学部，郭沫若任中国科学院院长兼哲学社会科学部主任。

中华人民共和国成立之初，全国人民意气风发，百业俱兴。以毛泽东同志为核心的党的第一代中央领导集体高度重视发展社会科学，倡导"让哲学从哲学家的课堂上和书本里解放出来，变为群众手里的尖锐武器"①。1956 年，党和国家组织制定包括社会科学在内的 12 年（1956—1967 年）科学技术发展远景规划。同年，毛泽东同志提出"百花齐放、百家争鸣"的方针，极大鼓舞和激发了社会科学工作者的积极性。在社会科学领域，出现了一大批大师级的专家学者，如郭沫若、范文澜、翦伯赞、艾思奇、吴玉章、潘梓年、于光远、王亚南、尹达、李达、何其芳、狄超白、金岳霖、胡绳、陈望道、罗常培、丁声树、千家驹、王力、王学文、吴晗、吕叔湘、吕振羽、李亚农、李俨、杜国庠、周扬、季羡林、侯外庐、胡乔木、茅盾、夏鼐、马寅初、马叙伦、张如心、张稼夫、许涤新、郭大力、陈垣、陈寅恪、陈望道、陈翰笙、陶孟和、汤用彤、冯友兰、冯至、冯定、黄松龄、杨树达、杨献珍、刘大年、邓拓、郑振铎、黎锦熙、钱俊瑞、骆耕漠、薛暮桥、魏建功、罗常培、刘导生、嵇文甫、吕澂、李亚农、陆志韦等学术大家。他们对中华人民共和国成立初期的社会科学发展做出了杰出的贡献，这一时期开辟了中国社会科学前所未有的、繁荣兴旺的新局面。

20 世纪 50 年代后期，党在指导思想上发生失误，"以阶级斗争为纲"的思想逐渐发展并占据主导地位，导致"文化大革命"十年浩劫。

---

① 中共中央文献研究室编：《毛泽东文集》第 8 卷，北京：人民出版社，1999 年，第 323 页。

我国社会科学首当其冲，总体上陷于停滞甚至出现某些倒退。

党的十一届三中全会开启了建设中国特色社会主义的新时期。党中央大力倡导解放思想，胡福明的《实践是检验真理的唯一标准》一文，在全国引起关于真理标准的大讨论，为恢复并重新确立党的思想路线奠定了理论基础。自此，中国社会科学进入了繁荣发展的新阶段，队伍日益壮大，学科体系不断健全，学术研究硕果累累。

中华人民共和国成立初期，中国共产党和中央人民政府创办的首批社会科学研究机构只有近代史、考古、语言、社会四个研究所。1955年，中国科学院设立哲学社会科学部，相继成立了哲学、文学、历史、经济、法学、考古、语言等 15 个研究所。1977 年，成立中国社会科学院。此后，全国各地也都建立了地方社会科学院，形成了高等院校、社会科学院、党政部门所属研究机构、党校（行政学院）、军队院校五大社会科学研究和教学的庞大机构。从事社会科学教学和研究的教研人员达到 40 万人，其中有高级职称的人员达到 20 多万人，专门从事社会科学理论和实践的研究人员达 3 万多人。

中华人民共和国成立后，党和国家即将哲学社会科学学科体系、教材体系和研究体系的建设提上日程。改革开放以后，中国为适应形势发展的需要，不断加大对哲学社会科学研究和教学体系的投入，建设了一批有较高的理论水准和创新能力的基础学科、应用学科以及立足学术前沿的新兴学科和交叉学科。到 2018 年底为止，中国宏大的社会科学研究体系共有 25 个一级学科、400 多个二级学科，4000 多个三级学科。马克思主义原理、历史学、考古学、哲学、文学、语言学、经济学、法学、社会学、人口学、民族学与人类学、宗教学、政治学、新闻学、军事学、教育学、艺术学和国际问题研究等学科构成了门类齐全、布局合理的学科体系。

中华人民共和国成立后，党中央设置专门机构，翻译出版马克思主义经典作家的著作，这是党的思想理论建设、社会科学建设中的重大基础工程。20 世纪 60 年代初，为改变此前以苏联教科书为教材的状况，组织编写和出版了一批以马克思主义为指导、代表各学科最高研究水平的教材，如《辩证唯物主义历史唯物主义》、《政治经济学》（资本主义部分）以及《形式逻辑》、《文学的基本原理》和《美学概论》等；整理、出版了大批中国传统文化典籍；翻译出版了许多外国理论、文史、艺术著作。改革开放以后，又推出一大批重要科研成果和著作，如《甲骨文合集》《殷周金文集成》《中国历史地图集》《中国通史》《现代汉语词典》《中国大百科全书》《中华大藏经》等。这些成果异彩纷呈，显现出我国社会科学繁荣发展的景象。

中国共产党十一届三中全会召开前夕，社会科学界踊跃参加关于真理标准问题的研究和讨论。改革开放以来，党中央不断强调解放思想、实事求是、与时俱进，社会科学理论研究与应用研究显示出强大的影响力。在社会主义初级阶段理论、社会主义市场经济理论、依法治国方略、社会主义先进文化、科学发展观、以人为本、中国特色社会主义理论等关系中国全局的重大理论观点和方针政策方面，都可以看到来自社会科学界的贡献。

新时代，中国社会科学以研究重大理论和现实问题为主攻方向，服务于中国特色社会主义发展大局，立足国情，立足当代，实事求是地分析现实生活中的矛盾，深切理解人民群众关注的焦点问题，为最终建立具有中国特色、中国风格、中国气派的社会科学创造条件。

新时代，中国社会科学积极跻身国际社会科学的行列，在反映中华民族的价值观念、思维定式、人类命运共同体的广度和深度方面展开研究。把中国的优秀文化传统作为宝贵财富，积极参与世界范围内的学术交流，在各种学派的对话交流中取长补短，为提升中国社会科学研究在世界上的影响力、增强国际学术中的话语权，继续不断努力。

新时代，中国社会科学正在建立一支高素质的科研队伍，造就一批用马克思主义武装起来、学贯中西、具有广泛影响的思想家、理论家；造就一批理论功底扎实、勇于开拓创新的学科带头人，造就一批年富力强、政治和业务素质良好、锐意进取的青年理论骨干。

如今，中国社会科学从机构、人员到学科，已全部齐备，在全球形成了一批哲学社会科学研究机构和团队。

第四节　当代中国社会科学的贡献

中华人民共和国成立后不久，以毛泽东为核心的第一代中央领导集体对社会科学的发展非常重视。中华人民共和国成立初期，影响最大的社会科学成果是马寅初的《新人口论》。时任北京大学校长的马寅初，经过三年的调查研究发现，中国人口的增长率是每年22‰以上，有些地方甚至达到 30‰。他认为，如此发展下去，50 年后，中国将有 26 亿人口。由于人多地少，恐怕连吃饭都成问题。于是，他将自己的研究成果写成《控制人口与科学研究》一文。1957 年 2 月，在最高国务会议第十一次（扩大）会议上，马寅初再一次就控制人口问题发表了自己的主张："我们的社会主义是计划经济，如果不把人口列入计划之内，不能控制人口，不能实行计划生育，那就不成其为计划经济。"为中国全面实行计划生育并纳入国策做出了一个社会科学工作者的建言。

中国社会科学工作者始终坚持理论联系实际，以研究重大理论和现实问题为主攻方向，为建设中国特色社会主义提供了重要的理论支撑。特别是改革开放以来，中国的社会科学工作者潜心研究、咨政建言，为建立中国特色社会主义发挥了思想库和智囊团作用。

一、真理标准大讨论

1978 年 5 月 11 日，《光明日报》发表本报特约评论员文章《实践是检验真理的唯一标准》，由此引发了一场关于真理标准问题的大讨论。这篇文章是南京大学哲学系教师胡福明所写，文章指出，检验真理的标准只能是社会实践，理论与实践的统一是马克思主义的一个最基本的原则，任何理论都要不断接受实践的检验。这是从根本理论上对"两个凡是"的否定。这场讨论冲破了"两个凡是"的严重束缚，推动了全国性的马克思主义思想解放运动,是中国共产党第十一届中央委员会第三次全体会议实现中华人民共和国成立以来中国共产党历史上具有深远意义的伟大转折的思想先导,为中国共产党重新确立马克思主义思想路线、政治路线和组织路线,做了重要的理论准备。

二、积极探索社会主义市场经济理论

1978 年,胡乔木发表了《按照经济规律办事,加快实现四个现代化》,对人们冲破"左"的思想束缚有重要的启迪意义。

十一届三中全会后,中国社会科学院的经济理论工作者发表了大量经济学论著,对社会主义经济中的价值规律、商品经济与公有制的关系、计划调节与市场调节的关系等重大经济理论问题进行论述。1979年,中国社会科学院学者最早以《社会主义市场经济》为题发表学术文章。1982 年,刘国光在《坚持经济体制改革的基本方向》中提出,社会主义商品具有商品经济条件下商品的属性。马洪、于光远、刘国光、孙尚清、刘明夫等在1984年提出,社会主义条件下要保留和发展商品货币关系,竞争是社会主义经济的内在机制等一系列重要观点。

20 世纪 80 年代中后期,中国社会科学院学者开始对社会主义市场经济基本理论问题进行系统研究。刘国光深入探讨了我国经济改革模式,明确提出"双重模式转换",即体制模式的转换和发展模式的转换。中国社会科学院经济研究所拥有一支从事学术研究的队伍,提出了"稳中求进"的改革与发展思路,被中外经济学界称为"稳健改革派"。20世纪90 年代,该院学者除就所有制改革、收入分配改革、价格改革、国有企业改革等重要问题发表一系列成果外,还专门就建立和完善社会主义市场经济的各种问题进行了深入探讨,其中不少观点和见解被中央所采纳。

党的十六大以来,中国社会科学院学者围绕西部大开发、老工业基地改造、发展资源节约型与环境友好型经济、宏观经济运行等,每年都向中央和国家有关部门报送上百篇对策建议。许多学者参加了中央重要文件的起草和中央经济形势的分析咨询等。如今,努力当好党中央国务院重要的思想库和智囊团，已经成为中国社会科学院专家学者的神圣使命和自觉追求。

三、为"依法治国"方略的提出和实施提供理论依据

党的十一届三中全会前后，中国社会科学院学者组织推动法学界开展"人治与法治""法律面前人人平等"等重大问题讨论，提出并阐发了"以法治国""独立行使审判权"等观点，并在全国法学界首先提出建设社会主义"法治国家"的命题，为"依法治国"方略的提出和实施提供了理论准备。

许多学者参与了我国宪法、刑法、刑事诉讼法、公司法、婚姻法、民法通则、香港基本法、澳门基本法、合同法、著作权法、行政诉讼法、物权法等 100 多部重要法律的起草、修改和论证，经常参加国家最高司法机关疑难案件的讨论和司法解释的制定等工作。有关工作受到国家立法和司法部门的高度重视。特别是党的十六大以来，中国社会科学院学者提交的《关于修改宪法的报告》《中国物权法草案建议稿——条文、说明、理由与参考立法例》《中国民法典草案建议稿》等，在有关立法过程中发挥了积极作用，得到了国家立法和司法部门的高度评价。

20 世纪 80—90 年代初期，民法学、经济法学、知识产权法学等学科的学者，对我国经济体制改革中的法律问题和民事关系变化所带来的新问题进行了系统、深入的研究，并取得了学术界公认的突出成就。1993 年，他们提交的《建立社会主义市场经济法律体系的理论思考和对策建议》等研究报告，对建立与社会主义市场经济相适应的中国特色社会主义法律体系所涉及的一些重大问题进行了深入探讨，得到了中央领导同志的充分肯定。

中国社会科学院的学者还较早开展了马克思主义人权问题的理论研究和外交斗争，推出了《人权理论与对策研究》《走向权利的时代——中国公民权利发展研究》《关于加入〈公民权利和政治权利国际公约〉问题的研究报告》《中国人权百科全书》等一系列成果，并参与了我国政府"人权白皮书"的起草工作。

四、探索社会和谐发展的新途径

中国社会科学院社会学研究所第一任所长费孝通教授带领他主持的"江苏小城镇研究"课题组，深入开展调查研究，相继发表了《小城镇 大问题》《小城镇 新开拓》等成果，产生了很大的学术影响和社会效益。1991年，由陆学艺和李培林主编的《中国社会发展报告》，是我国第一部社会发展报告。它以独特的视角和评价体系分析了 1978 年改革开放以来中国社会的发展状况，为我国提出了较为具体的社会改革整体配套方案。此外，学者们还在社会发展理论、社会政策、社会心理等研究领域，发表了一批在学术界有影响的科研成果。2005年2月21日，李培林、景天魁为中央政治局第二十次集体学习做了"努力构建社会主义和谐社会"的讲解。

五、支持和推动经济特区发展

20 世纪 80 年代初，党中央国务院审时度势，做出了兴办经济特区的重大决策。中国社会科学院学者积极响应党中央的号召，组织专家调研组分赴深圳和海南，在深入调研的基础上提交了高水平的研究报告。其中，《深圳特区发展战略研究》提出了实现发展目标的战略步骤和对策，受到国务院和深圳市政府的高度重视；《海南经济发展战略》明确提出，海南的经济体制模式应是社会主义市场经济模式，海南政治体制改革目标模式的基本框架应是小政府、大社会、党政分开、政企分开，并提出了"整体转轨"的改革思路，设计了五大经济区的发展规划。这一报告得到海南建省筹备组的肯定，有很多观点和建议被中央和当地政府所采纳。

在总结改革开放实践经验，探索中国特色社会主义发展规律的同时，中国社会科学院学者还积极参与了我国跨世纪重大工程，如三峡工程、京沪高速铁路、南水北调工程等项目的技术经济论证的研究与实践。进入 21 世纪后，中国社会科学院学者就应对经济全球化挑战、提高对外开放水平等问题发表的《中国的外资经济——对增长、结构升级和竞争力的贡献》《我国对外贸易发展：挑战、机遇与对策》《经济全球化与中国贸易政策》《论中国进入利用外资新阶段——"十一五"时期利用外资的战略思路》《全球竞争——FDI与中国产业国际竞争力》等成果，均得到中央有关部门和学术界的高度评价。

六、为我国农村改革和农业发展建言献策

1979 年，当人们对安徽凤阳包产到户做法议论纷纷时，社会学家陆学艺、李兰亭等深入安徽、江苏、浙江等地农村，开展了历时数月的调查研究，并以严谨扎实的第一手资料，撰写了《"包干到户"问题应该重新研究》，从生产力与生产关系的高度阐述了"包干到户"在当时的合理性，产生了较大的社会反响。

面对一些地区削弱农业投入的倾向，中国社会科学院学者依据大量第一手资料，于1986年撰文提出，农业状况面临严峻的形势，要高度重视农村改革初见成效后存在的问题，受到邓小平同志的高度重视。

中国社会科学院学者围绕社会主义新农村建设提交的《当前农村经济形势分析》《粮食安全不足为虑》等研究报告，得到中央领导同志的高度评价。他们率先引进国外先进经验，并在国内付诸实施的面向农民的小额信贷项目取得了成功，并被国家有关部门推广，成为造福广大农民的一项重要举措。

中国社会科学院国际问题研究专家，在关于时代的基本特征，新旧格局交替的国际形势，我国与美、苏（俄）、日等的国家关系，我国加入世界贸易组织研究，亚洲太平洋经济合作组织研究，上海合作组织研究，非传统安全问题，中东问题等方面，为国家制定外交政策、扩大对外开放提供了许多有价值的对策建议。

社会学、民族学、宗教学、新闻学以及文、史、哲等学科的科研人员，陆续推出的关于构建社会主义和谐社会、可持续发展、社会发展指标、阶级阶层、民族文化保护、民间宗教信仰、经济体制转轨期伦理道德建设、社会主义先进文化建设等研究成果，对于推动社会主义经济、

政治、文化和社会建设做出了较大贡献。

据不完全统计，改革开放40年来，中国哲学社会科学共完成出版学术著作297 700多部，发表学术论文4 580 000多篇、研究报告426 000余份，以及大量的学术资料、学术工具书、古籍整理和学术理论文章。

第五节　国家领导人对社会科学的重视

从毛泽东、邓小平、江泽民、胡锦涛到习近平，他们以解决中国革命和建设的理论问题和实际问题为出发点，极为重视社会科学，尤其是对马克思主义理论的发展，都前后一贯地给予了热情关怀和支持。

毛泽东同志既是我们党和国家的伟大领袖，又是伟大的思想家、理论家。作为领袖，他时时刻刻关心着党的理论建设，为社会科学事业的发展和繁荣指明了方向；作为思想家、理论家，他把理论创造和革命实践紧密结合起来，为马克思主义在中国的应用和发展做出了突出贡献。毛泽东同志对党的理论建设，包括社会科学的发展，有一系列重要的理论观点，并具有鲜明的实践性、系统性和独创性。

邓小平同志作为第二代中央领导集体的核心，他将马列主义、毛泽东思想发展到新的阶段——创立了建设有中国特色的社会主义理论，为党的理论发展做出了突出贡献，同时又一贯关心重视党的理论工作，为哲学社会科学的繁荣和发展指明了方向。

江泽民同志作为第三代党的中央领导集体的核心，继承了毛泽东、邓小平的思想，特别重视党的理论建设，关心支持哲学社会科学的繁荣和发展，在他的一系列重要讲话和文章中，关于发展哲学社会科学的理论观点，既体现着对毛泽东思想、邓小平理论的继承性，又反映出他的见解的深刻性，对加强哲学社会科学研究，开创全党理论工作新局面具有重要指导作用。

以胡锦涛为总书记的中央领导集体，更加重视哲学社会科学的繁荣和发展。2004 年 1 月 5 日，中共中央颁发了《中共中央关于进一步繁荣发展哲学社会科学的意见》（中发〔2004〕3 号文件），充分体现了党和国家对哲学社会科学事业的重视、关怀和期望。

以习近平同志为核心的党中央，坚持以马克思列宁主义、毛泽东思想、邓小平理论、"三个代表"重要思想、科学发展观为指导，坚持解放思想、实事求是、与时俱进、求真务实，创立了习近平新时代中国特色社会主义思想。习近平总书记对哲学社会科学发展非常重视，他说："哲学社会科学是人们认识世界、改造世界的重要工具，是推动历史发展和社会进步的重要力量，其发展水平反映了一个民族的思维能力、精神品格、文明素质，体现了一个国家的综合国力和国际竞争力。"[1]2016 年 5 月 17 日，习近平在哲学社会科学工作座谈会上发表重要讲话，他说："坚持和发展中国特色社会主义，需要不断在实践和理论上进行探索、用发展着的理论指导发展着的实践。在这个过程中，哲学社会科学具有不可替代的重要地位，哲学社会科学工作者具有不可替代的重要作用。"[2]他又说："观察当代中国哲学社会科学，需要有一个宽广的视角，需要放到世界和我国发展大历史中去看。人类社会每一次重大跃进，人类文明每一次重大发展，都离不开哲学社会科学的知识变革和思想先导。"[3]在谈到哲学社会科学的地位时，习近平说："新形势下，我国哲学社会科学地位更加重要、任务更加繁重。面对社会思想观念和价值取向日趋活跃、主流和非主流同时并存、社会思潮纷纭激荡的新形势，如何巩固马克思主义在意识形态领域的指导地位，培育和践行社会主义核心价值观，巩固全党全国各族人民团结奋斗的共同思想基础，迫切需要哲学社会科学更好发挥作用。面对我国经济发展进入新常态、国际发展环境深刻变化的新形势，如何贯彻落实新发展理念、加快转变经济发展方式、提高发展质量和效益，如何更好保障和改善民生、促进社会公平正义，迫切需要哲学社会科学更好发挥作用。面对改革进入攻坚期和深水区、各种深层次矛盾和问题不断呈现、各类风险和挑战不断增

① 习近平：《在哲学社会科学工作座谈会上的讲话》，《人民日报》2016 年 5 月 19 日，第 2 版。
② 习近平：《在哲学社会科学工作座谈会上的讲话》，《人民日报》2016 年 5 月 19 日，第 2 版。
③ 习近平：《在哲学社会科学工作座谈会上的讲话》，《人民日报》2016 年 5 月 19 日，第 2 版。

多的新形势，如何提高改革决策水平、推进国家治理体系和治理能力现代化，迫切需要哲学社会科学更好发挥作用。面对世界范围内各种思想文化交流交融交锋的新形势，如何加快建设社会主义文化强国、增强文化软实力、提高我国在国际上的话语权，迫切需要哲学社会科学更好发挥作用。面对全面从严治党进入重要阶段、党面临的风险和考验集中显现的新形势，如何不断提高党的领导水平和执政水平、增强拒腐防变和抵御风险能力，使党始终成为中国特色社会主义事业的坚强领导核心，迫切需要哲学社会科学更好发挥作用。"①

习近平说："自古以来，我国知识分子就有'为天地立心，为生民立命，为往圣继绝学，为万世开太平'的志向和传统。一切有理想、有抱负的哲学社会科学工作者都应该立时代之潮头、通古今之变化、发思想之先声，积极为党和人民述学立论、建言献策，担负起历史赋予的光荣使命。"②在谈到创新时，习近平说："理论的生命力在于创新。创新是哲学社会科学发展的永恒主题，也是社会发展、实践深化、历史前进对哲学社会科学的必然要求。"③习近平说："中国特色哲学社会科学应该涵盖历史、经济、政治、文化、社会、生态、军事、党建等各领域，囊括传统学科、新兴学科、前沿学科、交叉学科、冷门学科等诸多学科，不断推进学科体系、学术体系、话语体系建设和创新，努力构建一个全方位、全领域、全要素的哲学社会科学体系。"④

在谈到话语体系建设时，习近平说："发挥我国哲学社会科学作用，要注意加强话语体系建设。在解读中国实践、构建中国理论上，我们应该最有发言权，但实际上我国哲学社会科学在国际上的声音还比较小，还处于有理说不出、说了传不开的境地。要善于提炼标识性概念，打造易于为国际社会所理解和接受的新概念、新范畴、新表述，引导国际学术界展开研究和讨论。"⑤

---

① 习近平：《在哲学社会科学工作座谈会上的讲话》，《人民日报》2016年5月19日，第2版。
② 习近平：《在哲学社会科学工作座谈会上的讲话》，《人民日报》2016年5月19日，第2版。
③ 习近平：《在哲学社会科学工作座谈会上的讲话》，《人民日报》2016年5月19日，第2版。
④ 习近平：《在哲学社会科学工作座谈会上的讲话》，《人民日报》2016年5月19日，第2版。
⑤ 习近平：《在哲学社会科学工作座谈会上的讲话》，《人民日报》2016年5月19日，第2版。

习近平还说："百花齐放、百家争鸣，是繁荣发展我国哲学社会科学的重要方针。要提倡理论创新和知识创新，鼓励大胆探索，开展平等、健康、活泼和充分说理的学术争鸣，活跃学术空气。要坚持和发扬学术民主，尊重差异，包容多样，提倡不同学术观点、不同风格学派相互切磋、平等讨论。"①

在中央领导的关心支持下，我国哲学社会科学事业取得了巨大成绩，以中国社会科学院为代表的哲学社会科学专门研究机构，从 1978 年开始至 2018 年，用 40 年的不懈努力，为我国的改革开放和现代化建设提供了理论支撑和智力支持。

---

① 习近平：《在哲学社会科学工作座谈会上的讲话》，《人民日报》2016 年 5 月 19 日，第 2 版。

参 考 文 献

（汉）班固：《汉书》，北京：中华书局，1962 年。

北京大学哲学系中国哲学史教研室选注：《中国哲学史教学资料选辑》
    上册，北京：中华书局，1981 年。

北京大学哲学系中国哲学史教研室选注：《中国哲学史教学资料选辑》
    下册，北京：中华书局，1982 年。

蔡元培：《中国伦理学史》，北京：商务印书馆，2000 年。

陈鼓应：《老子注译及评介》，北京：中华书局，1984 年。

陈国庆：《晚清社会与文化》，北京：社会科学文献出版社，2005 年。

（晋）陈寿：《三国志》，北京：中华书局，2005 年。

陈戍国点校：《四书五经》，长沙：岳麓书社，1991 年。

（宋）程颢，程颐：《二程集》，北京：中华书局，1981 年。

杜石然等：《中国科学技术史稿》，北京：科学出版社，1982 年。

（唐）杜佑：《通典》，北京：中华书局，1998 年。

（南朝·宋）范晔：《后汉书》，北京：中华书局，1965 年。

（唐）房玄龄等：《晋书》，北京：中华书局，1974 年。

冯达文，郭齐勇：《新编中国哲学史》，北京：人民出版社，2004 年。

冯友兰：《中国哲学简史》，北京：新世界出版社，2004 年。

傅斯年：《中国古代思想与学术十论》，桂林：广西师范大学出版社，
　　2006 年。

郭沫若：《十批判书》，北京：东方出版社，1996 年。

郭沫若：《中国古代社会研究》，北京：人民出版社，1964 年。

侯外庐：《中国思想通史》，北京：人民出版社，1957 年。

胡绳：《从鸦片战争到五四运动》，北京：人民出版社，1981 年。

翦伯赞：《中国史纲要》，北京：人民出版社，1979 年。

康有为：《大同书》，郑州：中州古籍出版社，1998 年。

（唐）李延寿：《南史》，北京：中华书局，1975 年。

李致忠：《中国典籍史》，上海：上海人民出版社，2004 年。

梁启超：《论中国学术思想变迁之大势》，上海：上海古籍出版社，
　　2001 年。

梁启超：《清代学术概论》，南京：凤凰出版社，2007 年。

梁启超：《新史学·史学之界说》，北京：商务印书馆，2014 年。

（后晋）刘昫等：《旧唐书》，北京：中华书局，1975 年。

（宋）欧阳修，宋祁：《新唐书》，北京：中华书局，1999 年。

（宋）欧阳修：《新五代史》，北京：中华书局，1974 年。

钱穆：《中国近三百年学术史》，北京：商务印书馆，1997 年。

（宋）司马光：《资治通鉴》，西安：三秦出版社，2008 年。

（汉）司马迁：《史记》，北京：中华书局，1959 年。

（明）宋濂等：《元史》，北京：中华书局，1976 年。

（元）脱脱等：《宋史》，北京：中华书局，1999 年。

王尔敏：《晚清政治思想史论》，桂林：广西师范大学出版社，2005 年。

王国维：《人间词话》，北京：中国人民大学出版社，2004 年。

王维东主编：《潜夫论译注》，香港：新风出版社，2004 年。

（北齐）魏收：《魏书》，北京：中华书局，1974 年。

（唐）魏征等：《隋书》，北京：中华书局，1973 年。

吴国盛：《科学的历程》，长沙：湖南科学技术出版社，1995 年。

武文军：《中华五千年学术史纲》，北京：中国文联出版社，2009 年。

肖群忠：《孝与中国文化》，北京：人民出版社，2001 年。

萧一山：《清代通史》，上海：华东师范大学出版社，2010 年。

虞国龙：《道德经诗译》，北京：华夏出版社，2003 年。

张岱年等：《国学今论》，沈阳：辽宁教育出版社，1991 年。

张帆：《中国古代简史》，北京：北京大学出版社，2004 年。

张立文：《宋明理学研究》，北京：人民出版社，2002 年。

（明）张廷玉：《明史》，北京：中华书局，1974 年。

（宋）张载：《张载集》，北京：中华书局，1978 年。

郑大华 ：《民国思想史论》，北京：社会科学文献出版社，2006 年。

后　记

中华民族拥有悠久的文明和灿烂的文化，中国传统学术蕴含着中华民族的文化基因和思想追求，是中华民族特有智慧的集中体现。我撰写《中国社会科学论纲》的目的，就是为构建中国哲学社会科学的话语体系提供一些古代话语意境。如果我们都能继承中国传统文化的优秀成果，捕捉并提炼那些仍然活跃在今天中国人生活和思想中的文化精华，同时结合时代和社会实践的最新发展，把继承与创新结合起来，实现中国传统学术的现代转换，就是对我这部书的最大肯定。

中国历史悠久、文化灿烂，有着宝贵的精神财富，"修身、齐家、治国、平天下""天下有道，则政不在大夫，天下有道，则庶人不议""志于道，据于德，依于仁，游于艺""朝闻道，夕死可矣""民为贵，社稷次之，君为轻""治之经，礼与刑，君子以修百姓宁""道生一，一生二，二生三，三生万物""天人合一""上善若水""厚德载物""仁、义、礼、智、信""修身克己""小康大同""合和中庸"等思想，都是中国哲学社会科学的根脉和原始基因。

中国古代社会科学思想是中华民族的先贤在改造自然、发展自己的过程中创造的物质财富和精神财富的总和。体现了他们对人生价值、社会责任、自然态度的认识及感悟，充满了智慧；体现了中华民族的心理特征、文化传统、精神风貌、价值取向。集中体现在中华民族的文明史中，也蕴藏在古代文化的典籍中，体现在古代仁人志士的思想和行动里。

在撰写《中国社会科学论纲》的 6 年时间中，我虽阅读了大量书籍，参考了大量古今学者的成果，力图完整地勾勒出一幅中国社会科学的全景图，但中国古代典籍浩如烟海，社会科学家数以千万计，故受自身学识水平的限制，不可能一一梳理清楚，挂一漏万在所难免。全书只是对中国社会科学的脉络给予粗略交代，希望有志于中国社会科学研究的专家学者提出宝贵的批评意见。

在本书出版之际，要感谢甘肃省社会科学院的立项支持，更要感谢科学出版社的鼎力相助！